1. *Anton Pávlovitch Tchékhov em Ialta, 1897.*

Tchékhov
e os Palcos Brasileiros

Coleção Estudos
Dirigida por J. Guinsburg

Equipe de realização: Coordenação textual: Luiz Henrique Soares, Elen Durando; Edição de texto: Marcio Honorio de Godoy; Revisão: Rita Durando; Sobrecapa: Sergio Kon; Produção: Ricardo W. Neves, Sergio Kon e Lia N. Marques.

Rodrigo Alves do Nascimento

TCHÉKHOV
E OS PALCOS BRASILEIROS

Esta publicação contou com o apoio da Fapesp (processo n. 2017/14505-8), por meio do programa "Auxílio à Pesquisa - Publicações".

As opiniões, hipóteses e conclusões ou recomendações aqui expressas são de responsabilidade do autor e não necessariamente refletem a visão da Fapesp.

CIP-Brasil. Catalogação-na-Fonte
Sindicato Nacional dos Editores de Livros, RJ

N198t

     Nascimento, Rodrigo Alves do
     Tchékhov e os palcos brasileiros / Rodrigo Alves do Nascimento. - 1. ed. - São Paulo : Perspectiva : FAPESP, 2018.
256 p. ; 23 cm.   (Estudos ; 256)

Inclui bibliografia
ISBN 978-85-273-1137-3

1. Tchekhov, Anton Pavlovitch, 1860-1904. 2. Tchekhov, Anton Pavlovitch, 1860-1904 - Influência. 3. Teatro russo - História e crítica. 4. Teatro brasileiro. I. Fundação de Amparo à Pesquisa do Estado de São Paulo. II. Título. III. Série.

| 18-52884 | CDD: 792.09 |
| | CDU: 792.072.3(470+571+81) |

Leandra Felix da Cruz - Bibliotecária - CRB-7/6135
24/09/2013   26/09/2013

1ª edição

Direitos reservados à
EDITORA PERSPECTIVA LTDA.

Av. Brigadeiro Luís Antônio, 3025
01401-000 São Paulo SP Brasil
Telefax: (011) 3885-8388
www.editoraperspectiva.com.br

2018

Para Sônia,
Vilma
e Patrícia
– mulheres fortes
e livres

Sumário

Apresentação – *Bruno B. Gomide* XIII

INTRODUÇÃO 1

1. COMO SE CRIA UM TCHÉKHOV:
   DENTRO DO TEXTO, FORA DOS PALCOS 17

   A Gaivota em Uma Atmosfera Nova 40

   Um *Tio Vânia* Com Sofrimento Duradouro 50

   Três Irmãs e a Sinfonia do Tempo 55

   Um *Jardim das Cerejeiras* Trágico 60

   A Revolução Varrerá o Tédio? 67

2. TCHÉKHOV NO OCIDENTE: ENTRE O
   EXÓTICO E O *ÍNTIMO* 75

   França: A Alma Russa Como Espetáculo 77

   Reino Unido: Falar de Nossos Problemas
   à Maneira Russa 82

   Estados Unidos: Dos Círculos Alternativos
   aos Comerciais 87

3. TCHÉKHOV NO BRASIL: PRIMEIROS
MOMENTOS 95

Rústico e Antiburguês 103
Estudantil e Amador 105
O Cômico Não É Sério 116
O Dramaturgo, o Melhor Professor 120
Tchekhovismo: Momentos Decisivos 128

4. O QUE TEM O BRASIL A VER COM
TCHÉKHOV? 135

O Mais Brasileiro dos Russos 135
Fissuras na Tradição 138
Tchékhov Político 140
Para Acabar Com o Compasso de Espera 146

5. TCHÉKHOV, NOSSO CONTEMPORÂNEO 159

A Tradição Posta em Questão 159
Recolhimento e Descompasso 168
Sem Estranheza de Sotaque 177
Pluralidade de Tendências 182
Desconstruindo Tchékhov 194

UMA TRAMA SEM FINAL 207

Índice de Montagens (1946-2008) 211
Referências Bibliográficas 215
Fontes 223

Índice de Imagens

Até 1902, não havia na Rússia a tradição de fotografar espetáculos teatrais, de modo que não é possível diferenciar, entre as fotos do Teatro de Arte daquele período, as feitas durante as apresentações e as feitas a partir de cenas arranjadas para esse fim. Do mesmo modo, não é possível dizer se as imagens aqui presentes se referem às estreias.

1. Anton Pávlovitch Tchékhov em Ialta (1897) II

2. Cena de *A Gaivota*, pelo TAM (sem data) 48-49

3. Cena de *Tio Vânia*, pelo TAM (sem data) 52-53

4. Cena de *As Três Irmãs*, pelo TAM (sem data) 58-59

5. Cena de *O Jardim das Cerejeiras*, pelo TAM (sem data) . .64-65

6. Cena de *As Três Irmãs*, de José Celso Martinez Corrêa (1972) . . . 153

7. Cena de *As Três Irmãs*, de José Celso Martinez Corrêa (1972). . . . 157

8. Cena de *Tio Vânia*, de Élcio Nogueira Seixas (1998) 189

9. Cena de *A Gaivota: Tema Para Um Conto Curto*, de
Enrique Díaz (2006) 203

Apresentação

Este livro resulta de um trabalho acadêmico defendido no âmbito do Programa de Literatura e Cultura Russa da Universidade de São Paulo (USP), criado sob inspiração do professor Boris Schnaiderman, que estreou como tradutor, assinando com o nome verdadeiro, justamente com uma coletânea de Tchékhov. Apesar dos serviços prestados, em um arco de tempo que vai desde o começo da atividade crítica e tradutória de Schnaiderman até a geração de pesquisadores jovens e talentosos como Rodrigo Alves do Nascimento, o referido programa foi recentemente extinto em função das incompatibilidades, estruturais ou conjunturais, com a burocracia da pós-graduação brasileira, que aparentemente não está apta a acolher áreas "pequenas" como a da literatura russa e escritores do calibre do autor de *O Jardim das Cerejeiras*. Em tempos difíceis para as humanidades, aqui e em todos os cantos, é uma alegria ver uma pesquisa de nível tão alto encontrar respaldo e seguir rumo ao público mais amplo.

Rodrigo Alves do Nascimento teve o faro, duplamente aguçado, de um pesquisador que procurou reparar uma falta na bibliografia relativa à recepção dos escritores russos no Brasil, e de um leitor – e frequentador de teatro – que conhece bem a importância que Tchékhov tem nessas praias.

Certamente um dos escritores russos mais lidos e apreciados hoje no Brasil, ele ocupa, porém, um lugar à parte no meio de seus ilustres conterrâneos romancistas que sacudiram o mundo da literatura em fins do século XIX. A polifonia de Dostoiévski e a antiarte de Tolstói se apresentaram com toda a força. Já Tchékhov circulou inicialmente bem ao seu feitio discreto, e dependeu de uma série complexa de redefinições dos modos como o texto russo era percebido para que um diálogo mais produtivo fosse estabelecido com as editoras, os críticos, os palcos e os escritores brasileiros.

A sua aclimatação seguiu outra toada e dependeu de suportes bastante diferentes dos que haviam servido para a consagração de Dostoiévski ou Tolstói, cuja conexão com os "grandes temas" universais e com as altas voltagens políticas e ideológicas, a gosto do freguês, era patente. O conto e o drama, gêneros tchekhovianos primordiais, estavam menos associados ao horizonte russo do que o romanção. Havia, ainda, o lugar-comum crítico relativo ao texto tchekhoviano, segundo o qual ali "nada" acontecia, em contraste com uma literatura russa apreciada exatamente porque "tudo" nela acontecia.

Foi preciso que entrassem em cena traduções apuradas, só feitas a partir de fins dos anos 1950, o denodo de críticos e leitores sensíveis que destacaram a sua centralidade para a prosa de ficção moderna e, sobretudo, a conexão de seus textos com a renovação do teatro brasileiro posterior à década de 1940. A potência ativada pela experiência dos palcos ajudou Tchékhov a não permanecer no posto respeitável, porém meio distante, de um "escritor para escritores", condição a que o finíssimo Púchkin ficou circunscrito, para citar apenas um exemplo de texto russo proposto aos leitores brasileiros na mesma época por Boris Schnaiderman.

É essa trajetória, nunca rastreada no Brasil, que este livro apresenta. Em jogo, a questão do tempo em suas inúmeras variantes, os ritmos das transferências do escritor russo pelo sistema literário internacional, os diálogos horizontais e verticais envolvendo a Rússia anterior a 1917, a União Soviética, a América do Norte e a Europa, e por diversos setores e momentos da cultura brasileira, bem como a relação desses contextos com a temporalidade peculiar que as peças de Tchékhov tematizam e que as estrutura. O tempo é uma preocupação também central no trabalho de Rodrigo Alves do Nascimento.

O autor faz um estudo de recepção fundamentado em ampla pesquisa documental e que terá muita utilidade para os mapeamentos da circulação transnacional de Tchékhov feitos em centros de pesquisa russos, europeus e norte-americanos, nos quais esta pesquisa já repercutiu positivamente. Mas demonstra também um fôlego teórico que a todo momento procura ultrapassar os limites do estudo de caso, da mera ilustração de fontes e influências no trânsito de Tchékhov pela *mirováia kultura*, a "cultura mundial" tão explorada, de modo geral fecundo, pelo comparativismo russo.

A esses méritos, somam-se a utilização criteriosa de bibliografia clássica e atualizada, inclusive dos necessários materiais em russo, o cuidado metodológico necessário para se estudar a arte fugaz do teatro, com suas dificuldades especiais para trabalhos deste tipo, os bons comentários acerca do panorama literário e teatral russo na virada dos dois séculos, período ainda relativamente pouco contemplado por aqui, e o debate crítico implícito com a tradição uspiana de crítica e tradução de Tchékhov, fundamental para que o campo da nossa russística se torne mais consistente. Uma das grandes contribuições desta pesquisa é fornecer subsídios para as companhias, atores e diretores que, ao trabalhar com os textos do escritor russo, encontrarão uma apresentação dos dilemas e problemas enfrentados pelos que se dispuseram a encená-los em outras épocas.

É muito bom ver que o livro está sendo publicado pela editora Perspectiva, que tanto contribuiu para a difusão de estudos e traduções de teatro em geral e, particularmente, de textos e autores russos e soviéticos no Brasil. A pesquisa confirma, assim, um lugar muito apropriado na história que ela conta. Devo agradecer ao autor pelo convite para compartilhar o seu percurso acadêmico e com ele aprender muito sobre essa importante parte das transferências culturais entre o Brasil e a Rússia.

Bruno B. Gomide
Professor livre-docente de Literatura
e Cultura Russa da USP; doutor em Teoria e
História Literária pela Unicamp

Introdução

> *Tudo o que escrevi será esquecido em alguns anos.*
> *Mas os caminhos que abri ficarão intactos e seguros,*
> *e nisso reside meu único mérito...*
>
> TCHÉKHOV

Nos últimos anos de sua vida, Tchékhov partilhou com pessoas próximas a convicção de que sua obra, em pouco tempo, desapareceria. Recatado, ácido e profundamente autocrítico, sequer acreditava que pudesse dizer algo de relevante a um público estrangeiro. No entanto, diferentemente do imaginado por ele, seus contos e peças sobreviveram. Promoveram rupturas tão decisivas que, como ele suspeitara, se tornaram fundamentais para o entendimento dos caminhos trilhados por boa parte da literatura e do teatro do século XX.

Por isso mesmo, a questão se impõe: por que Tchékhov ainda nos interessa? Como um dramaturgo tão distante no tempo e no espaço, aparentemente fechado em uma sensibilidade de fim de século, acusado de decadente por muitos de seus contemporâneos, idolatrado por outros como poeta da delicadeza perdida, pode ainda hoje nos dizer algo? Como seus dramas sem ação externa clara, protagonizados por personagens isoladas em dramas íntimos e incapazes de um diálogo efetivo entre si, puderam repercutir no teatro brasileiro, tributário de uma tradição tão afeita à potência dramática e às comédias de intriga clara? Não é a primeira vez que essas perguntas vêm à baila, e as respostas a elas não são simples. Angustiaram não só críticos brasileiros, mas também todos aqueles que, do Leste Europeu à América, percebiam na dramaturgia de Tchékhov uma potência difusa, pois capaz de calar fundo nos mais diferentes públicos e ao mesmo tempo repelir generalizações fáceis.

Eric Bentley, um dos mais importantes críticos teatrais do século xx, levantava as mesmas questões a respeito da recepção de Tchékhov nos Estados Unidos: "Por que mal passamos um ano sem que uma importante produção de Tchékhov seja feita na Broadway ou no West End?"[1] Para ele, era como se a tradição teatral anglo-americana pudesse sobreviver sem dramaturgos como Lope de Vega, Racine, Molière, Schiller, Strindberg, mas não sem Tchékhov. Poucos anos depois, o crítico de teatro do *The New York Times*, Ben Brantley, afirmou que Tchékhov nunca tinha sido tão bem-vindo nos teatros de Nova York e Londres como na virada do século xx para o xxi[2]. Em 2010, ano de comemoração do 150º aniversário do dramaturgo, circularam pelo mundo dezenas de montagens de peso de suas peças longas ou, ainda, montagens baseadas em seus contos e em episódios da sua vida[3]. No Brasil, hoje é possível mapear suas peças em cartaz em quase todas as temporadas das principais cidades, de modo que Sérgio de Carvalho constatou ser Tchékhov um dos autores mais encenados dos palcos brasileiros nos últimos anos[4].

Os motivos que levam a interesse tão amplo, a ponto de alguns considerarem Anton Pávlovitch o segundo dramaturgo em reputação depois de Shakespeare e um dos principais a definir os rumos da dramaturgia no século xx[5], são muito variados. Podem partir da interpretação de que Tchékhov nos fala de maneira íntima, pois sua dramaturgia seria o retrato da crise

---

1 Cf. Craftsmanship in Uncle Vanya, em T.A. Eekman (ed.), *Critical Essays on Anton Chekhov*, p. 169-170.
2 Cf. Chekhov Melancholy, Never So Welcome, *The New York Times*.
3 Alguns exemplos de montagens internacionais recebidas no Brasil em 2010: em agosto, *Donka: Uma Carta a Tchékhov*, dirigida pelo ítalo-suíço Daniele Finzi Pasca; em novembro, *Os Irmãos Tchékhov*, dirigida pelo russo Alexander Galibin; em dezembro, *As Três Irmãs*, dirigida pelo escritor e cineasta libanês Wajdi Mouawad.
4 Cf. Tchékhov Conta Brasil: Por Que o Dramaturgo Russo do Século xix Será um dos Autores Mais Encenados Neste Ano no País, *Bravo!*, n. 7, ano 1, p. 106-109.
5 Cf. L. Senelick, *The Chekhov Theatre*, p. I.

INTRODUÇÃO 3

de experiências significativas que marcam a vida contemporânea. Tal qual na Rússia de fins do século xix, viveríamos um período de intervalo, de descrença geral nas grandes utopias. Desse modo, suas peças desdramatizadas permitiriam acessar, por meio dos desvãos da forma, os antiexemplos de personagens que nos fazem um apelo silencioso: é preciso viver de maneira radicalmente diferente da que vivemos hoje[6].

Na mesma esteira, outros veem a atualidade do dramaturgo russo no desenho ao mesmo tempo cômico e trágico que ele insiste em fazer da existência. Tchékhov seria, por excelência, o dramaturgo da crise do interior, do desencantamento com o lar e com a família – outrora positivos e edificantes[7]. A hipocrisia doméstica engendraria um cotidiano cada vez mais insuportável, pois cada vez mais em descompasso com nossos sonhos e ambições. A intimidade da casa seria então a versão em miniatura de uma crise maior da noção de sujeito, das grandes interpretações sobre o mundo e a realidade. Assim, a arte de Tchékhov de fazer "sorrir entre lágrimas" levaria a uma compreensão mais ambígua e profunda desse mundo que se esfacela, mas no qual as personagens e nós vivemos e apostamos todas as fichas.

Ou ainda, em chave existencialista, sua atualidade estaria no retrato cruel de personagens incapazes de alcançar a vida que tanto almejam por estarem presas a um complexo sistema de ilusões que as retém e, ao mesmo tempo, as protege dos outros e de si próprias. Seria o "colapso desse sistema de ilusões o responsável por expor uma cruel realidade, o que demanda uma existência progressivamente tolerável, suportável – um novo andaime de automistificação"[8].

Mas esses são apenas alguns dos muitos pontos de vista a respeito de por que suas peças falam tão diretamente ao público contemporâneo. Do mesmo modo, outras questões fundamentais suscitadas por sua dramaturgia continuam alvo de vivos debates: ideologicamente, seria Tchékhov um cético ou um otimista, defensor do trabalho árduo contra uma vida de inação

---

6 Cf. S. Carvalho, op. cit., p. 106.
7 Cf. J.-P. Sarrazac, O Íntimo e o Cósmico: Teatro do Eu, Teatro do Mundo (Do Naturalismo ao Teatro do Cotidiano), *Sobre a Fábula e o Desvio*, p. 26-34.
8 O. Krejča et al., *Otomar Krejča et le Théatre Za Branou de Prague*, p. 31.

e irrelevância? Estilisticamente, seria ele um típico realista por explorar em seus dramas "fatias de vida", à maneira das cenas que observamos pelo buraco de uma fechadura? Seria ele um impressionista, por apresentar em suas peças rudimentos de ação, aparentemente irrelevantes e desconectados, mas que ao final dão a sensação de um impressionante conjunto? Ou, ainda, uma espécie de precursor do simbolismo no teatro, por deixar entrever nos solilóquios existenciais de suas personagens, na linguagem obtusa e no silêncio as sutis camadas de subjetividade impenetrável? Por fim, não seria ele, na verdade, um pré-absurdista, por revelar suas personagens em diálogos desencontrados, em conversações esvaziadas da cadeia causal de sentido, cheias de tiques, repetições e *nonsense*?

Se tal variedade de questões parece possível apenas após um longo tempo de maturação crítica, a verdade é que a maioria delas já estava presente entre seus contemporâneos e atravessou o século xx. A propósito do surgimento de suas primeiras peças, muitos bradavam atônitos diante do aparente desleixo do dramaturgo com as leis mais elementares do drama. Segundo eles, em suas peças nada acontecia ou, ainda, como para a *Folha de Petersburgo* (*Peterburgski Listok*), tudo nelas era não só estranho como também passível de receber críticas por não oferecer sequer conteúdo relevante[9]. Em uma época na qual predominavam nos palcos russos um número imenso de melodramas e vaudeviles, muitos deles concebidos sob as noções de peça benfeita, os dramas tchekhovianos pareciam uma aberração, uma transposição inábil de romances e contos para a cena.

No entanto, foi devido ao formidável encontro de suas peças com a direção de Konstantin Stanislávski e de Nemiróvitch- -Dântchenko que o caráter inovador de sua dramaturgia se revelou. Esse encontro permitiu a sistematização dos principais elementos da poética dramática de Tchékhov, que são até hoje pontos de partida para a compreensão de sua obra. Os dois diretores perceberam que o verdadeiro demônio das peças de Tchékhov estava nos detalhes. Os diálogos e comportamentos aparentemente ilógicos das personagens configuravam apenas uma superfície do drama, já que os verdadeiros conflitos

---

9   Apud A. Anikst, *Teoria Drami v Rossi ot Puchkina do Tchekhova*, p. 571.

INTRODUÇÃO 5

aconteciam nas entrelinhas ou fora de cena (*offstage*). Assim, a aparente inação e as irrelevâncias que tomavam o primeiro plano das cenas, como as conversas banais das personagens ao redor da mesa e os seus encontros casuais no jardim, funcionavam como truques cotidianos que enganavam e distraíam, pois a verdadeira ação, como já destacou David Magarshack (inspirado em críticos como S.D. Balukhatyi e V. Ermilov), era indireta e dependia da associação dos detalhes ao conjunto[10]. Daí a necessidade de um trabalho de direção que explorasse as nuances, sem os famosos arroubos individuais ou secundarização de personagens e conflitos.

Do mesmo modo, as pausas incomuns que transbordavam em suas peças possuíam, segundo Nemiróvitch-Dântchenko, um papel ativo na intensificação da experiência interna das personagens. Elas revelavam uma espécie de corrente subterrânea (*podvodnoe tetchiênie*), a qual, menos do que indicar inação das personagens diante dos problemas do mundo, as abria para uma realidade interna turbulenta, abundante de sentidos altamente potentes[11].

Todas essas características estruturais das peças longas de Tchékhov se beneficiaram e estimularam as pesquisas do Teatro de Arte de Moscou (TAM), de modo que não se pode subestimar o fato de que muitas das modernas técnicas de encenação foram desenvolvidas a partir desse diálogo[12].

Ao mesmo tempo, a relação entre Tchékhov e Stanislávski foi tão produtiva quanto conturbada. Como veremos, a leitura autoral reivindicada pelo diretor do Teatro de Arte entrava em choque com as visões do próprio dramaturgo sobre como as peças deveriam ser encenadas. Vista à distância, a polêmica entre os dois mostra menos o acerto de visão de um ou outro e mais o fato de que, por se situar em um tempo de grandes mudanças e por apresentar uma forma nova e revolucionária, tal dramaturgia dificilmente se enquadrava em premissas desta ou daquela estética. Por se encontrar em um limiar – do íntimo,

---

10 Cf. *Chekhov the Dramatist*, p. 159-173.
11 Cf. V. Nemiróvitch-Dântchenko, *My Life in the Russian Theatre*, p. 163. Também em seu prefácio presente no livro de Nikolai Éfros, *Tri Sestri: Piessa A.P. Tchekhova v Postanovke Moskovskogo Khudojestviennogo Teatra* (As Três Irmãs: Peça de A.P. Tchékhov na Encenação do Teatro de Arte de Moscou), p. 10.
12 Cf. S.M. Carnicke, *Checking Out Chekhov*, p. 122.

do sujeito, de estéticas, de visões de classe –, sua configuração é híbrida e, por isso, fonte de variadas possibilidades. Como veremos, as encenações de suas peças ao longo do século xx muitas vezes apontavam para interpretações completamente distintas. Tanto que, em seu estudo sobre as encenações de *O Jardim das Cerejeiras,* ao longo do século xx, James Loehlin demostrou o quanto essa peça de Tchékhov foi pensada ora como comédia ora como tragédia por diretores que a montaram em uma mesma cidade, na mesma temporada[13]!

Ainda assim, parece cômodo considerar que essa miríade de interpretações suscitada pelas peças de Tchékhov é oriunda de uma inata universalidade. Essa afirmação apriorística responde com uma generalização àquilo que só revela sua riqueza se observado a partir da diversidade de problemas que levanta concretamente. Ou seja, perceberemos melhor o valor de Tchékhov quando formos capazes de compreender como os sentidos a respeito de sua dramaturgia foram produzidos por leitores e espectadores ao longo do tempo. Tal estudo permitirá entender como seus dramas foram reinterpretados através do século para chegarem até nós, dentro de um processo vivo de interpretações que só o teatro pode conceber.

Afinal, a linguagem teatral é, por excelência, uma arte do presente e vive de seu contato direto com a sensibilidade do público que a experimenta. Essa premissa é tão decisiva que Peter Brook chamaria "teatro morto" aquele feito por atores que não problematizam o que fazem em relação ao seu presente; ou aquele assistido por espectadores com interesses meramente comprobatórios, que se dirigem até ali não para ter sua sensibilidade deslocada, mas para ver as linhas de seu drama preferido encenadas como foram escritas. Segundo ele, "o Teatro Morto trata os clássicos supondo que em algum lugar alguém já descobriu e definiu como o drama deve ser representado"[14].

Curiosamente, Tchékhov é um dramaturgo que produz as mais variadas interpretações e, ao mesmo tempo, mobiliza em muitos espectadores e críticos a sensação de que há um modo e um tom definitivos de encená-lo. Para muitos, se isso não for atingido, a montagem seria sinônimo de fracasso. Não à toa,

13   Cf. *Chekhov: The Cherry Orchard – Plays In Production.*
14   *O Teatro e Seu Espaço,* p. 7.

INTRODUÇÃO

há muita resistência em receber encenações que reforcem a ironia ou a crueldade tchekhovianas, bem como versões mais experimentais de seus dramas, como se representassem um desrespeito ao dramaturgo. Ou, ainda, nessa mesma linha de uma pretensa pureza em relação ao trato com o dramaturgo, difunde-se bastante a ideia de que as peças de Tchékhov precisam ser encenadas de modo limpo, sem muitas intervenções diretoriais, pois são em si obras capazes de dialogar com qualquer tempo e espaço.

Inúmeros fatores contribuem para asserções desse tipo, que, como veremos, vão do poder que tiveram as encenações do Teatro de Arte em estabelecer um determinado padrão de interpretação ao fato de que a historicidade que envolve a produção de suas peças – que podemos acessar por meio de suas cartas, textos críticos e mesmo imagens – definem uma espécie de moldura capaz de validar apenas uma gama de interpretações.

Neste livro, mergulharemos nesse universo das encenações das peças de Tchékhov e tentaremos mapear os principais diálogos e polêmicas por elas promovidos. Será apresentado um percurso sintético, mas bastante informativo, de como diretores, atores e críticos atualizaram suas peças ao longo dos anos. Para isso, desenharemos um arco que vai da Rússia imperial de fins do século XIX, passando por países centrais da Europa e pelos Estados Unidos, até chegar ao Brasil, nosso ponto de maior interesse.

Tal panorama não só iluminará o multifacetado processo de recepção de suas peças em cada país como também nos colocará no nervo da própria forma dramatúrgica de Tchékhov, aparentemente mais aberta à atualização no tempo e no espaço que a de outros dramaturgos. Para Raymond Williams, nas peças de Anton Pávlovitch não há relação precisa entre a organização das palavras e o modo de dizê-las. Isso configuraria uma distância maior entre texto e cena em seus dramas do que naqueles em que o que é dito corresponde à comunicação física[15]. A partir daí tem-se algo que enriquece suas possibilidades de interpretação e reconfigura o papel do diretor e dos atores – ponto

15   Cf. *Drama em Cena.*

magistralmente captado por Stanislávski e que foi explorado por ele de maneira pioneira.

Faremos um movimento constante de reflexão de como a interpretação produzida por determinados grupos dialoga não só com a tradição local, mas vem também filtrada por todo um sistema internacional de influências. Afinal, não se pode conceber um processo de recepção fora de uma perspectiva que não a comparada[16]. Em nosso caso, tal perspectiva torna-se mais interessante se não deixarmos de levar em conta que se trata justamente do contato entre duas culturas periféricas (Brasil e Rússia), que sempre partiram de um diálogo por vezes tenso com a metrópole, fosse ela a metrópole econômica, fosse ela a referência de patamar "civilizacional". Isso porque foi o centro europeu ou estadunidense que tradicionalmente descobriu, filtrou e exportou uma imagem do outro para consumo local e internacional.

Partimos da constatação de que a genial proposta cênica do Teatro de Arte de Moscou (TAM), justamente por ter sido responsável pela projeção de um dramaturgo até então rejeitado pelos principais teatros russos, foi também responsável por consolidar algumas linhas de interpretação que perduraram até recentemente, inclusive no Brasil. Galvanizaram um modo específico de se encenar Tchékhov, imprimindo sobre suas personagens a representação do trágico, do tédio de província, da impotência ante os grandes sonhos e da melancolia ante a vida que se esvai. Isso implicou, em termos cênicos, na adoção de procedimentos então revolucionários, como a criação da "peça sinfônica", da "atmosfera" e do "silêncio sugestivo", mas que seriam trabalhados na Rússia e internacionalmente como tipicamente tchekhovianos.

Dado o caráter inovador e arejado das encenações do TAM, epígonos dessa nova forma tomaram alguns procedimentos de Stanislávski como ponto de partida para qualquer encenação de Tchékhov, gerando, no interior da Rússia e no exterior, montagens repletas de barulhos de grilos, de pássaros, silêncios mecânicos e longuíssimos, ou mesmo concepções cênicas sob a ideia de que em Tchékhov não há espaço para o cômico,

---

16   Cf. A. Candido, *Recortes*.

INTRODUÇÃO

a ironia ou a crueldade. Essa tipificação, interpretada de múltiplas maneiras pela tradição teatral ocidental – a ponto de cristalizá-la em uma espécie de *tchekhovismo* – é o que pretendemos historicizar e colocar em discussão neste livro. Como veremos, inúmeras propostas cênicas posteriores se chocaram com as leituras de Konstantin Stanislávski e Nemiróvitch-Dântchenko, mas quase sempre se estabeleceram em relação a elas. Ao longo do tempo, diretores, atores e críticos foram capazes de revelar facetas novas e produtivas da dramaturgia tchekhoviana, tais como a ironia e mesmo a crueldade com que o dramaturgo apresenta suas personagens ou o fundo cômico e político que põe em perspectiva o destino aparentemente trágico de suas personagens. Cada um desses aspectos – retornando à tradição ou não – estão sempre em diálogo direto com as principais questões sociais, políticas e culturais de cada momento histórico. Para melhor compreendermos o sentido desse movimento, nosso panorama começará com as primeiras encenações de Tchékhov feitas na Rússia a partir de 1896, passando por aquelas feitas na Europa e nos Estados Unidos, até as montagens realizadas no Brasil. No caso brasileiro, o trajeto da recepção vai de 1946 a 2008. Apresentaremos, de maneira sumária, os primeiros contatos do dramaturgo russo com o meio teatral e os movimentos vividos por suas primeiras peças em um ato. Logo após, comentaremos o processo de produção de suas quatro grandes peças e a dificuldade de aceitação de seu teatro dentro das condições específicas de encenação na Rússia. A partir daí, será possível enxergar como o surgimento do TAM e a consolidação de um suporte adequado historicamente para a afirmação de sua dramaturgia serão decisivos para fixar as leituras stanislavskianas, que farão escola na Rússia, mas não deixarão de ser confrontadas por diretores locais pré e pós-Revolução de 1917.

Adiante, veremos como se dá o movimento de projeção da dramaturgia de Tchékhov nos países do Leste Europeu, França, Inglaterra e Estados Unidos. Mapearemos desde as primeiras traduções de peças de Tchékhov feitas por André Antoine, passando pela imigração de artistas e críticos russos, até a consolidação em terreno francês das leituras exoticizantes de Ludmilla e Georges Pitoëff da "alma russa". Tais encenações, a despeito de tentarem fugir do paradigma realista de Stanislávski, insistiam na fabricação de um outro exótico. Veremos também como as caravanas do TAM pela Europa e EUA contribuíram para gerar um verdadeiro *frisson* internacional não só pelas novas técnicas de encenação como também pela força do drama tchekhoviano.

No Reino Unido, Tchékhov ganhou o proscênio dos debates teatrais tanto pelo contato do público e da gente de teatro com essas excursões como também pela intervenção de Bernard Shaw, que apresentou o dramaturgo russo como um ácido leitor da sociedade capitalista em crise. Além disso, as encenações de Komissarjévski também foram ponto de referência importante, por retirarem Tchékhov das malhas do exótico e adequarem-no ao gosto inglês pela simplificação elegante e pelo sentimentalismo.

No caso estadunidense, veremos como a lógica do *show business* e do *star system* prejudicaram a recepção dessa dramaturgia no início dos anos 1920, mas como os Little Theatres, mais abertos às novas técnicas de encenação e aos trabalhos dramatúrgicos mais recentes e de vanguarda, conseguiram com êxito introduzir o dramaturgo nos palcos fora dos grandes circuitos. Logo após, veremos o papel decisivo dos preceitos formativos de Boleslávski, das encenações de Eva Le Gallienne e das diretrizes formativas de Lee Strasberg e Stella Adler – à sua maneira, discípulos de Stanislávski –, para a bombástica propagação da dramaturgia de Tchékhov naquele país.

Para não prosseguir adiando o fundamental, apresentaremos um panorama dos momentos iniciais da recepção de Tchékhov no Brasil, desde as brevíssimas referências a seu nome e as traduções de contos cômicos em periódicos de entretenimento do início do século XX até as primeiras coletâneas de contos nos anos 1930 e 1940, que prepararam o terreno para os principais textos críticos e encenações que começariam a ser realizados nos anos seguintes. Destacamos o papel fundamental que os grupos de teatro estudantis e amadores tiveram na popularização de suas peças cômicas em um ato, amadurecendo não só uma linhagem do teatro cômico brasileiro, mas também abrindo os palcos para outros dramaturgos internacionais de qualidade artística.

INTRODUÇÃO   11

Serão também os amadores do Tablado os primeiros a enfrentar uma peça longa de Tchékhov – *Tio Vânia* – seguida de *As Três Irmãs*, pela Escola de Arte Dramática (EAD) e, anos depois, pelo grupo A Barca, sob direção de Gianni Ratto, confirmando a tese de Gilda de Mello e Souza de que estaria no dramaturgo russo um fundamental estágio para a formação do ator. Mas a sua projeção nos palcos brasileiros ganharia novo patamar com a encenação de *As Três Irmãs* pelo Teatro Nacional de Comédia (TNC), em 1960, momento decisivo de propagação no Brasil do que se pode chamar "tchekhovismo".

Em seguida, veremos como a partir daí se inicia um processo de questionamento de Tchékhov, então um clássico importado, que passou a ser acompanhado da tentativa de atualizar sua obra no contexto brasileiro, levando em conta o efervescente clima de radicalização política e social. Ainda assim, seu teatro passaria por percalços de interpretação e, em um primeiro momento, Tchékhov não seria visto como um dramaturgo de fácil assimilação pelas sensibilidades revolucionárias de esquerda. Marcos nesse sentido seriam a leitura fora do padrão de *O Jardim das Cerejeiras,* feita por Ivan de Albuquerque, e o desbunde político-tropicalista promovido pelo Oficina em 1972, com *As Três Irmãs.* Essa última montagem, a despeito dos impasses oriundos de suas próprias escolhas formais e políticas, foi a tentativa mais significante de entender como o dramaturgo russo poderia falar de maneira direta ao público brasileiro e um verdadeiro ponto de referência no processo de recepção do teatro de Tchékhov entre nós.

Por fim, há uma rápida incursão pelas encenações realizadas no exterior nos anos 1960 e 1970 – sobretudo as de Tovstonógov e Anatoli Éfros, na Rússia, e Giorgio Strehler, na Itália – que já promoviam uma revisão significativa do paradigma do tchekhovismo e repercutiram de diferentes maneiras entre diretores e críticos brasileiros mais sintonizados com o debate internacional. Logo após, observaremos o ligeiro descompasso vivido pelas encenações no Brasil, que tentavam iluminar pontos novos na dramaturgia de Anton Pávlovitch, mas, ao mesmo tempo, não conseguiam firmar uma tendência interpretativa de peso. Isso porque as dificuldades que o regime militar colocava aos grupos teatrais nos anos 1970 impediam o amadurecimento de propostas consistentes, mas, em contrapartida, impulsionavam os grupos para que buscassem novas formas de organização e encenação. Tais buscas, como veremos, arejarão as encenações nos anos de abertura democrática do país – o *Platónov*, do Tablado, e o *Trágico à Força*, de Marcio Aurélio.

Os anos 1990 e 2000 foram de clara abertura de tendências e demonstraram a familiaridade dos palcos brasileiros com uma dramaturgia que pareceu inicialmente alheia aos interesses imediatos do teatro nacional. Já é possível encontrar claros enfrentamentos aos modelos stanislavskianos, e localizaremos desde encenações mais afeitas a explorar o que é universal em Tchékhov até encenações que valorizaram sua dimensão política para uma época de transição, ou mesmo encenações que privilegiaram a pura pesquisa de linguagem, buscando a atualidade do dramaturgo nas fissuras e descompassos de sua forma dramática e utilizando-se de seus textos mais como partitura "jazzística" que como dramaturgia.

Ao final, a ideia não é estabelecer uma linha evolutiva de dissolução do tchekhovismo, mas sim mostrar como, ao longo da história da recepção do drama de Tchékhov, sua atualização constante sofreu e sofre os impasses de nossa formação teatral, de nossas dificuldades econômicas, sociais e políticas. Metodologicamente, tal empreitada apresenta uma série de dificuldades. A primeira delas se refere a como lidar com o fato de que o fenômeno cênico se caracteriza justamente pelo acontecimento e pela presentificação da ação, que não pode ser captada pelo simples registro escrito. Se vem daí o fascínio do teatro – pelo que ele tem de presença viva –, está aí também um grande problema crítico e historiográfico, que só agora tem amadurecido como campo de estudos.

Nesse sentido, tentaremos entender como se construíram determinadas leituras de Tchékhov trabalhando a partir do que Carlo Ginzburg denominou "paradigma indiciário", ou seja, captar a partir de sinais particulares o sentido que determinado elemento pode ter para a compreensão do movimento "geral" de uma tradição teatral, uma cultura ou sociedade[17]. Trabalhamos para reconstituir os contornos desse universo específico

---

17 Cf. Sinais: Raízes de um Paradigma Indiciário, *Mitos, Emblemas, Sinais*, p. 143-179.

por meio de documentos (escritos, iconográficos e sonoros), deixando que falassem por si, ao invés de definir previamente um percurso historiográfico-crítico que alinhavasse nossa interpretação das encenações.

Ao deixar que tais documentos ganhem voz, tentamos não nos restringir a apenas um registro sobre determinada encenação e não sufocar posições divergentes a respeito de uma mesma montagem – tendo em vista que uma das principais formas de registro que nos dão acesso a uma peça é o discurso do crítico teatral que, como se sabe, é sempre uma interpretação diante do acontecimento cênico. No entanto, isso não impediu que, ao analisarmos o sentido de determinada interpretação de Tchékhov, nos posicionássemos também em relação ao que havia de produtivo ou limitador na proposta apresentada.

Também não deixa de ser importante esclarecer que, para a realização deste estudo, foi necessário conciliar o trabalho de pesquisa de arquivo em diários de direção, fotografias, vídeos, notícias, textos críticos publicados em jornais, revistas, folderes de divulgação dos espetáculos etc., com o de estudo teórico-crítico sobre a recepção de Tchékhov por outras culturas, sobre sua dramaturgia e sobre teatro russo e brasileiro. Disso resultou extenso levantamento de traduções e edições, bem como de encenações de peças de Tchékhov realizadas por grupos teatrais profissionais e amadores. As peças foram catalogadas e, em muitos casos, foi possível recuperar notícias, textos críticos e fotos em torno de cada montagem. Informações sobre as montagens, bem como as principais notícias, artigos críticos e publicações em torno delas vêm listadas ao final do livro.

Dificuldades específicas surgiram ao longo desse processo, como o mapeamento de documentos referentes a um dramaturgo cujo nome já foi grafado das mais diversas maneiras em sua transliteração para o português brasileiro (Tchékhov, Tchecov, Tchekov, Chekhov, Chekov, Tchehov, Tchekof, Tschecov, Tcheckhov, Checov, Tchecof, Tcheckov, Tchecoff, Tcheckoff...). Tal problema, se por um lado dificulta o trabalho de mapeamento, por outro contribui para pensarmos sobre fontes de traduções ou mesmo referenciais crítico-editoriais. Por isso, nas menções a artigos e na citação de excertos ou livros optamos por deixar a grafia do nome do dramaturgo assinalada do mesmo modo como cada crítico ou grupo teatral a indicou.

Um agradecimento especial precisa ser dado às pessoas que tornaram este livro possível. A Jô Ribeiro e Fátima Dinardi, por terem me introduzido no mundo da literatura e do teatro em minha adolescência. Vilma Arêas, professora e amiga, foi quem primeiro me apresentou Tchékhov na graduação. Pacientemente, ouviu e acompanhou minhas primeiras hipóteses e mostrou a importância de se acessar a história a partir de um desejo vivo de buscar seus sentidos no presente. Bruno Barreto Gomide apostou na orientação desta pesquisa, leu repetida e acuradamente cada linha do trabalho e deu sugestões preciosas para a pesquisa. Eric Mitchell Sabinson como sempre soube fazer as perguntas certas, para não deixar que a força de Tchékhov morresse em alguma formulação pré-fabricada ou sob teorias sufocantes. No exterior, Laurence Senelick (Universidade de Tufts) e Anna Muza (Universidade da Califórnia – Berkeley) ajudaram com sugestões de leitura e com dicas para a organização do texto. Larissa Machado ajudou imensamente durante o processo de pesquisa nos microfilmes do Arquivo Edgard Leuenroth, cujos funcionários sempre foram acessíveis e dedicados. Do mesmo modo, os funcionários da Funarte, no Rio de janeiro, bem como os funcionários do Centro Cultural São Paulo e da Biblioteca Jenny Klabin Segall, em São Paulo, foram muito prestativos. Élcio Nogueira Seixas gentilmente cedeu fotos e informações sobre espetáculos por ele dirigidos. Francisco Araújo, sempre parceiro e sempre disponível, ajudou no processo de viabilização de imagens e informações sobre espetáculos. Os professores e tradutores Boris Schnaiderman (*in memoriam*), Tatiana Belinky (*in memoriam*), Aurora Fornoni Bernardini cederam entrevistas e materiais preciosíssimos. Elena Vássina, Arlete Cavaliere, Maria Silvia Betti, Denise Bottman, Luis Fernando Ramos, João Roberto Faria, Leonel Martins Carneiro, Igor de Almeida Silva, Luís Reis, Priscila Marques, Flávia Cristina, Lia Marques, Larissa Higa, Diogo Portela, Lígia Balista e Fernando Cezar de Macedo Motta leram o texto, discutiram ideias nele presentes ou cederam materiais e informações que enriqueceram enormemente a pesquisa. Marcelo Lotufo foi amigo que leu repetidamente o trabalho e estimulou para que, diante das burocracias, a ideia da publicação não morresse. Amigos e familiares (os pais Sebastião e Sônia; os irmãos Rogério e Reginaldo; e a amada companheira Patrícia) foram o suporte para que tudo até agora corresse da maneira mais acolhedora e viva possível. Outro agradecimento também à Fapesp (Fundação de Amparo à Pesquisa do Estado de São Paulo), que financiou minha pesquisa na pós-graduação e contribuiu com recursos para a publicação em livro.

Por fim, o que espero é que este estudo sumário, mas por vezes enfadonho no detalhe, contribua para que entendamos um pouco sobre como foi encenado, lido e criticado este dramaturgo que tanto contribuiu para o processo de questionamento das formas dramáticas do século xix e que inaugurou nossa contemporaneidade dramatúrgica. Suas Arkádinas, Trepliovs, Irinas, Machas, Olgas, Raniévskaias, Trofímovs, Vânias, personagens cravadas em tramas com vestígios de ação dramática, donas de diálogos que mais isolam que aproximam, parecem ainda dizer-nos algo. Falam não só sobre formas de sociabilidade que foram ultrapassadas pela história, mas também sobre o que somos hoje. Por isso, este estudo é sobre o passado, mas também sobre o presente.

1. Como se Cria um Tchékhov: Dentro do Texto, Fora dos Palcos

Vista com os olhos de hoje, a dramaturgia de Anton Pávlovitch Tchékhov pode levar a crer que desde o início de sua carreira o russo gozara de repercussão positiva junto ao público, à crítica e aos profissionais de teatro. Isso porque, por um lado, autores tidos como clássicos quase sempre se beneficiam de avaliações que tomam suas qualidades por absolutas e nos fazem voltar em retrospecto com a ideia de que seu valor foi tido como incontestável desde o início; por outro, o próprio estilo do autor, pouco afeito à exuberância formal e programaticamente crítico à falta de objetividade e aos excessos ideológicos[1], sugere uma imediata afirmação junto ao público: silenciosa e modesta, com poucas polêmicas ou recusas.

No entanto, para que chegasse à condição de clássica, sua obra passou por um processo de recepção bastante tortuoso e, de início, muito conturbado. No caso específico de sua dramaturgia, Tchékhov se debateu com uma tradição secular do teatro russo e europeu que não recebeu com simpatia as renovações formais que promovia. Suas peças eram um enfrentamento direto às noções de peça benfeita e compunham um quadro

---

1   Cf. S. Angelides, *A.P. Tchékhov: Cartas Para uma Poética*, p. 52.

de crise das formas do drama tradicional que marcou o fim do século XIX e apresentou as principais linhas de força da dramaturgia do século XX[2]; exigiam novas formas de conceber o espetáculo, pois os pontos desamarrados da ação, as nuances nos discursos e a mensagem difusa não coadunavam com uma cena baseada em personagens de exceção, ações claramente encadeadas e mensagem identificável.

Alguns momentos desse processo se tornaram populares, por vezes convertidos em verdadeiras lendas. A estreia de *A Gaivota* (*Tchaika*) pelo Aleksandrínski em 1896, por exemplo, é até hoje mistificada como um absoluto desastre, fruto da incompreensão do velho teatro em relação à ruptura promovida pelo dramaturgo; já a montagem da mesma peça em 1898 pelo Teatro de Arte de Moscou (TAM) passou a ser considerada um insuperável sucesso, dada a capacidade de Konstantin Stanislávski e Nemiróvitch-Dântchenko de oferecer o suporte cênico adequado para a emergência de sua complexidade dramática. Do mesmo modo, mistificaram-se as famosas querelas entre Tchékhov e Stanislávski, de modo que hoje não é incomum a ideia de que a profundidade das peças do dramaturgo foi muitas vezes ofuscada por um certo naturalismo nivelador do segundo.

Tais reduções são resultado do modo como Tchékhov passou a ser lido ao longo do século XX. Por um lado, revelam o quanto sua importância é grande nos meios teatrais, a ponto de no mundo anglo-saxão ser considerado o segundo dramaturgo mais importante depois de Shakespeare; mas, por outro, ofuscam o entendimento mais exato das condições de produção e recepção de suas peças, que não deixam de estar atravessadas pelos próprios excessos do dramaturgo ou pelos próprios impasses do Teatro de Arte de Moscou e de seus dois idealizadores.

Para nós, a tarefa de retomar esse passado e compreender como tais leituras se produziram tem um elemento facilitador que, ao contrário do caso de dramaturgos como Shakespeare, favorece a pesquisa: Tchékhov está envolto em uma historicidade cultural, ideológica e de classe que é mapeável em sua correspondência, nos comentários de críticos, em jornais e em imagens que em conjunto permitem recompor um universo

---

2   Cf. J.-P. Sarrazac, *Poética do Drama Moderno*; A. Rosenfeld, *O Teatro Épico*; P. Szondi, *Teoria do Drama Moderno: 1880-1950*.

COMO SE CRIA UM TCHÉKHOV: DENTRO DO TEXTO, FORA DOS PALCOS 19

específico. Isso levou Laurence Senelick a afirmar que Tchékhov nos parece por isso mais próximo e, ao contrário de Shakespeare, mais possível de ser pego por "intenções autorais"[3]. Para um esboço desse universo, portanto, começar pelos anos 1880 é essencial. Nesse período, Anton Pávlovitch vivia na pequena cidade de Taganrog, à beira do mar de Azov, e ali começou seu contato com o teatro. Acompanhava com assiduidade e pouco critério os espetáculos do Teatro Cívico, aplaudindo apresentações que iam do novo drama ostrosvskiano aos melodramas românticos e às comédias ligeiras, então nota dominante nas poucas casas teatrais russas. Ali, por volta de 1878[4], cursando os anos finais do colégio, escreve uma peça sem nome, a qual muitos estudiosos acreditam ter se convertido no manuscrito descoberto apenas em 1923, conhecido no Ocidente como *Platónov*[5].

Quem primeiro dá pistas da existência dessa peça é o irmão mais velho do dramaturgo, Aleksandr Tchékhov, que já vivia em Moscou nesse período e respondeu-lhe à época dizendo que o texto tinha no máximo duas cenas verdadeiras e que o resto era uma inocente mentira sem profundidade. Não se sabe exatamente o quanto as críticas ecoaram na mente do jovem autor, mas muitos estudiosos acreditam que ele retrabalharia o texto até uma versão final de 1881, quando já vivia em Moscou e cursava os primeiros anos de medicina[6]. Segundo as memórias imprecisas de seu irmão mais novo, Mikhail Tchékhov, o dramaturgo teria enviado a peça (ou a entregue pessoalmente) a Maria Iermólova, atriz do Teatro Máli, que, apesar de considerar aceitável a personagem principal, respondeu-lhe com a forte recomendação de que rasgasse o texto. De acordo com

---

3   *The Chekhov Theatre*, p. 1.

4   O período é sugerido por Serguei Dmítrievitch Balukhatyi em *Tchékhov Dramaturg* (Tchékhov Dramaturgo), p. 56-63.

5   Essa peça sem título (*Piessa Biez Nazvania*), além de ser identificada no Ocidente como *Platónov*, também é conhecida pelo nome de *Desamparo* ou, ainda, *Sem Patrimônio* (*Biezotsóvichtchina*). Acredita-se que a primeira versão mostrada para o irmão teria sido perdida para sempre. No entanto, boa parte das hipóteses de especialistas tem convergido para a ideia de que mesma versão foi retrabalhada e guardada pelo dramaturgo, culminando na que hoje conhecemos e é aqui citada. Texto original em russo disponível em A.P. Tchekhov, *Polnoie Sobranie Sotchineni i Pissem v Tridtsati Tomakh*, v. 11, p. 5.

6   Essa é a opinião do já citado Serguei Dmítrievitch Balukhatyi, bem como de M.P. Gromóv em *Kniga o Tchékhove* (Livro Sobre Tchékhov), p. 49-74.

Mikhail, assim Tchékhov procedeu com todos os originais. No entanto, o que se sabe é que uma versão sobreviveu no arquivo pessoal do autor, guardado por sua irmã Maria Tchékhova, sendo encontrada e editada quase vinte anos depois de sua morte pelo estudioso soviético N.F. Belchikóv.

Platónov diverge em muitos aspectos das demais peças longas de Anton Pávlovitch. A personagem principal, Mikhail Vassílievitch Platónov, é um professor de província casado, desiludido e de pouca atitude, mas muito desejado pela maioria das mulheres. Vê a si mesmo como um ilustrado em um mundo sem propósito e, por isso, se deixa levar pelo jogo de atração conduzido por todas elas. Ao final, leva um tiro de Sofia Iegórovna, uma das personagens que se apaixonara por ele. As opiniões críticas sobre essa personagem divergem: há quem veja em Platónov um hamletista russo, quem sinalize o protótipo de um Don Juan do interior[7] ou mesmo quem ali sinalize a miniatura do *homem supérfluo*[8], já que para a personagem Glagóliev, Platónov era "o mais fino expoente da moderna fraqueza de propósito [...]. Ele caiu num beco sem saída, está perdido, não sabe o que focar, não entende..."[9]

De modo geral, muitos críticos ainda disputam entre si sobre a originalidade de tal peça, se seria já obra de um gênio ou apenas esboço com a indicação de temas e personagens que depois comporiam de forma mais complexa suas peças maiores. Para alguns, por exemplo, há um paralelo claro entre *Platónov* e sua última peça longa, *O Jardim das Cerejeiras*. Em ambas são retratados o cotidiano de uma família falida e decadente, mergulhada em dívidas. Ou seja, em ambas a reiteração do tema da finitude, materializado na venda do querido patrimônio devido a uma vida de excessos[10].

---

7   Cf. E. Bentley, Chekhov as Playwriter, *The Kenyon Review*, v. 11, n. 2, p. 226-250.

8   Em meados do século XIX, o "homem supérfluo" passou a ser reconhecido como "o herói da nova literatura russa. Um herói da nobreza que fazia parte da pequena minoria de homens cultos e moralmente sensíveis que, incapazes de encontrar um lugar na sociedade para desenvolver suas habilidades, se fechavam em si mesmos, refugiando-se em fantasias e ilusões ou no ceticismo e desespero". Cf. F. Bianchi, *O "Sonhador" de "A Senhoria", de Dostoiévski*, p. 110.

9   *Polnoie Sobranie...*, v. 11, p. 12.

10 A respeito desse possível paralelo. Cf. D. Rayfield, Orchards and Gardens in Chekhov, *The Slavonic and East European Review*, v. 67, n. 4, p. 530-545.

COMO SE CRIA UM TCHÉKHOV: DENTRO DO TEXTO, FORA DOS PALCOS   21

Nessa esteira, muitos pesquisadores soviéticos, diferentemente da alardeada recepção dos anos 1950 no ocidente, considerariam essa uma peça menor, porque excessivamente longa e muito vinculada ao drama tradicional: personagens de exceção, ação encadeada rumo a um conflito e diálogos veementes, ou mesmo devido à temática abertamente melodramática, dado o pirotécnico tiro no peito recebido por Platónov ou a tentativa de suicídio de sua esposa, que em vão se arremessa na linha do trem[11].

De qualquer modo, ainda que a peça sequer tenha se aproximado dos palcos enquanto o dramaturgo estava vivo, o que interessa é o fato de que já nesse período ele se envolvia com entusiasmo na vida teatral e na escrita de peças. E se a negação geral recebida por *Platónov* parece ter criado uma espécie de intervalo na produção de dramas mais longos, o que se sabe é que a disposição de Tchékhov para a escrita de contos, esquetes e pequenas farsas permaneceu a mesma. E foi com esse tipo de produção que ele sustentou seus estudos e ajudou sua família nos anos em que estivera em Moscou, logo após mudar-se de Taganrog, em 1880.

Até 1887, Tchékhov escreveu para jornais de Moscou e São Petersburgo sob seus quase cinquenta pseudônimos ("Antocha Tchekhonté", "O Doutor Que Perdeu Seus Pacientes", "O Irmão do Irmão", "O Homem Sem Spleen" etc.). Dizia que esses contos breves, de humor vaudevilesco, brotavam de sua cabeça numa velocidade absurda, chegando a gastar não mais que um dia em cada um[12]. Em muitos deles, era recorrente a temática da crítica ácida aos meios teatrais da época. Nessas histórias, abundavam atrizes caprichosas e empresários de teatro que só se preocupavam com o brilho individual e a entrada de dinheiro em caixa.

---

11 Cf. S.D. Balukhatyi, *Problemi Dramaturguítcheskogo Analiza Tchékhova* (Problemas de Análise Dramatúrgica de Tchékhov), p. 31.

12 É conhecia a famosa frase de Tchékhov que afirmava nesse período ser a literatura uma espécie de amante, enquanto a medicina seria sua legítima esposa. A situação ficaria insustentável para ele quando, após receber uma carta do então renomado escritor Grigórovitch, foi alertado para o desleixo com que vinha tratando suas habilidades literárias. Em 1887, já firme em sua convicção de escritor, escreveu ao irmão: "Já quase não trabalho nas revistas humorísticas, pois elas não servem para a leitura. Não gosto delas. Meu trabalho mais sério está no *Nóvoie Vrêmia* (Novo Tempo)." Carta de 18 de janeiro de 1887. Cf. S. Angelides, op. cit., p. 63.

TCHÉKHOV E OS PALCOS BRASILEIROS

Esta passagem do conto "Fantasiados", no qual ataca diretamente o empresário teatral Lientóvski, é ilustrativa:

Seis entradas para carruagem, mil lâmpadas, uma multidão de espectadores, guardas, corretores de ingressos. É um teatro. Lê-se sobre as portas, como no Érmitaj de Lientóvski: "Sátira e Moral!". Os ingressos são caríssimos, redigem-se aí longos artigos de crítica, aplaude-se prolongadamente e as vaias são raras... Um templo!

Mas, é um templo fantasiado. Retirando-se a inscrição Sátira e Moral, não será difícil ler: – Cancã e chanchada.[13]

Apesar do pessimismo de Anton Pávlovitch quanto a esse aspecto, o período era de transição e prometia. Em 1882, o tsar Alexandre III aboliu o monopólio dos teatros imperiais – o Aleksandrínski, em São Petersburgo, e o Máli, em Moscou. Isso abriu a cena para um arejamento no repertório dos novos grupos, agora mais propensos a textos nacionais contemporâneos ou mesmo àqueles fora dos padrões de expectativas das comissões oficiais de repertório, em geral muito conservadoras. Tal mudança se deu, em grande parte, pela pressão de grupos amadores que almejavam maior espaço e se negavam a aceitar os princípios férreos que regiam essas instituições estatais (punições, bloqueio de pagamento, obrigatoriedade para os atores de decorar determinado número de linhas da peça por dia etc.), e pela pressão de novos dramaturgos, desejosos de maior espaço e reconhecimento.

No entanto, a abertura legal não significou imediata popularização das plateias, nem mudança estrutural na qualidade do repertório. A audiência ainda era muito restrita e os grupos privados nascentes eram marcados pela contradição entre dinamizar o cenário teatral e preocupar-se com as bilheterias. Diante do impasse, a maioria abandonava o discurso da ilustração da massa e cedia a critérios financeiros imediatos, o que levou à predominância durante muito tempo de um repertório de peças melodramáticas e montagens de caráter pirotécnico. No meio teatral moscovita, essa foi a marca de um de seus principais grupos privados: o Teatro Skomorokh, liderado por Mikhail Lientósvski e criado em 1881[14]. Seu repertório foi

13   A. Tchékhov, *A Dama do Cachorrinho e Outros Contos*, p. 30.
14   Cf. L. Senelick, *Historical Dictionary of Russian Theater*, p. 211.

COMO SE CRIA UM TCHÉKHOV: DENTRO DO TEXTO, FORA DOS PALCOS   23

marcado pela exibição de grandes clássicos, como Shakespeare, Gógol e Ostróvski, mas boa parte das encenações era de peças espalhafatosas, dramalhões e vaudeviles, bem ao gosto da classe média pagante. Daí a ironia com que Tchékhov o tratava em seus contos da época.

Por outro lado, o Teatro Púschkin, assumido por Fiódor Korch em 1882, levou mais a sério a política de estímulo a jovens dramaturgos (como Tchékhov) – tanto que Nemiróvitch-Dântchenko, que trabalhara como dramaturgo e crítico antes de atuar com Stanislávski, tivera peças premiadas ali em seu início de carreira[15]. Korch também incentivou descontos para estudantes e levou adiante uma política mais definida de formação de plateias. Para Stanislávski, esse teatro desempenhou papel decisivo em sua formação, e seria responsável, segundo ele, por uma espécie de preparação de terreno para as inovações posteriores do TAM[16].

Mas para Tchékhov o problema da cena teatral nas capitais era sério: tratava-se de um desleixo crônico da maioria das empresas com a atividade cênica. Nesse período, suas cartas e mesmo comentários em jornais punham abaixo os bastidores teatrais, sem nenhuma idealização de empresários e atores, vistos como presunçosos, mal-educados e vaidosos[17].

A solução dada pelo dramaturgo era, como se pode mapear com frequência em suas cartas e em sua produção, a preocupação com a proximidade da vida, com o conhecimento da realidade e com a objetividade – elementos dos quais a maioria dos artistas parecia muito distante. Para ele, "os atores não compreendem, dizem asneiras e não escolhem os papéis adequados"[18]. Em partes, tem-se um paralelo com muito do que seria desenvolvido mais tarde por Stanislávski:

Atores nunca observam as pessoas comuns. Eles não conhecem fazendeiros, comerciantes, padres, aldeões ou burocratas. Por outro lado, eles podem oferecer verdadeiras personificações de jogadores desonestos,

15 Ibidem, p. 271.
16 Cf. K. Stanislávski, *Minha Vida na Arte*.
17 Carta a N.A. Leikin, em 4 de dezembro de 1887. Cf. *Polnoie Sobranie...*, v. 16, p. 172.
18 Carta ao irmão Aleksandr em 24 de outubro de 1887, S. Angelides, op. cit., p. 71

mulheres oportunistas, trapaceiros angustiados; em suma, todo tipo de indivíduos que eles observam em seus passeios por bares e despedidas de solteiro. Algo horrivelmente ignorante[19].

Por outro lado, Tchékhov via uma única solução para a vulgaridade desse meio: o amor sincero e o trabalho com a via literária. Esta, no entanto, sem nenhum viés instrumental ou ideológico, como queria a *intelligentsia* russa da época, muito menos um viés estritamente comercial: "É preciso tentar com todas as forças tirar o teatro dessas grossas mãos e transferi-las para as da literatura, ou então o teatro irá declinar [...]. Eu lhe imploro, apaixone-se pelo teatro."[20]

Se suas considerações são duras e ainda presas à literatura como balizador de qualidade da cena, não se pode ignorar sua preocupação evidente com as condições de realização do teatro e seu zelo com uma arte que, de início, não lhe recebeu bem. E os contos desse jovem Tchékhov, escritos sob inúmeros pseudônimos, tinham boa circulação e eram amplamente elogiados pelos leitores, mas seu lado dramaturgo, após o fracasso de *Platónov*, emergia timidamente, como que em busca de uma forma adequada.

Prova disso é o início da escrita, em meados dos anos 1880, de uma série de peças em um ato, assim como pequenos diálogos e paródias, publicados nos jornais e revistas de Moscou e São Petersburgo. *A Tola, ou O Capitão Reformado* (*Dura, Ili Kapitan v Otstavkie*)[21], classificada por ele como "ceninha de um vaudevile não produzido", é a primeira de uma leva de cenas que jorrarão de sua mão daí em diante. Consiste em um pequeno diálogo publicado em *Estilhaços* (*Oskolki*) em 1883, sob o pseudônimo de Antocha Tchekhonté. Nela, um capitão aposentado está em busca de uma mulher e fala com uma casamenteira gorda e simpática sobre o perfil ideal de mulher que procura. Deixa claro estar à procura de uma tola, pois mulheres de cérebro não seriam capazes de reconhecer seu *status* como homem. Por fim, após o capitão rejeitar uma das tolas que a casamenteira revela possuir "em estoque", ela própria

19 Carta a Suvórin em 25 de outubro de 1889, *Polnoie Sobranie...*, v. 18, p. 87.
20 Carta a Suvórin de 3 de setembro de 1988, ibidem, p. 60.
21 Cf. *Polnoie Sobranie...*, v. 2, p. 232.

COMO SE CRIA UM TCHÉKHOV: DENTRO DO TEXTO, FORA DOS PALCOS 25

parece se insinuar para o acompanhar em seu "caminho de bacharel". O final, que inverte posições e quebra expectativas, assemelha-se muito às cenas de Gógol e Ostróvski. Como bem constata Arlete Cavaliere, muito da produção de juventude de Anton Tchékhov estabelece uma espécie de fio com a tradição do cômico na Rússia, que será retrabalhada em grande medida em suas quatro grandes peças[22].

Em 1884, ano de produção intensa, Tchékhov escreve a pequena esquete *Jovem Homem* (*Molodói Tcheloviek*)[23], publicada em *Estilhaços* e que, surpreendentemente, passou pela censura. Em poucas linhas, a personagem – *alter ego* do jovem humorista – critica uma série de instituições e oficiais diante do abobalhado interlocutor, que o reprova de antemão por considerar humoristas críticos um tipo de gente depravada. No mesmo ano, publica em *O Despertador* (*Budílnik*) uma paródia do melodrama alemão *O Limpo e o Leproso*, traduzido para o russo por Tarnóvski. A paródia intitula-se *Os Trágicos Impuros e os Dramaturgos Leprosos* (*Nietchístie Tráguiki i Prokajiónnie Dramaturgui*)[24] e é uma clara sátira às produções de Mikhail Lientóvski que, como vimos, era figura proeminente do meio teatral moscovita. O texto, que joga com o *nonsense* da cenografia e com o desencontro entre as personagens, parodia os excessos das produções comerciais de Lentóvski, baseadas em cenografia espalhafatosa e na pirotecnia cênica. Boa parte das personagens leva nomes reais e, anos mais tarde, talvez por avaliar como irresponsável a pequena brincadeira, Tchékhov indicaria que esse texto não deveria constar em suas *Obras Completas*.

Ainda em 1884, em *Estilhaços*, publica *Um Exame Ideal* (*Idealni Ekzamen*)[25], no qual revela possuir profundo senso de humor em relação a si próprio e à sua atividade como escritor. Nessa ceninha, ocorre um leve diálogo entre um professor e seu

---

22 Cf. A. Cavaliere, *Teatro Russo: Percurso Para um Estudo da Paródia e do Grotesco*, p. 180-213.
23 Cf. A.P. Tchékhov, *Polnoie Sobranie...*, v. 2, p. 315.
24 Tchékhov a publicou inicialmente sob o pseudônimo de "O Irmão do Irmão". Ibidem, p. 319. Traduzida para o português por Jacó Guinsburg, com auxílio de Boris Schnaiderman. Cf. J. Guinsburg, *Stanislávski e o Teatro de Arte de Moscou*, p. 151-156.
25 Publicada inicialmente sob o pseudônimo de "Antocha Tchekhonté". Cf. A.P. Tchékhov, *Polnoie Sobranie...*, v. 3, p. 29.

pupilo persistente e sagaz. O professor faz perguntas sobre os mais variados temas, indo de questões sobre a vida aos pedidos de descrição sobre o que é um objeto puxado por cavalos. Ao final, após um e outro trocadilho e após comentários sagazes do aluno, este termina confidenciando ao professor que há escritores que exageram, não são bons em seu ofício e não sabem terminar a frase na hora certa. Sussurrando, confidencia: dentre eles estaria o próprio Antocha Tchekhonté.

Em outubro, publica n'*O Despertador* o texto *Tumulto em Roma (Kavardak v Rímie)*[26], também numa clara paródia à opereta *Carnaval em Roma*, de Johann Strauss, produzida pelo Teatro de Lentósvki, em 1884. A esquete recebeu o sugestivo subtítulo de "Uma Cômica Excentricidade em Três Atos, Cinco Cenas, com Um Prólogo e Dois Fracassos". Até então, nenhuma dessas esquetes, paródias e cenas ganhou os palcos e Anton Pávlovitch as via muito mais como brincadeirinhas literárias. Mas, em meio a elas, surge sua segunda peça escrita realmente para a cena após o fracassado experimento com *Platónov*: *Na Estrada Real (Na Bolchoi Doroguie)*[27].

O tema para essa peça em um ato era o mesmo do conto "Outono", publicado no ano anterior. A história se estrutura em torno de um nobre de perfil melancólico e decadente que, para pagar uma outra dose de vodka, entrega o retrato de sua infiel esposa ao taberneiro. Coincidentemente, ela aparece para pedir abrigo e é quase morta por um tiro por Igor Merik, personagem que também sofrera uma desilusão amorosa no passado.

A fim de tornar a versão um pouco mais agitada em relação ao conto, o dramaturgo se utilizou de artifícios comuns ao melodrama. Essa pecinha, à qual ele intimamente se referia como "um pouco *nonsense* para a cena", cheia de situações de efeito que mais tarde repudiaria abertamente, não chegou a ser publicada. Vítima da censura, foi lançada apenas dez anos após a morte do autor, em 1914. Para o censor, um descendente alemão chamado E.I. Kaiser, a peça tinha uma "penumbra e uma esqualidez" e não poderia ser levada à cena. Este seria um dos primeiros de toda uma linhagem de críticos que reclamaria

---

26 Ibidem, p. 66.
27 Ibidem, v. 11, p. 181.

COMO SE CRIA UM TCHÉKHOV: DENTRO DO TEXTO, FORA DOS PALCOS 27

do "pessimismo" e da "melancolia" de Tchékhov[28], algo que se converteria, como veremos adiante, em um verdadeiro achatamento da poética do escritor e anteparo ao acesso a camadas mais profundas de seus dramas.

Nesse momento, o dramaturgo já se encontrava no fim de seu curso de medicina e publica sua primeira coletânea de histórias curtas, os *Contos de Melpômene*, além de outras esquetes como *Quem Tem Boca Vai a Roma* (*Iazik do Kíeva Dovediót*)[29]; a pequena peça *Os Senhores Pequenos Burgueses* (*Gospodá Obivatieli*)[30], também em 1884; a cena *Ao Pé do Leito* (*U Postieli Bolnogo*)[31]; *O Caso do Ano de 1884* (*Dielo o 1884 Godie*)[32] e, mais tarde, a minúscula cena *Drama* (*Drama*)[33].

Em 1885, faz sua primeira viagem a São Petersburgo e conhece Aleksei Suvórin, editor do gigantesco jornal conservador *Novo Tempo*[34], e o pintor Isaac Levitan, com os quais estabeleceu relações duradouras e profícuas. No ano de 1886, já se afastando de boa parte dos jornais, começa uma contribuição intensiva para o jornal de Suvórin, que seria responsável por sua definitiva popularização em grande parte da Rússia. Graças a Suvórin, que possuía uma pujante logística de distribuição de seu periódico, Tchékhov rapidamente conseguiu chegar em vários rincões do imenso país. Além disso, publica seu segundo livro de contos, os *Contos Multicores*, agora escritos com mais vagar e seguindo a recomendação feita pelo escritor Dmitri Grigórovitch de que "levasse a sério a literatura". Por isso, ainda assina algumas produções ora como Anton P. Tchékhov ora como Antoncha Tchekhonté, como que a marcar uma espécie de transição para o definitivo empenho e dedicação à vida literária.

No entanto, para o teatro, é só a partir de 1886 que os anos começam a se tornar produtivos. Até então Tchékhov não tivera

---

28 Cf. Apud L. Senalick, em A. Chekhov, *The Complete Plays*, p. 222-223. Doravante, as remissões a essa obra farão referência direta a Senelick.

29 Cf. *Polnoie Sobranie...*, v. 3, p. 80. Publicada sob o pseudônimo de "O Homem Sem Spleen", o qual só deixaria de usar em 1892.

30 Ibidem, p. 103. Publicada sob o pseudônimo de "Antocha Tchekhonté".

31 Ibidem, p. 127. Publicada sob o pseudônimo de "O Homem Sem Spleen".

32 Ibidem, p. 160. Publicada sob o pseudônimo de "O Homem Sem Spleen".

33 Ibidem, v. 5, p. 312. Publicada em 1886 sob o pseudônimo de "O Homem Sem Spleen".

34 A relação entre Tchékhov e Suvórin é precisamente pontuada no livro organizado por Aurora Bernardini e Homero Freitas. Cf. A.P. Tchékhov, *Cartas a Suvórin* (*1886-1891*).

28 TCHÉKHOV E OS PALCOS BRASILEIROS

nenhuma peça levada à cena, ainda que *Na Estrada Real* tenha sido pensada mais detidamente para o palco. Dividido entre a censura, o receio com a gente de teatro, as tendências comerciais que sufocavam os impulsos "verdadeiramente literários e artísticos" e o trauma de juventude que marcara sua primeira tentativa de fôlego com *Platónov*, limitara-se a essas esquetes sem repercussão nos meios teatrais. Portanto, tinha até então uma recepção feita apenas por leitores que, se não ajuda a entender sua vinculação com a prática cênica, nos leva por vias indiretas à compreensão de algumas preferências temáticas e formais que marcarão toda sua poética do drama[35]. Merece destaque o seu visível gosto pelo cômico, gênero que receberá abordagem mais nuançada e será motivo de inúmeras querelas com Stanislávski, quando este propôs um sem-número de soluções cênicas que ocultariam ou secundarizariam essa face estruturante de sua obra.

A cena moscovita estava repleta de peças ágeis e cômicas, e o Tchékhov escritor começava a ser procurado com mais insistência para escrever pequenas peças humorísticas que fossem efetivamente levadas para o palco. Assim, concebe peças como *Os Males do Tabaco* (*O Vredie Tabaká*), em sua primeira versão, de 1886[36], feita tendo em vista especificamente o talentoso comediante Grádov-Sokolov para o papel de Niúkhin. No entanto, receoso da recusa do ator, enviou a peça à *Gazeta de Petersburgo*, mantendo ainda uma vez mais o pseudônimo de Antocha Tchekhonté. Nessa primeira versão do monólogo (a segunda viria apenas em 1902), Tchékhov parodia os leitores comuns de ciência que surgiam naqueles anos de sufoco tsarista e representavam a emergência dos *raznotchíntzi*[37].

---

35 Além do estudo de Arlete Cavaliere, vale a menção ao estudo decisivo de Vera Gottlieb, *Chekhov and the Vaudeville*.
36 No Brasil há tradução direta do russo no livro organizado por Homero Freitas de Andrade. Cf. A. Tchékhov, *Os Males do Tabaco e Outras Peças em Um Ato*.
37 "A sociedade russa caracterizou-se durante séculos por uma acentuada estratificação e pela pouca mobilidade entre as diferentes camadas. A partir dos fins do século XVIII, foi-se formando, porém, uma nova camada: a dos que, oriundos das classes inferiores, tinham o nome de *raznotchíntzi* (singular *raznotchínietz*). Durante o século XIX, os *raznotchíntzi* desempenharam importante papel, como a camada mais receptiva às diversas tendências revolucionárias, a menos ligada a uma tradição de estabilidade política e social." Cf. B. Schnaiderman, *A Poética de Maiakóvski*, p. 148.

COMO SE CRIA UM TCHÉKHOV: DENTRO DO TEXTO, FORA DOS PALCOS 29

Aqui, privilegia a comicidade exterior da personagem, em seus gestos abobalhados e cacoetes de linguagem. Ela se apresenta como o que não é: em uma palestra que profere por obrigação em um clube de província, Niúkhin diz ter sacrificado sua vida em benefício da ciência, apesar de não ser nem catedrático nem pertencer ao meio científico; afirma possuir conhecimento do conteúdo a ser exposto, mas recorre constantemente ao papelucho para se assegurar de fórmulas e dos malefícios do tabaco; afirma ser uma pessoa fundamental para o bom funcionamento do pensionato de sua família – já que arruma, leciona e secretaria –, no entanto, parece ser a esposa quem tudo gerencia e quem define o cardápio, o horário de comer e de sair de todas as internas.

A *exterioridade* dos procedimentos cômicos está também na valorização de detalhes sugestivos, como trocadilhos, imagens, sonoridades: um pensionato situado na "esquina da rua Gnátali com a travessa dos Cinco Cachorros, no imóvel do Capitão Maminha"; os gestos exagerados para que saiam da plateia os espectadores indesejados; os bocejos constantes da personagem (que denunciam sua velhice e conotam o próprio tédio do tema) e o curioso fato de que sua asma começou no dia "treze de setembro de mil oitocentos e sessenta e nove... mesmo dia em que nasceu a filha de minha senhora"[38]. Como se vê, a personagem tem forte acento caricatural e não há aqui qualquer jogo entre o cômico e o trágico, como faria Tchékhov em sua segunda versão do texto.

Na transição de 1886 para 1887, escreve uma peça que tem como origem um conto homônimo, *Kalkhas*, meses depois reescrita como *O Canto do Cisne/Kalkhas* (*Liebedínaia Piesnia/Kalkhas*)[39]. Esse estudo dramático tinha em mente o ator Vladímir Davídov, elogiado sistematicamente por Tchékhov em cartas aos conhecidos[40]. Davídov atuaria em *O Canto do Cisne*

---

38 A. Tchékhov, *Os Males do Tabaco e Outras Peças em Um Ato*, p. 13-21.

39 Cf. A.P. Tchékhov, *Polnoie Sobranie...*, v. 11, p. 205.

40 "Escrevi uma peça de quatro folhas tipográficas. Ela será representada em quinze ou vinte minutos. É o menor drama do mundo. Vai ser interpretada pelo famoso Davídov, que está agora trabalhando no Teatro Korch. A Saison a está publicando e, por isso, ela será espalhada por toda parte. Em geral, é muito melhor escrever coisas pequenas do que grandes: há pouca pretensão e fazem sucesso... é necessário mais do que isso? Escrevi o meu drama em ▶

no Korch, em 19 de fevereiro de 1888. Na peça, tem-se o canto lírico e melancólico de um ator em fim de carreira. Sozinho no palco escuro, rememora seu passado de brilhantes atuações. No entanto, de grande ator trágico, reduziu-se a um bufo decadente. E, ainda que tente recuperar com palavras suas grandes intervenções em *Hamlet* ou *Rei Lear*, sua aparência ridícula o desabona. Tal tema, o da vida posta em termos e da revisão das antigas ilusões, é caro ao dramaturgo e será revisitado de diferentes formas em várias de suas peças longas. No entanto, ainda que diante de um texto poderoso, a atuação de Davídov veio tão recheada de referências a atores do passado, inseridas por ele próprio, que a peça, de certa forma, descaracterizou-se, ainda que a atuação não tenha desagradado de todo o dramaturgo.

Mais adiante, em agosto de 1887, Tchékhov publica, em *O Despertador*, a pequena cena *Antes do Eclipse* (*Piered Zatmeniem*)[41], que não chegaria a ser representada. Ali, duas personagens insólitas conversam: o Sol e a Lua. Momentos antes do Eclipse, realizam algumas negociações para garantir a consumação do fato, envolvendo rublos e promessas de fama para a Lua que, segundo o Sol, era uma personagem não muito "radiante".

É em meio a essas inúmeras peças em um ato e contos cômicos que Tchékhov escreve sua primeira peça longa de repercussão no palco: *Ivánov*[42]. Na peça, há a história de um proprietário de terras portador de um passado aristocrático glorioso, que vive agora a franca decadência e não tem dinheiro para pagar o tratamento da esposa, vítima de uma aparente tuberculose diagnosticada pelo amigo e médico Lvov. O protagonista sente aos poucos o esfacelamento de seu mundo, sem compreender de fato suas causas, e enreda-se num universo de fofocas, apatia, mesquinhez e melancolia. A montagem foi feita em benefício de Nikolai Svetlov e mereceu apenas quatro ensaios, ainda que Korch tivesse prometido dez ao autor. Tchékhov vinha insatisfeito dos ensaios que acompanhava e,

▷ uma hora e cinco minutos. Comecei outro mas não terminei, pois não tinha tempo." Carta enviada a Maria Kisseliova em 14 de janeiro de 1887. Cf. S. Angelides, op. cit., p. 61.

41 Cf. A.P. Tchékhov, *Polnoie Sobranie...*, v. 6, p. 290.

42 Primeira versão da peça. Cf. A.P. Tchékhov, *Polnoie Sobranie...*, v. 11, p. 217.

COMO SE CRIA UM TCHÉKHOV: DENTRO DO TEXTO, FORA DOS PALCOS   31

como escritor, colocava-se na posição de alguém que deveria zelar pela qualidade do material e, por isso, opinava sobre a distribuição dos papéis e a expressão cênica[43]. Sua admiração por Davídov continuava, e a ele atribuiu o papel principal. Mas o desleixo dos atores o incomodava demasiadamente, o que, em certo sentido, era resultado da condução do próprio condutor do teatro: "Korch é um comerciante, e para ele não importa o sucesso dos artistas e da peça, mas sim a arrecadação total"[44].

Diante desse quadro, Tchékhov tentou pedir a peça de volta e impedir sua apresentação, mas Korch fez um escândalo e dissuadiu o dramaturgo. Na direção, reforçou o elemento dramático, centrado no drama de Ivánov, vítima que seria de uma ardilosa trama de fofocas e diante da qual seria apenas um móvel inerte. Ao final, para a surpresa do dramaturgo, a estreia em 19 de novembro de 1887, no Teatro Korch, foi intensa. Em carta enviada ao irmão no dia 20 de novembro, um dia após a estreia, ele descreve em detalhes o seu sentimento ao longo de cada ato. Ao final do primeiro, após receber uma coroa de flores sob aplausos, chegaria a pensar que aquela não era sua peça:

Os frequentadores de teatro dizem que nunca viram tamanha efervescência nem tantos aplausos e vaias, e nunca antes aconteceu de ouvirem tantas discussões quantas viram e ouviram na minha peça. E no Teatro de Korch não houve outro caso em que o autor tenha sido aclamado após o segundo ato.[45]

No entanto, tal estado de ânimo fora momentâneo. Dias após, o comentário cauteloso de seu outro irmão, Mikhail, deixara-o precavido: houve numerosos aplausos, mas, segundo ele, a peça não fora verdadeiramente compreendida, já que a crítica, por um bom tempo, ainda precisaria aclarar o sentido da personagem principal[46]. Tchékhov percebeu que havia ali uma compreensão geral do público, e mesmo de parte da crítica, de que *Ivánov* fazia um acerto de contas com a geração de 1880

---

43   Carta ao irmão Aleksandr, enviada no dia 24 de outubro de 1887. Cf. S. Angelides, op. cit., p. 71.

44   Carta a Nikolai Léikin, enviada em 4 de novembro de 1887, ibidem, p. 74.

45   Ibidem, p. 77-79.

46   Cf. L. Senelick, *The Complete Plays*, p. 324.

russa. Diante da inércia e incapacidade de ação frente à repressão e o sufocamento pós-assassinato de Alexandre II, *Ivánov* seria uma expiação – ou, nas palavras do populista Mikhailóvski, um "hamletista", representante de um grupo social que tenta "racionalizar sua inação e depressão", um *homem supérfluo*[47]. Para alguns críticos que, mesmo diante do sucesso de bilheteria, mostravam-se profundamente irritados, a peça era "imoral", uma "repugnante desordem", uma "bobagem cínica"[48], por mesclar procedimentos de uma tragédia doméstica e um problema sério de época.

O dramaturgo ficara particularmente incomodado com essa repercussão truncada. Concebera *Ivánov* como expressão de um homem comum, honrado e educado, que tem de lidar com um presente pouco enobrecedor. Para a personagem, todas as expectativas elevadas de uma boa educação ou dos anseios pela racionalização do modo de vida russo serão frustradas ao longo de sua vida. Por meio desse estudo cênico, o dramaturgo tentava entender os motivos que levam a personagem a cair em uma espécie de vazio de vida e em uma atitude contemplativa, ao contrário de julgar tal postura com ferocidade, como pareciam querer as plateias e parte da *intelligentsia* russa[49].

Mas o que também dificultou sua empreitada foram as próprias incongruências formais com as quais a peça tinha de lidar. O ataque cardíaco que mata Ivánov[50] em cena no último ato acentuou o tom melodramático e levou o público já inclinado às suas comédias ao riso fácil. A personagem exigia complexidade na escrita e na encenação, como atestam as próprias intenções de Tchékhov ao concebê-la: "Eu queria fazer uma extravagância: não criei um malvado, nem anjo algum (mas não consegui me esquivar dos bufões), não condenei ninguém, não absolvi ninguém…"[51]; mas o autor também tem consciência de

---

47 Cf. L. Senelick, *The Complete Plays*, p. 17.
48 Ibidem.
49 Na carta enviada a Suvórin em 30 de dezembro de 1888, Tchékhov discute em detalhes quais eram suas reais expectativas com aquele drama, chegando a discorrer sobre cada personagem. Cf. A.P. Tchékhov, *Cartas a Suvórin (1886-1891)*, p. 137.
50 Primeira versão da peça publicada nas obras completas.
51 Carta ao irmão Aleksandr, de 24 de outubro de 1887, S. Angelides, op. cit., p.71.

COMO SE CRIA UM TCHÉKHOV: DENTRO DO TEXTO, FORA DOS PALCOS   33

suas limitações iniciais que, incrivelmente, também serão suas grandes marcas de inovação no futuro:

> O argumento é complicado e não é tolo. Termino cada ato como os meus contos: conduzo o ato inteiro de maneira tranquila e mansa, mas ao final dou um tapa na cara do espectador. Usei toda a minha energia em alguns trechos realmente fortes e vivos, mas as pontes que ligam esses trechos são insignificantes, frouxas e estereotipadas. Apesar de tudo estou contente. Mesmo que a peça seja ruim, criei um tipo que tem uma significação literária [...].[52]

Essa frouxidão no alinhavamento da intriga foi decisiva nas peças posteriores de Tchékhov. No entanto, seu foco aqui está no que ficou de estereotipado e inconsistente. Isso porque o tema ou problema levantados parecem pedir um outro tipo de suporte formal, contra a forma geral baseada na cena de efeito (*scène à faire*) e no protagonismo do herói, o qual criou polarizações forçadas e indesejadas. Para Laurence Senelick, tal oscilação formal criava problemas para a própria recepção do público e da crítica: "Era Ivánov uma paródia ou um tipo de homem supérfluo?"[53]

Frente às críticas recebidas, Tchékhov se dedicou a reescrever a peça, chegando mesmo a encará-la como uma forma não definitiva[54]. A primeira medida foi cortar a cena do ataque cardíaco, que parecia um definitivo ponto fora da reta, e substituí-lo por um suicídio nos bastidores – o mesmo recurso seria utilizado anos depois pela personagem Trepliov, em *A Gaivota*. Contudo, as mudanças não vieram no sentido de suplantar todas as incongruências formais que ainda se debatiam dentro da peça, mas o contrário: Tchékhov quis mostrar-se capaz de operar as leis do drama tradicional, já que muitos acusavam-no do contrário. Substituiu as passagens demasiado lentas e com detalhes de fundo por cenas mais dramáticas, ao modelo do que se tinha como bom drama à época. A crise de Ivánov ao final não seria mais inesperada e supérflua, pois ganharia em integridade e heroificação, com direito a uma espécie de

---

52 Ibidem, p. 66-67.
53 L. Senelick, *The Chekhov Theatre*, p. 17.
54 Segunda versão de Ivánov: A.P. Tchékhov, *Polnoie Sobranie...*, v. 12, p. 5. Tradução para o português de Arlete Cavaliere: A.P. Tchékhov, *Ivánov*.

discurso de defesa final, ainda que, como viria a desenvolver futuramente, o motivo não fosse explícito e tivesse fortes marcas de ambiguidade[55]. De peça com veios cômicos, Tchékhov a convertera em um verdadeiro *drama*.

No período de revisão dessa peça, Tchékhov deu continuidade ao trabalho de produção de farsas e pequenas cenas cômicas[56] que definiram sua profunda popularidade junto ao público russo. Em 1888, escreve *O Urso* (*Medvied*)[57] e *O Pedido de Casamento* (*Priedlojenie*)[58]. A primeira gozou de imediato sucesso e fora representada sem a permissão do autor em inúmeros palcos do interior, ainda que (ou talvez por isso) meses antes fosse acusada pela censura de possuir uma "trama indecente" e uma "indecência de tom"[59]. Sua estreia ocorreu no Teatro Korch, em 28 de outubro de 1888, com Natália Ribtchínskaia no papel de Eliena Popova e com o jovem rubro e de voz possante Nikolai Solovstov, no papel de Smirnóv.

Rapidamente, inúmeros atores e teatros russos reivindicavam os direitos de uso de *O Urso* para poderem incrementar seu repertório com um vaudevile arejado e ágil[60]. Para Nemiróvitch-Dântchenko, à época já um crítico reconhecido e leitor atento de novidades de valor literário, tratava-se de uma "astuta pecinha", que esbanjava "frescor e originalidade teatral"[61]. Nela, encontramos a peleja de uma viúva e de um proprietário que, entre debates sobre o pagamento de dívidas, terminam por se beijar. O elemento de interesse vem do fato de que as personagens carecem de autoconhecimento: são dois histriônicos que tentam se mostrar mais fortes do que realmente são. Por trás da

55   Cf. J. Guinsburg, op. cit., p. 82.

56   Naquele ano, Tchékhov publicou, em 22 de abril, no jornal *Novo Tempo* a esquete nunca encenada *Declaração Feita Sob Pressão* (*Vynujdiennoe zaiavlenie*) ou também intitulada *A Repentina Morte do Corcel ou A Grandeza do Povo Russo* (*Skoropostijnaia konskaia smert ili Velikoduchie russkogo naroda*). Cf. A.P. Tchékhov, *Polnoie Sobranie...*, v. 7, p. 248.

57   Ibidem, v. 11, p. 293. Na tradução brasileira: A. Tchékhov, *Os Males do Tabaco e Outras Peças em Um Ato*, p. 39.

58   Ibidem, v. 11, p. 313. Na tradução brasileira: A. Tchékhov, *Os Males do Tabaco e Outras Peças em Um Ato*, p. 65.

59   L. Senelick, *The Complete Plays*, p. 415.

60   Essa peça renderia dividendos para Tchékhov até o final de sua vida e se tornou, na Rússia e no Brasil, uma das peças mais encenadas do autor.

61   Cf. V.I. Nemiróvitch-Dântchenko, *Retsenzi, Otcherki, Stati, Interviú, Zametki 1877-1942*, p.127.

COMO SE CRIA UM TCHÉKHOV: DENTRO DO TEXTO, FORA DOS PALCOS   35

viúva frágil e relutante, a mulher feroz; por trás do proprietário varão e firme, o apaixonado de coração mole. O jogo com o inesperado e a revelação brusca da face desconhecida de cada um é o que tornava o jogo dramático de falas ágeis um prato cheio para os palcos da época. Como pano de fundo, mas em outra chave, a mesma vida de província, com as crises financeiras individuais ou familiares que marcavam a vida russa da época e seriam tematizadas também em peças como *Tio Vânia* e o *Jardim das Cerejeiras*.

Do mesmo sucesso imediato gozou *O Pedido de Casamento*[62]. Sua primeira encenação ocorreu no dia 9 de agosto de 1889, na Residência Imperial em Tsarskoie Seló. Como Lómov, Pável Svobodin; como Natália, Maria Ilínskaia; e como Tchubúkov, o reconhecido comediante Varlámov. A peça, que jogava astutamente com uma série de desentendidos, construía um clímax claro e, logo após, retornava aos mal-entendidos. O pedido de casamento se consumava nas condições mais estranhas e parecia já abrir uma qualidade nova de quiproquós[63]. Contudo, apesar do arejamento e mesmo do caráter inovador de tal peça, Tchékhov a desdenhava, classificando-a como um "vulgar vaudevile"[64].

Como se pode observar, Anton Pávlovitch estava mergulhado no trabalho com diferentes formas dramáticas, revolvendo a tradição, suplantando-a ou a ela retornando; explorava a face cômica na dramática ou separava-as absolutamente, como em um processo paulatino de avaliação e teste. Se não temos configurados ainda em sua dramaturgia muitos dos elementos que levariam Peter Szondi a qualificá-lo, em meados do século XX, como dramaturgo da crise do drama, seu processo de

---

62 No Brasil, essa foi provavelmente a peça mais encenada de Tchékhov por grupos profissionais e amadores.

63 O recurso era bastante comum nas comédias do século XIX e aqui vem entendido no sentido apresentado pelo *Dicionário do Teatro Brasileiro*: "Recurso, em geral cômico, através do qual as personagens, por problemas de comunicação, interpretam erradamente o sentido dos diálogos ou o comportamento de outras personagens. Esses problemas de comunicação podem decorrer de ignorância, de deficiência auditiva, de redação deficiente ou por quaisquer outros motivos." Cf. J. Guinsburg; J.R. Faria; M.A. Lima, *Dicionário do Teatro Brasileiro*, p. 257.

64 L. Senelick, *The Complete Plays*, p. 434.

investigação a respeito da capacidade das formas em voga de veicularem os problemas que lhe pareciam urgentes era constante.

Isso fica evidente na segunda versão de *Ivánov*, em que o dramaturgo convive mais intensamente com as contradições da matéria e da fatura, revelando incessantemente a Suvórin o quanto o trabalho com a peça já o irritava e desgastava[65]. A reestreia em São Petersburgo, no Aleksandrínski, ocorreu em 31 de janeiro de 1889, em um teatro pouco afeito a experimentações. Mas a preocupação de F.A. Fiedórov-Iurkóvski, então à frente da instituição, de trazer novos dramas, favoreceu Tchékhov. Em sua correspondência com Suvórin, bastante intensa ao longo daquele ano, o dramaturgo demonstra sua insatisfação com os ensaios: "Eu nunca mais hei de escrever peças tão cerebrais e intragáveis como *Ivánov*. Não me surpreenderei se ela não for encenada, e não culparei ninguém por intrigas e tramas."[66] Estava ainda bastante inseguro com a atuação de Davídov, a quem gostaria de ver novamente no papel, mas o ator relutava em assumir o novo perfil delineado para Ivánov: "Por acaso Davídov é capaz de ser ao mesmo tempo doce e violento? Quando desempenha papéis sérios, ele tem uma máquina de moer na garganta, rouca e monótona, que representa no lugar dele..."[67]

O que ocorreu na estreia, em verdade, foi justamente a dificuldade no acerto de tom. Davídov dera uma lentidão e melancolia excessivas aos dois primeiros atos, aqueles que, não por coincidência, Tchékhov vinha considerando os de maior acerto formal. Nos últimos atos, o ator dera um tom altamente romântico à sua intervenção, sobretudo no momento em que descobre que sua mulher está fadada à morte[68]. Maria Sávina, atriz de relevo à época, desejava encenar Sacha, a moça apaixonada por Ivánov, personagem que lhe parecia mais jovem, boa e atrativa. As exigências da atriz fizeram com que, no processo de reelaboração do texto, o dramaturgo tivesse de dar um maior destaque à personagem que, até então, não teria a proeminência da versão final. Na opinião de Tchékhov, a única atriz

---

65 "Se agora não aceitarem a minha peça, jogo-a no fogo e escrevo uma novela chamada 'Chega!'" Carta a Suvórin de 5 ou 6 de outubro de 1888, A.P. Tchékhov, *Cartas a Suvórin (1886-1891)*, p. 70.

66 Ibidem, p. 123.

67 Ibidem, p. 159.

68 Cf. L. Senelick em A. Chekhov, *The Complete Plays*, p. 22.

COMO SE CRIA UM TCHÉKHOV: DENTRO DO TEXTO, FORA DOS PALCOS   37

que "viveu" verdadeiramente o papel foi Striépetova, atuando como Anna[69].

Momentaneamente, o dramaturgo acreditou no sucesso da estreia em São Petersburgo[70]. No longo prazo, porém, a insatisfação retornaria: continuou alterando o texto até 1901 e, em cartas a conhecidos, manifestava sua indignação de que vissem em Ivánov um deprimido ou um apologista da desistência. Muitos críticos e espectadores ignoraram completamente o que havia de irônico no texto e se concentravam apenas na dramaticidade das cenas finais – tanto que à época correu o boato de que a morte de Ivánov teria estimulado um jovem russo a se matar[71].

Por isso, Tchékhov pensou inúmeras vezes em publicar esclarecimentos a respeito de suas intenções iniciais com *Ivánov* e dizia constantemente a Suvórin que seu maior prazer estava em escrever contos. Neles, sua forma parecia mais consolidada e a repercussão menos problemática. No entanto, continuaria insistindo no teatro. Por isso, logo em seguida se dedicou à escrita de *O Silvano* (*Liechi*)[72], que foi encenada em Moscou em outubro de 1889, no Teatro de Maria Abrâmova.

Inicialmente, Tchékhov tinha a sensação de que essa peça não possuía nenhuma personagem a mais e que todos, de algum modo, se encaixavam no seu propósito[73]. Todavia, a insegurança com relação à forma geral daquele drama era maior. Tinha dúvidas a respeito de seu valor teatral, dada a matéria tão prosaica que, justamente por se vincular aos fios delicados que tecem o

---

69 Ibidem, p. 22-23.

70 "Depois que atuaram no meu Ivánov, considero todos como parentes meus. Eles estão tão próximos de mim como os doentes que curei ou as crianças às quais dei aulas em outros tempos." Carta a Suvórin de 4 de fevereiro de 1889, dias após a estreia em São Petersburgo. Cf. A.P. Tchékhov, *Cartas a Suvórin (1886-1891)*, p. 165-166.

71 "Recebo a propósito de *Ivánov* cartas anônimas e não anônimas. Certo socialista (ao que tudo indica) indigna-se em sua carta anônima e lança-me uma acusação amarga; escreve que depois de minha peça um jovem morreu, que minha peça é nociva e assim por diante." Carta a Suvórin de 8 de fevereiro de 1889, ibidem, p. 169-170.

72 Cf. *Polnoie Sobranie...*, v. 12, p. 125. No Brasil, essa versão foi traduzida por Tatiana Lárkina: A. Tchekhov, *O Silvano: Comédia em Quatro Atos*. De início, fora concebida conjuntamente por Tchékhov e Suvórin. No entanto, este último abandonou o projeto inicial.

73 Cf. L. Senelick, *The Chekhov Theatre*, p. 24.

cotidiano das personagens, necessitava de um tempo estendido, uma ambientação específica, que o drama tradicional parecia não suportar: "Que o Silvano serviria para um romance eu também acho, mas para um romance sou eu que não tenho forças. Os ventos ainda são favoráveis. Já uma novela curta eu consigo escrever."[74]

Foi justamente esse o elemento que o Comitê de Repertório dos Teatros Imperiais de São Petersburgo utilizou para negar a encenação da peça no Aleksandrínski. Dmítri Grigórovitch, convidado para o comitê, disse que a peça poderia promover certa confusão no gosto público e que, definitivamente, não se tratava de uma comédia, como pretendia o autor. O ator Pável Svobodin, que levara o texto para apreciação, repassou o aviso ao dramaturgo, destacando que ali "não havia os efeitos fáceis, nem as situações repisadas, nem as banalidades que invadiam o Teatro Aleksandrínski"[75]. Em Moscou tinham a mesma opinião, e o renomado ator Aleksandr Liênski, então no Máli, diria: "escreva ficção. Você tem muito desdém para com a cena e a forma dramática, você as respeita muito pouco para escrever um drama"[76].

Tchékhov embebeu-se desses inúmeros conselhos, sobretudo os que daria Nemiróvitch-Dântchenko, o qual lhe recomendou não ignorar de todo as regras do drama, para assim se aproximar mais do público[77]. De qualquer modo, ainda que negada em São Petersburgo, a peça foi aceita pela atriz e empresária Maria Abrâmova, que a encenou em Moscou. A recepção geral foi morna, com pouca repercussão e com reações inusitadas da plateia. Muitos espectadores esperavam ver em cena o próprio Silvano, entidade da floresta que compõe o folclore russo, e mesmo a atriz Maria Glebova parecia muito desajeitada para o papel da bonita e sedutora Elena, de modo que gargalhadas emergiram inesperadamente ao longo de todo espetáculo.

Nesse momento, o dramaturgo também estava mergulhado nos planos de viagem a Sacalina, famosa colônia penal situada do outro lado do continente, e encontrou tempo para a escrita

---

74 A.P. Tchékhov, *Cartas a Suvórin (1886-1891)*, p. 89.
75 S. Angelides, op. cit., p. 154.
76 L. Senelick, *The Chekhov Theatre*, p. 26.
77 Carta a Suvórin de 27 de dezembro de 1889. Cf. A.P. Tchékhov, *Cartas a Suvórin (1886-1891)*, p. 263-265.

COMO SE CRIA UM TCHÉKHOV: DENTRO DO TEXTO, FORA DOS PALCOS 39

de mais duas farsas – *Trágico à Força* (*Tráguik Ponevolie*)[78] e *As Bodas* (*Svadba*)[79] –, bem como um pequeno drama, espécie de cópia de um homônimo escrito por Suvórin: *Tatiana Répina* (*Tatiana Riépina*)[80]. Este último foi tema de inúmeras cartas trocadas com o poderoso editor. Tchékhov se impressionara com uma peça de mesmo nome escrita pelo amigo. Nela, ele reproduzia quase literalmente uma história verdadeira ocorrida à época, de qualidade tipicamente dramática: uma atriz foi abandonada pelo amante e, no auge de seu desespero, envenenou-se antes do início de uma peça na qual atuaria. Por fim, caiu desfalecida, melodramaticamente, no último ato.

A versão de Suvórin ganhou os palcos e Tchékhov ficou incumbido de acompanhar ensaios e garantir a efetividade da montagem em Moscou. Mais tarde, animado pelo mote, escreveu uma peça homônima, mantendo praticamente a mesma intriga. A abordagem que deu ao suicídio, no entanto, teve tom levemente diferenciado, pois menos melodramático. Depois de *Ivánov*, passaria a encarar o suicídio como uma espécie de saída para a incapacidade de enfrentamento das pressões da vida (aqui, com *Tatiana Répina*, com o Trepliov de *A Gaivota* ou, ainda, a tentativa de suicídio com morfina por Vânia, em *Tio Vânia*)[81]. A peça, no entanto, não foi encenada.

O momento seguinte é de recolhimento. Após a experiência de um ano em pesquisas com os detentos da Ilha de Sacalina, o tortuoso caminho da peça *Ivánov*, o dos esboços malsucedidos, continuaria a pensar cenas dramáticas que não levou a cabo e publicou apenas em jornais[82]. Mas o intervalo não seria de todo improdutivo para o teatro se ali mapeamos um tempo de maturação que mais tarde lhe renderia sua primeira peça de impacto. Enigmática e inclassificável diante das tendências dramatúrgicas de então, ela só poderia encontrar terreno fértil para ser produzida em fins do século xix, momento em que já

---

78 Cf. A.P. Tchékhov, *Polnoie Sobranie...*, v. 12, p. 97. Em português: A. Tchékhov, *Os Males do Tabaco e Outras Peças em Um Ato*, p. 91.
79 Ibidem, p. 107. Em português: ibidem, p. 105.
80 Ibidem, p. 77.
81 Cf. L. Senelick, *The Complete Plays*, p. 533-534.
82 Exceção para a peça *O Jubileu* (*Iubilei*), escrita entre 1892 e 1893. Cf. *Polnoie Sobranie...*, v. 12, p. 203. Em português: A. Tchékhov, *Os Males do Tabaco e Outras Peças em Um Ato*, p. 131.

fora da Rússia o drama tradicional dava sinais de forte crise. *A Gaivota* promoveria um terremoto discreto, mas profundo, no teatro russo.

A GAIVOTA EM UMA ATMOSFERA NOVA

Já se tornou quase lendário o estrondoso sucesso da montagem de *A Gaivota*[83], escrita por Tchékhov e encenada pelo TAM em 1896, em contraposição ao igualmente conhecido fracasso da montagem realizada pelo Aleksandrínski em São Petersburgo dois anos antes. No entanto, hoje já é possível retomar os dois episódios com outros olhos. Isso porque o que poucas vezes se leva em conta é que o papel decisivo cumprido pelo Teatro de Arte, sob a batuta de Konstantin Stanislávski e Nemiróvitch-Dântchenko, tendeu a criar um efeito retrospectivo de ofuscamento e distorção do que antes havia sido feito na Rússia. Não é por menos: o encontro do TAM com as peças de Anton Pávlovitch fora tão produtivo, que sua dramaturgia nunca mais seria lida da mesma maneira. Ainda assim, *A Gaivota* dirigida por Kárpov e apresentada no Aleksandrínski, primeiro contato do público com o grande teatro da época, é parte de um processo de gênese e amadurecimento dramatúrgico e teatral que precisa ser retomado em pormenor.

Como competia a boa parte dos dramaturgos russos da época, Tchékhov também se mostrava preocupado com as montagens de seus textos, de modo que acompanhava de perto os ensaios, indicava atores, opinava sobre soluções de cenário e atuação. Não fora diferente com a encenação do Aleksandrínski. No início, mostrou-se bastante específico: o popular Davídov estaria no papel de Piotr Nikoláievitch Sorin e a conhecida Vera Komissarjévskaia[84] estaria no papel de Nina. No entanto, ainda que acompanhasse com esmero a montagem e fizesse

---

83 Cf. *Polnoie Sobranie...*, v. 13, p. 3.
84 O primeiro grande sucesso de Vera Komissarjévskaia vinha já desde 1892, atuando como Betsy em *Frutos do Esclarecimento*. Ao longo da década, passou por inúmeras produções e atraía espectadores pela sinceridade e profunda paixão com que encenava. Nos primeiros ensaios de *A Gaivota*, Tchékhov ficara particularmente impressionado com sua corajosa interpretação de Nina. Cf. L. Senelick, *Historical Dictionary of Russian Theather*, p. 189.

COMO SE CRIA UM TCHÉKHOV: DENTRO DO TEXTO, FORA DOS PALCOS   41

exigências aqui e ali para que as atuações correspondessem às nuances que tinha estabelecido para o delicado papel de Nina e Trepliov, a noite de estreia de *A Gaivota* teve uma péssima e inusitada recepção, o que marcou profundamente o dramaturgo. Muitos fatores, que não só um possível desleixo de Karpóv, parecem ter contribuído para isso. O público esperava uma comédia ao estilo do que Antocha Tchekhonté publicava nos jornais nos últimos anos e do que a atriz Elizavieta Levkeeva, que comprou os direitos de uso da peça, havia estabilizado como seu estilo[85]. A plateia era composta basicamente de pequeno-burgueses acostumados às peças de humor fácil, pois a *intelligentsia* russa não frequentava maciçamente o Aleksandrínski, um teatro pouco afeito aos autores nacionais e com repertório bastante eclético.

Os atores, que nos últimos ensaios mostravam-se pouco empenhados na construção dos papéis, mal decoravam as falas e se atrasavam constantemente. Além disso, vinham regidos pela direção de Kárpov, que explorava pouco as nuances das personagens e acelerava os trabalhos, dada a urgência da estreia. O Trepliov de Roman Apollonski tinha o andar tranquilo (para o desespero de Tchékhov), a Arkádina de Diújikova era inteligente e bondosa e o Trigórin de Sazónov era um típico bufão. Em linhas gerais, o estudo limitado do conjunto do texto e do sentido de cada personagem culminava numa prática comum da época: atuações que agarravam a personagem em retratações gerais, bem ao estilo do teatro comercial e melodramático[86].

Tais elementos combinados criaram uma série de equívocos na estreia. Logo no Ato I, quando Arkádina ironicamente diz que a peça encenada por Nina cheirava a "enxofre", o público caiu na gargalhada. Além disso, a cenografia previa alguns auxiliares vestidos de preto durante o monólogo de Nina, de modo que o conjunto assumiu um ar tétrico. O público riu abertamente desse conjunto grotesco e, mesmo durante a tensa e desconcertante cena em que uma gaivota é levada morta por Trepliov no Ato ii, emergiram risadinhas. Ao final do Ato iv

---

85 Ibidem, p. 33-34. Levkeeva possuía uma legião de "seguidores", conhecidos à época como *gostinodvorians*, comerciantes, pequenos empresários, gente da classe média, que adoravam suas representações de farsas e sua atuação bufônica.

86 Ibidem, p. 31.

havia pouquíssimas palmas; predominaram, ao contrário, chios, estalos, risos e batidas de pé na plateia.

O editor e amigo Suvórin já havia escrito antecipadamente um artigo elogioso para o *Novo Tempo*, para ser publicado logo após a estreia, mas teve de reescrevê-lo às pressas destacando a "pouca ação, pouco desenvolvimento dramático, personagens desinteressantes"[87]. Aleksandr Kugel, fazendo coro com o conjunto de críticos que via ali uma verdadeira "demência", fora duro, destacando que "só há diálogos, não há pontos definidos"[88].

Todavia, o que comumente se ignora nas bibliografias sobre a recepção dramatúrgica de Tchékhov é que as noites seguintes à estreia foram recebidas de maneira diferente pelo público: a plateia estava atenta e os atores gradualmente se empenharam mais. Na segunda noite, por exemplo, a audiência aplaudiu entusiasticamente após o terceiro ato e convocou insistentemente o dramaturgo, então ausente, ao proscênio. A carta que Vera Komissarjévskaia enviou a Anton Pávlovitch destacou o "completo, unânime sucesso" de *A Gaivota* naqueles dias no Aleksandrínski[89]. A despeito disso, foi a noite de estreia que ficou para a história como momento decisivo: traumatizara o autor e serviria na posteridade como comparativo para elevar o Teatro de Arte.

Hoje já é possível mapear que os críticos da época não foram consensuais a respeito da montagem e a plateia, como se viu, não recebeu de modo unânime o espetáculo. Aparte o desleixo da montagem de Karpóv, havia a própria resistência ao que em toda a Europa já se denominava "novo drama". Ainda que correspondendo a uma fatia menor da crítica, o príncipe Urússov, que por aqueles anos se destacava como uma importante figura patrocinadora e crítica dentro do meio teatral, via nessa peça de Tchékhov uma forte interface com as tendências nascentes do simbolismo[90] (Maeterlinck era então *persona non*

---

87 Ibidem, p. 35.
88 Ibidem, p. 35-36.
89 Carta de Vera Komissarjévskaia a Tchékhov em 21 de outubro de 1896. Ibidem, p. 37.
90 Sobre certo veio simbolista de Tchékhov, temos um amplo campo em discussão. Colocado nos termos de Urusov, a discussão parece pertinente. No entanto, como bem pontua Jacó Guinsburg, a figura de Trepliov é dúbia: se nela há uma tentativa de ruptura com as formas tradicionais ("Novas Formas!" é sua ideia fixa), há também uma ponta de ironia de Tchékhov ao mostrá-lo como "estetizante" ou mesmo "decadentista". Cf. J. Guinsburg, op. cit., p. 88-89.

COMO SE CRIA UM TCHÉKHOV: DENTRO DO TEXTO, FORA DOS PALCOS   43

grata para críticos tradicionais), pois, segundo ele, aquele texto teria forte acento pessimista e estava envolvido em um clima poético, formalmente difuso, com remodelação não tradicional dos inícios e fins de atos. O crítico ainda destacaria que a ousadia com que o autor revelava os segredos vergonhosos da vida, por meio de personagens psicologicamente complexas, repelindo julgamentos fáceis, mostrava a podridão escondida por trás de "sólidos edifícios"[91]. A montagem causou relativo escândalo em São Petersburgo e foi tema de debates acirrados ao longo das semanas posteriores à estreia. Em seguida, fez relativo sucesso em montagens no interior do país. No entanto, Tchékhov preferiria vê-la como comprovação decisiva de que o palco não era o lugar para sua arte. Remoeu por longos meses os comentários ácidos sobre o caráter *nonsense* do texto, sobre a direção desleixada de Karpóv e sobre a atuação desnivelada dos atores. Não queria nunca mais ver *A Gaivota* nos palcos.

Do mesmo modo, o contato inicial do texto tchekhoviano com o que até aquele momento vinha se desenvolvendo no TAM não fora tranquilo. Stanislávski reconhecia certo valor literário nas peças do dramaturgo, mas achava-o arrogante e tinha sérias preocupações quanto a uma boa repercussão junto ao público. Tinha em mente a noite de estreia do Aleksandrínski e queria para aquela primeira temporada do TAM peças que marcassem os novos procedimentos do grupo nascente. A estreia com *Tsar Fiódor*, de Alexei Tolstói, em 14 de outubro de 1898, destacou a identidade inovadora da trupe, que escolheu essa peça pelo que ela permitia de "reconstrução histórica" e "poder evocativo das imagens". Muito disso vinha da própria formulação bielinskiana, rapidamente identificável pela *intelligentsia* russa, de que a função da arte é pensar por imagens. E o TAM levava a sério tal premissa, pelo que ela poderia promover de renovação da dinâmica cênica em voga e também pelo impacto renovador no gosto público[92].

Esse desejo de Stanislávski e Nemiróvitch-Dântchenko vinha de uma demanda concreta do teatro russo e mesmo

---

91   Cf. A.I. Urusov, *Stati o Teatre, Literature i ob Iskusstve*, p. 34-35.

92   "Era uma linguagem cênica que procurava presentificar de pronto o universo--objeto, ou sua sugestão, por encantação plástica projetada como 'real', graças às 'artes' de um virtuosismo diretorial a exibir-se a solta, por paradoxal que isso possa parecer." Cf. J. Guisburg, op. cit., p. 61.

Ocidental. O episódio lendário da conversa entre os dois no restaurante Slavianski Bazar, que teria se iniciado numa tarde em Moscou e terminara ao final da madrugada, na casa de campo de Stanislávski[93], partia exatamente destas perguntas: como renovar a cena russa? Como tirar o teatro das soluções artificiais, artificialmente importadas e redutoras? A partir daí, partiram para a reflexão sobre a necessidade de práticas concretas de direção e treinamento de atores, até então pouquíssimo exploradas na Rússia, como, por exemplo, a racionalização do trabalho com o conjunto cênico, algo que significava levar atores, cenografia e sonoplastia a trabalharem sob um mesmo objetivo geral. No caso de *Tsar Fiódor*, a fim de não deixar fios descosturados ou brechas nessa interpretação de conjunto, foram valorizados os mínimos detalhes, de objetos de época a vestimentas e cenário resgatados no melhor estilo historicista.

Mais tarde, Nemiróvitch-Dântchenko afirmaria haver nisso muito das técnicas herdadas dos Meininger, só que levadas ao extremo[94]; no entanto, reduzir tais procedimentos à taxação de *naturalistas* serve mais a uma preocupação contemporânea de desbastar qualquer projeto realista ou crítico de encenação do que a um real entendimento das inovações em curso naquele período. A trajetória do TAM e as propostas de Stanislávski sofrem quando são reduzidas à simples ideia de "método"[95] e também quando são reduzidas à ideia de "experimento naturalista". Afinal, não se pode ignorar que nunca houve um sistema stanislavskiano acabado, um método com regras e exercícios de rotina, e sim um percurso longo e não linear de trabalho em que seu projeto se expandia dinâmica e criticamente[96].

93 Cf. K. Stanislávski, op. cit.
94 Os Meininger, assim como o Theâtre Libre de Antoine e as experiências da Freie Bühne de Otto Bralim, vinham no impulso de fins do século XIX de tornar o teatro objeto de estudo específico, livre da intuição e dos arroubos individuais, e torná-lo objeto da ciência. Em muitas de suas direções, o naturalismo da cena era conquistado com minucioso estudo histórico de reconstituição, regido por novas formas de direção, cenário e iluminação. Cf. J. Guinsburg, op. cit., p. 15-16.
95 Seria mais pertinente falar em termos de "sistema", para não congelar em método algo que nunca existiu de maneira fechada. Stanislávski Sem Método, A. Rosenfeld, *Prismas do Teatro*, p. 113-120; J. Guinsburg, O Sistema de Stanislávski, *Stanislávski, Meierhold & Cia*, p. 311-316; e A. Cavaliere; E. Vássina, A Herança de Stanislávski no Teatro Norte-Americano: Caminhos e Descaminhos, *Teatro Russo: Literatura e Espetáculo*, p. 199s.
96 Cf. E. Vássina; A. Labaki, *Stanislávski: Vida, Obra e Sistema*, p. 17.

COMO SE CRIA UM TCHÉKHOV: DENTRO DO TEXTO, FORA DOS PALCOS   45

Além disso, no caso dessa encenação, Stanislávski tinha menos uma preocupação puramente científica com sua produção e mais a necessidade de alcançar um tom adequado e uma atmosfera (*nastroiénie*) específica, em que todos os elementos operariam para a imersão. Para isso, concebeu que, em uma encenação, a união dos dispositivos cênicos deveria funcionar como em uma *orquestra*, combinando não só os elementos *externos*, mas também os *internos*. Por isso a impressão de que não se tinha com tais montagens a reconstrução de um quadro histórico estático, mas sim um trabalho de *pontilhismo cênico* ou, ainda, nas palavras de Meierhold, um *cênico impressionismo*[97].

A Gaivota emerge, portanto, em um momento no qual o trabalho do TAM dá um salto de qualidade. De início, a resistência de Stanislávski fora suplantada pela sensibilidade literária de Nemiróvitch-Dântchenko, então preocupado com o estabelecimento de uma relação mais profunda com o público. A partir daí, ambos buscaram firmar entre atores e plateia uma ponte que não fosse mais mecânica ou fácil, mas que partisse de um estudo preciso e da criação na cena do ânimo e da *atmosfera* adequados. Tchékhov, dentre todos os dramaturgos, parecia o mais adequado para isso[98].

Via-se, portanto, um gradual deslocamento da concepção então predominante no teatro russo e ocidental de busca de uma intenção textual do autor para uma construção, segundo Stanislávski, de uma "encenação de diretor"[99]. No Aleksandrínski, Kárpov alimentava a ideia de que os atores estavam ali para dizer algo de relevante ou apenas contar uma história, o que exigia pouco estudo da cena ou de criação de uma leitura de conjunto adequada. Com o TAM, ao contrário, era preciso manipular o material textual, explorando as trivialidades do cotidiano que abundavam no texto tchekhoviano para criar a "intuição sobre o que não é dito".

Para Raymond Williams, isso tem a ver com o fato de que Tchékhov estrutura diálogos que, pela natureza do tema que tentam agarrar, não dão conta do conjunto de experiências a

---

97   Cf. V.E. Meierhold, *Stati, Rietchi, Pisma, Besedi*, v. 1, p. 116.
98   Cf. I.C. Costa, Aproximação e Distanciamento: O Interesse de Brecht por Stanislávski, *Sala Preta*, p. 49-60.
99   *Drama em Cena*, p. 172.

serem transmitidas. Em suas próprias palavras, "há um consenso de que, se ele tivesse escrito todos os detalhes necessários [para expressar a experiência], quando a peça chegasse àquela encenação específica, teria escrito algo diferente de qualquer texto dramático anterior e algo muito mais parecido com um romance"[100]. Daí a angústia que crescia há tempos entre os críticos de que nas peças de Tchékhov havia um material impossível de ser encenado. Essa separação entre a fala formal e a ação cênica das personagens teria papel estruturante no drama moderno. Stanislávski e Nemiróvitch-Dântchenko, por serem capazes de sistematizar com maior consciência a especificidade do fenômeno teatral[101], são os que dão conta, com todos os percalços, de apresentar uma chave precisa ao então estranho drama tchekhoviano. O resultado foi de ordem revolucionária.

Por isso, não é de se espantar que a estreia de *A Gaivota* tenha impactado de tal maneira a história do teatro ocidental. Naquela noite, algo de novo se apresentava já no primeiro ato. Sentadas em um banco, as personagens assistiam à pequena peça de Nina num palco improvisado no jardim, de costas para o público[102]. Era como se a plateia estivesse ao mesmo tempo dentro e fora da peça, observando ali o transcorrer de vidas, uma *tranche de vie*[103]. A cenografia, apesar de um pouco mais presa à minúcia da ambientação em comparação com a encenação do Aleksandrínski, produzia um curioso efeito de estratificação, com algumas partes escuras, outras luminosas e um rico jardim arborizado. Reiterava-se o estado de ânimo das personagens também por meio dos detalhes de cena e dos pequenos ruídos (vento, badalar de sinos ao longe, música de fundo) que emergiam nos intervalos de fala.

O Trepliov do TAM, ao contrário daquele de Kárpov, fora concebido como uma personagem tensa, à maneira de um poeta decadentista, e Nina, como uma inocente enganada por Trigórin. Silêncios, pausas e indecisões, que criavam uma atmosfera específica, foram fortemente explorados nos dois primeiros atos,

---

100 Ibidem, p. 173.
101 Cf. A. Rosenfeld, A Essência do Teatro, *Prismas do Teatro*, p. 21-26.
102 Não se pode ignorar, contudo, que colocar os atores de costas para o público, como que a acentuar o efeito da quarta parede, de uma realidade que transcorre em sua perfeita integridade, já fora utilizada em *Tsar Fiódor*.
103 A expressão é de A.M. Ripellino, *O Truque e a Alma*, p. 12-49.

COMO SE CRIA UM TCHÉKHOV: DENTRO DO TEXTO, FORA DOS PALCOS   47

mas foram deixados de lado no terceiro, para que os diálogos frente a frente entre Arkádina e Sórin, Arkádina e Trepliov e Arkádina e Trigórin ficassem mais limpos e revelassem uma clara divisão, bem aos moldes melodramáticos[104].

No quarto ato, Stanislávski retomou as pausas e silêncios, intensificando-as a ponto de atingirem quinze segundos cada. Ao contrário da encenação de Kárpov, em que atores apresentavam um texto, havia aqui a criação de uma *realidade cênica*. Para Stanislávski, o público deveria perceber que, por trás daqueles diálogos banais, ocorria algo subterraneamente. Ao analisar em detalhe o *Caderno de Direção* de Stanislávski, Raymond Williams percebe que o diretor dá destaque a uma cena que este considerava decisiva no quarto ato: o momento em que, depois de anos longe de Trepliov, Nina retorna como uma gaivota abatida e tem uma rápida conversa com o jovem. As rubricas que surgem sucintas no texto de Tchékhov são interpretadas de maneira específica por Stanislávski. Após o discurso de Nina, seguiu-se o solitário barulho do vento e, após sua despedida, Trepliov permaneceu em silêncio por, aproximadamente, quinze segundos, deixando o copo cair de suas mãos. Na leitura do diretor, esse momento deveria marcar a decisão do suicídio, posteriormente levado a cabo[105]. Aqui, o texto abre um campo de possibilidades interpretativas, que foram criativamente lidas pelo diretor e trabalhadas em cena dentro de seu eixo organizador.

A harmonia do conjunto, trabalhada menos em termos de realismo nu e cru e mais em termos de criação de uma intuição sensível, trazia algo de poderoso para os palcos russos. Aqueles intervalos sem diálogo expressavam uma espécie de sentimento doloroso, alongavam o suspense e desafiavam os espectadores:

Em algumas cenas [...] as personagens estão em silêncio por alguns minutos, o que pode ser visto no geral como uma heresia não dramática, despedaçando a mais elementar técnica de palavras que significam algo na cena [...] Na vida às vezes as pessoas estão em silêncio por horas ou sempre, e esse silêncio muitas vezes é o mais profundo sentido.[106]

104 Cf. L. Senelick, *The Chekhov Theatre*, p. 45-46.
105 Cf. R. Williams, op. cit, p. 169-171.
106 Apud L. Senelick, *The Chekhov Theatre*, p. 47.

2. Cena do primeiro ato de A Gaivota, pelo TAM. Foto: Scherer e Nabholtz, sem data.

Essa foi a interpretação de Stanislávski, corretamente captada por Serguei Glágol e que aquele elenco jovem, mas disciplinado, esforçou-se por dar conta. O público estarrecido captara a encenação nesses termos e, embebido por aquela atmosfera, permaneceu em breve silêncio ao fechar das cortinas, explodindo em palmas logo em seguida. Intelectuais presentes afirmaram ter a sensação de viver o presente ao assistir àquela peça, mas a plateia da estreia não era composta, em sua maioria, desse setor da sociedade. A classe média medianamente ilustrada, a mesma antes tão ironizada por Tchékhov, era a que ali se fascinava com aquele drama novo e aquelas novas técnicas de encenação.

Ainda que muitos críticos pontuassem a "morbidez" da encenação ou vissem ali um universo de "individualidades desviantes", como em um "consultório para pacientes com problemas mentais"[107], e ainda que Tchékhov estivesse bastante

---

107 Cf. L. Senelick, The Chekhov Theatre, p. 49.

insatisfeito com o Trigórin "sedutor e confiante" de Stanislávski, assim como com o Trepliov demasiadamente angustiado de Meierhold, a tônica, de modo geral, foi outra. Stanislávski registrou em suas memórias a euforia daquela noite:

> O primeiro ato acabou com um silêncio sepulcral da plateia. Uma das artistas desmaiou e eu mesmo, de desespero, mal me mantinha de pé. Mas de repente, depois de uma longa pausa, a plateia explodiu em berros, barulho e aplausos enlouquecidos. Fechou-se a cortina... abriu-se de novo, fechou-se, e nós ficamos pasmos. Depois, novos berros... e, de novo, a cortina. Todos nós estávamos imóveis, sem perceber que precisávamos agradecer. Finalmente, sentimos o sucesso e, incrivelmente emocionados, começamos a abraçar um ao outro como se abraça na noite de Páscoa. O sucesso cresceu a cada ato e acabou sendo um triunfo. Mandamos um telegrama detalhado a Tchékhov[108].

O impacto sobre o dramaturgo, já calejado por tantos altos e baixos, não poderia ter sido diferente. Em carta a Olga Knipper,

---

108 Apud E. Vássina; A. Labaki, op. cit., p. 17.

50 TCHÉKHOV E OS PALCOS BRASILEIROS

disse ser aquele o momento de "fazer um acordo com o teatro e a vida contemporânea"[109].

A repercussão positiva dessa encenação é a que conhecemos hoje. E é dessa encenação também que emergem questões com as quais lidaremos aqui mais diretamente: projetou-se uma forma específica de interpretação e encenação do drama tchekhoviano, poderosa historicamente, e que, como veremos, terá repercussão nas produções ao longo de todo o século XX. É o início do que mais tarde seria reconhecido como *tchekhovismo*.

UM *TIO VÂNIA* COM SOFRIMENTO DURADOURO

Acredita-se que Tchékhov já estava às voltas com a finalização de *Tio Vânia* (*Diadia Vânia*)[110] semanas após o sucesso de *A Gaivota* no Teatro de Arte. Isso porque a repercussão positiva da peça e da montagem estimulara Nemiróvitch-Dântchenko a solicitar um novo texto ao dramaturgo que, no entanto, já o havia prometido ao Máli, em 1897[111]. Tchékhov não deixava de pontuar ao amigo as restrições que tinha com algumas escolhas cênicas do TAM em *A Gaivota*, mas, aos poucos, admitia estarem ali naquele grupo as condições para a realização de suas peças.

Tal mudança de posição ocorria em partes também porque as discussões sobre *Tio Vânia* com Kárpov, que a requeria para uma encenação no Aleksandrínski, só cresciam. O diretor do teatro imperial via no TAM apenas uma "modinha" e, mesmo diante da temporada controversa com *A Gaivota*, acreditava no dramaturgo. Contudo, Tchékhov estava temeroso de que o tipo de trabalho no Aleksandrínski fosse similar ao anterior e negou a autorização para a encenação a Kárpov. Isso contribuiu para

---

109 Ibidem, p. 51.
110 Cf. A.P. Tchékhov, *Polnoie Sobranie...*, v. 13, p. 61
111 No entanto, o Máli não chegara a encenar essa peça de Tchékhov. O Comitê de Literatura do teatro, composto por dois professores da Universidade de Moscou, por Sumbátov e Nemiróvitch-Dântchenko, não a aprovou, apesar da insistência dos dois últimos. Para os professores, a imagem que Tchékhov criara de Serebriákov – personagem que representa a frustração de um importante catedrático – era demasiadamente ofensiva. Cf. L. Senelick, *The Complete Plays*, p. 811.

que Tchékhov estabelecesse uma relação mais intensa com o TAM, que estreou a peça em 26 de outubro de 1899 e, mesmo sem a vibração que marcara *A Gaivota*, o grupo tinha empregado algumas soluções de encenação que o agradavam[112].

Tio Vânia recebia, como subtítulo, a curiosa classificação de "cenas da vida rural". A partir daí, Stanislávski fechou a leitura geral de que se tratava de uma representação da futilidade da vida de província russa. O diretor já havia feito tal interpretação em *A Gaivota*. Não à toa, cortou do último monólogo de Nina as palavras "Eu sou uma gaivota... Não. Sou uma atriz", a fim de retirar da personagem qualquer possibilidade de recomposição, de encontro com sua própria vocação e assim mergulhá-la em um universo de desesperanças[113].

Tal leitura ficou mais forte em *Tio Vânia* e se materializou nas escolhas cenográficas e na valorização de detalhes como a mobília e as paredes envelhecidas, bem como numa sinfonia de pequenos sons campestres, o que acentuava a ideia de que vidas se arrastam e envelhecem improdutivamente no interior. No entanto, segundo Laurence Senelick, Tchékhov parecia conceber a peça menos nesses termos e mais sob a ideia de que deveriam se expressar ali as tensões entre sujeitos confinados a uma mesma convivência doméstica. É o que também mapeia Jean-Pierre Sarrazac, a respeito de um comentário de Tchékhov sobre uma peça de Hauptmann, facilmente estendível para *Tio Vânia*: "Hoje em dia quase toda pessoa civilizada, mesmo a mais saudável, não vive a experiência da irritação tanto quanto em sua própria casa, em sua própria família, e a discórdia entre presente e passado é sentida primeiro e mais fortemente na família."[114]

Nada parece indicar, como se vê, que este seja o elemento sobressaltado na concepção de Stanislávski. Para ele, o essencial

---

112 Nemiróvitch-Dântchenko enviaria uma carta entusiástica ao dramaturgo após a estreia, destacando o quanto ele via a peça como um momento decisivo para a relação que se construía entre ele e para o "novo teatro" que se afirmava: a peça tem "considerável importância para a existência do meu teatro. Eu vi a encenação menos como diretor que como o fundador de um teatro consciente do futuro". Cf. Ibidem, p. 53.

113 Cf. A.M. Ripellino, op. cit., p. 30.

114 Carta de Tchékhov enviada a Meierhold em outubro de 1899, J.-P. Sarrazac, *Sobre a Fábula e o Desvio*, p. 27-28.

era destacar o que há de rotineiro na vida e, por isso, o diretor insistiu tanto no fato de que as personagens deveriam "matar mosquitos" e expressar uma incessante irritação com sua presença ao longo do primeiro ato. Angelo Maria Ripellino ainda destaca que, somada a tais gestos, a orquestra de sons acentuava esse "dissídio entre a pureza encantada dos sonhos e a gritante banalidade", para isso "basta pensar no tropel de cavalos sobre a ponte de madeira e no silvo dos grilos atrás do aquecedor, com que Konstantin Sierguiêivitch significava a angústia que invade a casa de Sônia, quando os Serebriákov vão-se embora"[115].

Mas isso não configurou problema imediato para o dramaturgo. Tchékhov pareceu particularmente satisfeito com as interpretações de Stanislávski como Astrov, concebido em faceta

---

115 A.M. Ripellino, op. cit., p. 30.

3. *Cena final do quarto ato de* Tio Vânia, *pelo* TAM. *Da esquerda para a direita: M.P. Lilina (Sônia), A.L. Vichniévski (Vânia), A. Pomialova (Marina), A.R. Artióm (Teliêguin) e E.M. Raiévskaia (Maria Vassílievna Voinítskaia). Foto: Scherer e Nabholtz, sem data.*

levemente cínica, portadora de sonhos belos e poética sensibilidade, mas como que contendo perigosas forças ocultas. Maria Lilina, como Sônia, também agradou ao dramaturgo e a boa parte do público. Vassíli Lújski, como Serebriákov, acentuou o sotaque germânico da personagem, como que a reproduzir o tom catedrático dos professores da Universidade de Moscou, o que rapidamente criou pontes de identificação com a plateia, fortemente composta por membros da *intelligentsia* moscovita.

De modo geral, o público ficara particularmente tocado com a encenação de *Tio Vânia* e com aquilo que Stanislávski quisera destacar como o "fogo que arde nas mais ordinárias

54 TCHÉKHOV E OS PALCOS BRASILEIROS

pessoas" e que depois é ferozmente engolido pelas pequenas rotinas domésticas, jogos e afazeres. Um médico conhecido de Tchékhov, que vira a encenação, revelaria ao dramaturgo: "Eu me senti quase fisicamente doente [...]. Senti como se todo mundo estivesse me deixando e eu estivesse ali sentado e fazendo contas..."[116]

Como se vê, não só a encenação começa a ganhar em homogeneidade de desempenho dos atores como também uma proposta cênica se define mais claramente em relação ao texto tchekhoviano. Mesmo estando às voltas com a reelaboração de *O Silvano* desde antes do fim de *A Gaivota*, não se pode negar que fora com a encenação dessa peça que o dramaturgo pôde também repensar alguns de seus procedimentos para, a partir daí, trabalhar um novo texto. *Tio Vânia* não é, portanto, só a versão final de *O Silvano*: o universo de personagens é condensado e supera visivelmente o que havia de melodramático nesta última, trazendo um trabalho mais sutil de relação entre as personagens.

Aliás, em *Tio Vânia*, a proximidade que se estabelece entre as personagens não é casual. A combinação pode parecer estranha (um médico, a mãe de sua falecida esposa, a filha de seu primeiro casamento, a nova esposa, o irmão da antiga esposa, um médico amigo da família...), mas, como diria Ossip Mandelstam, a "combinação é um fator decisivo em Tchékhov. Não há ação em seu drama, há somente uma proximidade com as resultantes inconveniências"[117]. Isso, somado à personalidade dúbia e nuançada das personagens, só as novas técnicas do TAM poderiam captar. Nesse contexto, as peças do dramaturgo gradativamente deixavam de ser vistas como literariamente imprecisas ou irresponsáveis com as regras do drama e passavam a ser vistas em termos de necessidade de expressão de uma época. Tchékhov e o TAM, mesmo com divergências, *necessitavam-se*.

E é por isso que, no inverno de 1899-1900, toda a trupe do Teatro de Arte se dirige para Ialta, onde Tchékhov havia se

116 A imagem se refere à última cena de *Tio Vânia*, na qual, após a partida de Serebriákov e Elena, Sônia e Vânia sentam-se à mesa, sozinhos e, em meio a suas falas profundamente amarguradas, fazem a contabilidade da propriedade. L. Senelick, *The Complete Plays*, p. 55.

117 O. Mandelstam, O Piesie A. Tchekhova "Diadia Vânia" (Sobre a Peça "Tio Vânia" de Tchékhov), *Sobranie Sotchineni*, p. 107-109.

COMO SE CRIA UM TCHÉKHOV: DENTRO DO TEXTO, FORA DOS PALCOS 55

recolhido a fim de se prevenir do frio moscovita e tratar da tuberculose. Ali, em meio ao alvoroço de atores e objetos cenográficos, encenam *Tio Vânia* especialmente para ele, que se sente imediatamente rejuvenescido. Naqueles dias, o dramaturgo "amadureceu novos projetos e, tão logo a companhia partiu, pôs-se a compor *As Três Irmãs*"[118].

TRÊS IRMÃS E A SINFONIA DO TEMPO

Com *As Três Irmãs* (*Tri Siestri*)[119], a relação com o TAM estava oficializada. Enquanto concebia a peça, o dramaturgo tinha em mente uma série de detalhes de cena, além de atores específicos do grupo para alguns papéis. Mas Nemiróvitch-Dântchenko, então diretor literário do TAM, estava aflito com o fato de que Tchékhov burilava há mais de um ano uma intriga em torno de três irmãs em uma cidade do interior, mas não a concretizava, o que aumentava o risco de que nenhuma montagem sua estivesse em cartaz na nova temporada. E, segundo Stanislávski, "não havendo peça [de Tchékhov], o teatro perdia o eu aroma"[120]. Mas, finalmente, Tchékhov começou a enviar os atos de *As Três Irmãs* e, após o envio do último em outubro de 1900, compareceu à leitura com o grupo. Inicialmente, o dramaturgo antecipou tratar-se de uma "alegre comédia". Ao final da leitura, no entanto, a trupe estava completamente abalada e os diretores insistiam se tratar de um verdadeiro drama. Outros, visivelmente desapontados, disseram não se tratar de uma peça, mas apenas de um esboço[121].

Havia motivos evidentes para que pensassem dessa maneira. Tchékhov não só complexificava o trabalho com o cômico, linhagem da qual nunca se desvencilharia[122], como também

---

118 A.M. Ripellino, op. cit., p. 33.

119 Cf. *Polnoie Sobranie...*, v. 13, p. 117.

120 K. Stanislávski, op. cit., p. 317.

121 Cf. L. Senelick, *The Complete Plays*, p. 874.

122 Como evidência deste elemento, guardando as devidas diferenças entre *riso*, *comicidade* e *ironia*, em *As Três Irmãs*, o modo por vezes irônico com que as personagens se autoanalisam, imersas em uma imobilidade prosaica, mas envoltas em sonhos (e por isso mesmo talvez não tão dignos de elevação pura), projetam um riso amargo, que Tchékhov possivelmente intentava destacar.

estruturou o texto em bases diferenciadas. Não mais o sobressaltar quase melodramático de algumas personalidades (Ivánov, Trepliov, Arkádina, Nina, Vânia), mas três irmãs configurando um painel multifacetado. Além disso, estavam ausentes as cenas de embate de figuras, como ocorria em *Ivánov*, *A Gaivota* ou *Tio Vânia*. As curvas do drama, variáveis em intensidade, pareciam decisivamente ofuscadas.

Para tornar a situação ainda mais complexa, tratava-se de um drama em que o *presente da ação*, a força do *diálogo* e a possibilidade de, por meio deles, desencadear novas situações de conflito[123], não estavam dados. As personagens estavam comprimidas entre a força do passado e a utopia do futuro – o presente era, definitivamente, opressor e precisava ser apenas suportado. Tem-se o receituário para a implosão de qualquer regra do drama tradicional, entendido no sentido do que, até então, se tinha como convenção. Se há algo dele ainda, e Tchékhov não o destrói por completo, ele aparece na forma de rudimento, para que uma temática tenha um "pouco de movimento e possibilite o diálogo", ainda que este não tenha peso algum[124].

Mesmo a impressão inicial de Stanislávski fora bastante negativa: via ali algo "sem ressonância, sem vida, longo e aborrecido". Demorou a aceitar que naquele conjunto de atos "mal amarrados" e aparentemente sem propósito havia algum desejo de vida, alegria e riso[125].

Diante do espanto, Tchékhov ainda alterou algumas passagens da peça. No plano inicial, por exemplo, a enlutada Macha não constaria na cena final[126]. Essa e outras alterações vieram acompanhadas da insistência do dramaturgo em assistir aos ensaios. Primeiro porque já começava a se irritar com a recorrência de efeitos sonoros e excessivos detalhes de cenografia, cada vez mais levados à exaustão por Stanislávski. E também

---

123 "Mas mesmo o diálogo não tem peso algum; é, por assim dizer, a cor pálida do fundo do qual se destacam os monólogos debruados de réplicas [...]. Não são monólogos no sentido tradicional do termo. [...]. É diferente aqui. As palavras são pronunciadas em sociedade, não no isolamento. Mas elas isolam o que expressam." Cf. P. Szondi, op. cit., p. 50.
124 Ibidem, p. 49-50.
125 Cf. L. Senelick, *The Chekhov Theatre*, p. 59.
126 Cf. L. Senelick, *The Complete Plays*, p. 874.

COMO SE CRIA UM TCHÉKHOV: DENTRO DO TEXTO, FORA DOS PALCOS   57

porque lhe desgostavam as superdramatizações que vinham em sintonia com a leitura trágica da peça feita pelo diretor[127].

Contudo, a presença de Tchékhov não impediu que Stanislávski a concebesse como uma peça de diretor. Sublinhou uma leitura que já se consolidava na direção das duas peças anteriores: a da mesquinhez do cotidiano de província e seu poder devastador dos sonhos e projetos de vida. O aspecto provinciano fora acentuado pela cenografia de Símov, com decoração bastante detalhista e com objetos típicos. E ainda que o dramaturgo apostasse em um painel de tons pastéis, a encenação acentuou uma divisão que, durante muito tempo, perduraria em inúmeras produções de *As Três Irmãs*: de um lado as irmãs sufocadas na província, que viam seus sonhos afundarem-se com o passar do tempo, e de outro a cunhada Natacha, o polo do presente pequeno-burguês que tudo arrasta e ganha espaço naquele sufocante universo.

Ao mesmo tempo, o diretor estabeleceu o que seria o superobjetivo (*sverkhzadatcha*) da peça: a "passagem do tempo". Esse tema geral orientaria a movimentação das personagens, cenografia e sonoplastia, de modo a fazer com que todos os elementos simbolicamente confluíssem para essa ideia[128]. A partir daí, elaborou o que seria o ritmo de cada um dos atos: "Primeiro ato – alegre, vivo; Segundo ato – atmosfera Tchekhoviana; Terceiro ato – terrivelmente nervoso, muito rápido até o final, quando a energia se dissipa e o ritmo decresce [...]"[129]. O último ato teria desfecho trágico.

Essa leitura teve incidência geral sobre a interpretação dos atores. Tchékhov manteve correspondência com Olga Knipper, no papel de Macha, pedindo-lhe que evitasse o excesso de tragicidade e buscasse o que também havia de sonho de vontade de vida na personagem, mas sem muito sucesso. Meierhold (antes de deixar o TAM) fizera um Tuzenbach com fortes acentos desesperados. Já a Natacha de Maria Lílina possuía falas pausadas, andar calmo e certa doçura que tornavam sua presença mais "apavorante"[130].

---

127 Cf. J. Guinsburg, *Stanislávski e o Teatro de Arte de Moscou*, p. 123.
128 Cf. T. Tissi, *As Três Irmãs, de Tchékhov, Por Stanislávski*, p. 3.
129 K. Stanislávski apud C. Takeda, *O Cotidiano de uma Lenda*, p. 163.
130 Cf. L. Senelick, *The Chekhov Theatre*, p. 61.

4. *Cena do terceiro ato de* As Três Irmãs, *pelo* TAM. *Da esquerda para a direita: O. Knipper (Macha), M. Lilina (Natacha), M. Savítskaia (Olga) e M. Samarova (Anfissa). Foto: Ficher, sem data.*

Ao mesmo tempo, para não recair no nivelamento psicológico e no achatamento trágico, Stanislávski e Nemiróvitch-Dântchenko operaram o conjunto sob a ideia de encontrar a "poesia no cotidiano", encontrar as nuances e tons, trabalhando a encenação quase em termos musicais[131]. Górki diria após a estreia: "é música, não atuação"[132]. Por isso, na noite de estreia, em 31 de janeiro de 1901, o público estranhou a desdramatização do

---

131 A respeito da direção sinfônica ou "poético-musical" estabelecida para a montagem de Stanislávski, é decisiva a leitura das Partituras de Encenação escritas pelo diretor, traduzidas e comentadas minuciosamente em português por Tieza Tissi em *As Três Irmãs, de Tchékhov, Por Stanislávski*.
132 L. Senelick, *The Chekhov Theatre*, p. 62.

primeiro ato, mas explodiu em aplausos ao final do segundo. A crítica destacaria nos dias seguintes o definitivo enlace entre o TAM e a dramaturgia de Tchékhov, sublinhando o "tom envolvente" e o "sentimento de vida real" transmitido pelo espetáculo. Segundo eles, era como se fossem até o teatro não para ver uma peça, mas para "visitar as Irmãs"[133].

Por outro lado, ainda que aquele fosse um dos pontos altos da dramaturgia tchekhoviana e da proposta do TAM, o processo de redefinição ideológica pelo qual passavam os movimentos sociais russos trazia também para a crítica e o público opiniões renovadas. Nikolai Russánov criticaria o imobilismo das irmãs e Lunatchárski criticaria o decadentismo da peça, que apresentava personagens alheios à vida real: pessoas

---

133 Cf. L. Senelick, *The Complete Plays*, p. 875.

reais deveriam "sacrificar suas almas por uma grande causa"[134]. Do outro lado da arena, o conservador Suvórin também não poupara o antigo amigo em seu diário: ainda que o público se deliciasse, havia algo de deletério na peça, que mostrava o desejo de libertação da vulgaridade, mas não humanizava, apenas "estupidificava"[135]. Nesse caso, não se pode deixar de levar em conta que pressões históricas condicionavam tais pontos de vista, mas, ao mesmo tempo, o TAM também privilegiava uma leitura que gradualmente se mostrava polêmica. Em outras palavras, é como se a utopia, o desejo de vida, e mesmo a comicidade que Tchékhov insistia para que os atores valorizassem nas personagens fosse esmaecido pelo tom trágico da encenação.

Esse eixo interpretativo estabelecido pelo TAM, se mais uma vez se mostrava ser apenas uma das leituras possíveis da peça, ao mesmo tempo ganhava também em amadurecimento e mostrou ser o cume das possibilidades técnicas no campo do que Jacó Guinsburg chamaria de *tchekhovismo*. O grupo saía de uma fase de intensa exploração dos elementos externalizantes, herança dos Meininger, e ganhava em profundidade no trabalho com a atmosfera, a dimensão interna das personagens e o aprofundamento psicológico sob a harmonização do *ensemble*. Para ele, "não por acaso que o espetáculo [*As Três Irmãs*], no TAM, bateria todos os recordes de permanência em cartaz [...] maturidade cênica do tchekhovismo"[136]. Contraditoriamente, é também nesse apogeu que se consolidará uma determinada leitura que incomodará profundamente Tchékhov ao longo dos ensaios de *O Jardim das Cerejeiras*.

UM *JARDIM DAS CEREJEIRAS* TRÁGICO

O *Jardim das Cerejeiras* (*Vichniovi Sad*)[137] foi a última peça longa de Anton Pávlovitch. Antes de finalizá-la, dedicara-se também à sua segunda versão do monólogo *Os Males do Tabaco*

---

134 S. Karlinski, Russian Anti-Chekhovians, *Russian Literature*, n.15, p. 191-192.
135 Apud L. Senelick, *The Complete Plays*, p. 64.
136 J. Guinsburg, *Stanislávski e o Teatro de Arte de Moscou*, p. 117-119.
137 Cf. A.P. Tchékhov, *Polnoie Sobranie...*, v. 13, p. 195.

COMO SE CRIA UM TCHÉKHOV: DENTRO DO TEXTO, FORA DOS PALCOS   61

(*O Vriedie Tabaka*), de 1902[138]. Naqueles anos já estava bastante debilitado pela tuberculose e passou a residir permanentemente em Ialta, onde o clima ameno contribuía para o tratamento. Mas, a despeito de sua melancólica condição (ou talvez por ela mesmo), Tchékhov declarou em carta à sua esposa Olga Knipper que, depois de *As Três Irmãs*, escreveria algo "definitivamente divertido, muito divertido, ao menos em conceito"[139]. A comicidade não surge gratuitamente e parece resultado de um duplo movimento: do amadurecimento de uma poética do cômico presente já em seus primeiros textos e, ao mesmo tempo, sua complexificação dentro de uma lente artística que "não pretende acusar ou resolver os grandes problemas éticos, filosóficos, religiosos e sociais que alimentavam a dinâmica da história literária do seu tempo, mas simplesmente os expor"[140].

Para o Teatro de Arte, no entanto, tal definição não era ponto pacífico. O TAM tinha se convertido em uma espécie de porta-voz do dramaturgo e consolidava uma linha própria de interpretação de suas peças. Por isso mesmo, Stanislávski já se colocava na posição de principal debatedor das propostas de Tchékhov. O diretor, que já havia solicitado tempos antes algo como uma "verdadeira tragédia" para encenarem na próxima temporada, ficara ele próprio estarrecido com a leitura da peça:

Isto não é uma comédia, nem uma farsa, como você escreveu – é uma tragédia, independentemente das possibilidades de uma vida melhor que você revela no último ato. Eu posso ouvir você dizendo: "Desculpe-me, é mesmo uma farsa..." Não, para uma pessoa comum isto é uma tragédia.[141]

Stanislávski não podia conceber que aquele mundo que desmoronava em *O Jardim* pudesse ser visto como uma comédia. Afinal, tratava-se da venda da propriedade que marcara os melhores momentos daquela família e que seria transformada em uma comercial e prosaica estação de veraneio. Mas

138 Esta segunda versão do monólogo *Os Males do Tabaco* também se encontra traduzida na coletânea de peças em um ato organizada por Homero Freitas de Andrade: A. Tchékhov, *Os Males do Tabaco e Outras Peças em Um Ato*, p.157.
139 L. Senelick, *The Complete Plays*, p. 971.
140 A. Cavaliere, *Teatro Russo: Percurso Para um Estudo da Paródia e do Grotesco*, p. 211.
141 L. Senelick, *The Chekhov Theatre*, p. 67.

Tchékhov, antes de acentuar tinturas dicotômicas, queria destacar o que havia de dúbio nesse processo. Se para o diretor, mais uma vez, o foco estava nas esperanças e no lirismo que são sufocados, para Tchékhov essa nota trágica não poderia ser predominante. Daí a comicidade que aproxima e distancia: não negava o desespero da beleza que era destruída, dos sonhos que eram pisoteados, mas também via o destino de tais personagens como contingentes, dentro do turbilhão trágico-bufo da história humana.

Essas divergências de tom intensificaram a correspondência entre autor e diretor. Tchékhov expôs a Nemiróvitch-Dântchenko e Konstantin Stanislávski suas intenções em relação a cada personagem: Raniévskaia deveria simplesmente "caminhar com um sorriso e saber se vestir"[142]; Lopákhin deveria mostrar delicadeza por debaixo de uma rudez exterior; Gáiev deveria ser um aristocrata, com ar envelhecido, e Ánia, uma jovem luminosa. Mas os atores terminaram por atribuir feições um pouco diferentes a cada um. Olga Knipper, inicialmente pensada para o papel da cômica Charlotta, ficou com Raniévskaia e privilegiou o tom sentimental, de forte apego à terra natal (sua atração pelo amante em Paris fora minimizada); Stanislávski ficara com Gáiev (apesar de Tchékhov querê-lo como Lopákhin, por seu passado "burguês")[143] e imprimira-lhe uma delicadeza e certo conjunto de gestos, como limpar as unhas com um lenço, o que irritou alguns críticos. Mas, afora tais diretrizes, o dramaturgo não opinou a respeito das demais interpretações.

Na noite da estreia, em 17 de janeiro de 1904, Tchékhov esteve presente em Moscou, ainda que bastante debilitado pela doença. O TAM registrava em suas cortinas a gaivota como símbolo da companhia e, em homenagem ao dramaturgo, Nemiróvitch-Dântchenko diria diante da plateia lotada: "Este é o seu teatro." Para Stanislávski, aquele era definitivamente o "canto do cisne" do autor[144]. Mas a cerimônia e as condições de saúde do dramaturgo não o impediram de analisar com dureza a encenação.

---

142 Ibidem, p. 68-69.
143 Ibidem, p. 69.
144 A. Muza, Chekhov's Jubilee and the Jubilee in Chekhov, *The Bulletin of the North American Chekhov Society*, v. XVII, n. 2, p. 1-3.

COMO SE CRIA UM TCHÉKHOV: DENTRO DO TEXTO, FORA DOS PALCOS   63

Isso porque o luxo e a riqueza inicialmente previstos para a cenografia d'*O Jardim* foram convertidos em um ambiente decadente, com o piso rangendo e pedaços de gesso caindo do teto. O dramaturgo fora mordaz nas cartas solicitando ao diretor que retirasse os barulhos de sapos, pássaros e mesmo de um trem que apareceria no segundo ato. Stanislávski, porém, não os eliminara de todo e seu *ateliê de minúcias*[145] chegou aqui a pontos elevados: durante o monólogo de Trofímov, por exemplo, surgiram, em curto intervalo de tempo, barulhos de cavalos, carroças e pessoas falando ao fundo[146]. Para criar a sensação de um real microcosmo, o diretor julgava necessário destacar os detalhes apenas sugeridos pelo texto, aos quais muitas vezes não só Stanislávski como também Tchékhov, ironicamente, se apegava[147].

O público impressionara-se profundamente com a estreia. A *intelligentsia*, ou seja, muitos na plateia[148], em parte por seguir a onda de simpatia pela combinação TAM-Tchékhov, que só crescia, e em parte pelo impressionante efeito promovido pelo pedaço de vida ali representado, o sucesso percorrera rapidamente a cidade e a temporada seguiu cheia. No entanto, a impressão do dramaturgo, dos próprios diretores e de alguns setores da crítica fora diferente. Os dois primeiros, pelo desgaste gerado ao longo dos ensaios e debates; já parte da crítica, pela virtuosidade dos efeitos e pelo nivelamento trágico do tom. Nikolaév, como que a demandar soluções épicas para a encenação, ficara incomodado com o excesso de detalhes que impediam a emergência de diferentes planos e que fazia com que o público ali mergulhado não fosse capaz de "observar criticamente as mudanças e investigar as personagens"[149]. Para ele, perdia-se, assim, a coisa mais substancial: a razão por que se vai ao teatro. Para Meierhold, que já havia saído da trupe, a marca da incompreensão de Konstantin Sierguiêivitch e Nemiróvitch--Dântchenko estava na cena do baile, no terceiro ato, pois havia algo de terrificante naquele momento, uma "apavorante dança

---

145   A expressão é empregada por Angelo Maria Ripellino ao longo de *O Truque e a Alma*.
146   Cf. L. Senelick, *The Chekhov Theatre*, p. 74.
147   Cf. J. Guinsburg, *Stanislávski e o Teatro de Arte de Moscou*, p. 135.
148   Cf. A. Muza, op. cit, p. 1-3.
149   Apud L. Senelick, *The Chekhov Theatre*, p. 77.

de bonecos em uma farsa"[150], e não só o tom melancólico de uma festa final como apontaram.

Quando tradicionalmente se retoma esse episódio e sua posterior repercussão, tende-se a valorizar a concepção de Tchékhov, inclinada para uma encenação de comicidade refinada, em detrimento de uma leitura tragicizante de Stanislávski. Se parte desse raciocínio é, como vimos, plausível, o que não se pode ignorar é que o dramaturgo também não era isento dos mesmos caprichos detalhistas pelos quais criticava o diretor[151]. Tchékhov nunca manifestara discordâncias que propusessem uma redefinição

---

150 Carta de Meierhold a Tchékhov em 8 de maio de 1904, V.E. Meierhold, *Perepiska 1896-1939*.
151 Sua insistência durante os ensaios de *As Três Irmãs* para que um general estivesse à plateia, a fim de acompanhar os gestos, verificar as vestimentas e uso dos objetos.

5. *Cena do terceiro ato de* O Jardim das Cerejeiras, *pelo* TAM. *À esquerda, com os braços abertos, N.O. Massalítinov (Lopákhin). No centro, encostada à mesa, O. Knipper (Raniévskaia). Foto: Ficher, sem data.*

global da proposta apresentada pelo TAM. Discordava do tom adotado em determinados trechos, do uso de determinados procedimentos sonoros e cênicos, mas no fundo sabia estarem ali as possibilidades históricas de realização de peças tão atípicas, situadas na fronteira do próprio drama enquanto gênero[152]. Além disso, o autor também mantivera relação tensa, mas viva e íntima, com o grupo porque sabia estarem ali as soluções para as esclerosadas convenções teatrais do período[153].

152 Cf. A. Cavaliere, *Teatro Russo: Percurso Para um Estudo da Paródia e do Grotesco*, p. 211-212.
153 Cf. J. Guinsburg, *Stanislávski e o Teatro de Arte de Moscou*, p. 105.

66 TCHÉKHOV E OS PALCOS BRASILEIROS

Tal conclusão se baseia, inclusive, nas restrições que o próprio dramaturgo fizera a outras instituições ao final de sua vida. Afora seus vaudeviles, o Máli ficaria sem representar suas peças até a década de 1960, pois em começos de 1900 era comum ouvi--los recomendar aos atores que fugissem de qualquer recurso utilizado pelo TAM. O Aleksandrínski, que mantivera durante muito tempo a linhagem de grandes atores que trabalhavam em detrimento do *ensemble*, tinha sérias restrições à linha da "ditadura do diretor" que, segundo eles, havia sido instalada pelo Teatro de Arte. Mesmo em 1902, quando Teliakóvski, administrador dos teatros imperiais, decidiu proclamar a "entrada de Tchékhov no século XX"[154], o dramaturgo recusou o pedido feito por eles para a encenação de *A Gaivota*. No entanto, voltou atrás logo em seguida. O diretor Mikhail Dárski, mesmo trabalhando no Aleksandrínski, não deixou de utilizar as novíssimas técnicas do TAM: pediu para os atores evitarem excessos, sugeriu para que virassem suas costas para a plateia e trabalhou pausas e atmosfera *à la* Stanislávski[155].

Esse exemplo sintetiza bem o poder de influência que tivera o Teatro de Arte em inícios do século XX. Isso imprimiu com força sua maneira de encenar Tchékhov. No Aleksandrínski, a necessidade de um diretor para preparar os atores e dirigir um espetáculo parecia agora evidente. Os vaudeviles de Tchékhov perdiam espaço e o Tchékhov das quatro grandes peças sobressaía com sua particular atmosfera[156].

Nas províncias russas, o dramaturgo já tinha se convertido em unanimidade. Não só por suas peças pequenas, sempre campeãs de popularidade, mas também pelas personagens marcantes de suas peças maiores. Em geral, o público encontrava correspondentes imediatos em seu cotidiano real para as figuras da *intelligentsia*, as turbulências de Trepliov ou a melancolia de Vânia. Gaidebúrov, que possuía uma companhia itinerante, montou *Tio Vânia* em 1901 e, a despeito de algumas idiossincrasias (como evitar a cenografia realista), tinha como premissa encenar Tchékhov para "melhorar a vida através da arte". E essa mesma negação do realismo detalhista de Stanislávski foi o que

154 Cf. L. Senelick, *The Chekhov Theatre*, p. 83-85.
155 Ibidem.
156 Apud L. Senelick, *The Chekhov Theatre*, p. 86-87.

COMO SE CRIA UM TCHÉKHOV: DENTRO DO TEXTO, FORA DOS PALCOS 67

lhe permitiu, em certo sentido, desnaturalizar as encenações moscovitas e conquistar a tão cara simplicidade objetivada por Tchékhov[157].

No entanto, a face distorcida desse movimento vinha em igual medida. Na tentativa de representar um Tchékhov oficial e de sucesso garantido, muitas companhias buscavam reproduzir nos mínimos detalhes os recursos empregados por Stanislávski. Contudo, sem possuírem a estrutura e formação adequadas, boa parte das encenações caía no grotesco ou no *kitsch*. Kárpov dizia ter visto em Ialta uma trupe de Sebastopol encenando *O Jardim* com cerejeiras tortas, feitas de papel, quase caindo. Na tentativa de reproduzir o painel de sonoridades, o assistente de direção suplantava a voz dos atores com os assovios, cantos de pássaros e coaxares e, muitas vezes, pausas surgiam forçosamente, durando até minutos, na tentativa de criar a famosa "atmosfera"[158].

A REVOLUÇÃO VARRERÁ O TÉDIO?

Se as encenações de Gaidebúrov trouxeram um elemento novo para a recepção de Tchékhov, o impacto decisivo, no entanto, foi o acirramento do clima político na Rússia, mais visível a partir de 1905. A encenação de *O Jardim das Cerejeiras* pelo TAM, em 1904, ainda que com forte acento trágico e simpática ao desespero de Liuba Raniévskaia, não deixou de gerar simpatia entre os adeptos do progressismo de Lopákhin, pois ele era o símbolo daquele que supera a velha ordem aristocrática e anuncia os novos tempos.

No entanto, a leitura do TAM tornara-se de tal modo hegemônica que o Tchékhov, poeta do crepúsculo de uma época que aos poucos desaparecia, "melancólico" e identificado com as vidas promissoras mas sufocadas na província, não era bem assimilado pelos novos protagonistas dos processos sociais em curso na Rússia, que não admitiam um artista ainda tão preso a valores cada vez mais tidos como retrógrados.

Em junho de 1914, Maiakóvski publicaria em *Vida Nova* (*Nóvaia Jizn*), em comemoração ao décimo aniversário da morte

157 Ibidem, p. 95.
158 Cf. E. Kárpov, Dve Poslednie Vstretchi s A.P. Tchekhovim, *Ejegodnik Imperatorskikh Teatrov 5*, 1909, p. 1-9.

do contista e dramaturgo, um artigo polêmico, tentando resgatar desse engessamento interpretativo um outro Tchékhov:

Ouçam! Vocês com certeza conhecem um outro Tchékhov. Os sinais de respeito de vocês, os epítetos elogiosos, são bons para um prefeito municipal [...], e eu falo de um outro Tchékhov. [...] eu quero saudá-lo com dignidade, como a um membro da dinastia dos "Reis da Palavra". [...]. Por trás do vulto conhecido do filisteu, de um choramingas que não se contenta com nada, de um defensor, perante a sociedade, dos homens "ridículos", do Tchékhov "cantor do crepúsculo", despontam as linhas de um outro Tchékhov: o alegre e vigoroso artista da palavra.[159]

A atitude vanguardista do poeta, bem marcada pelo que tem de negação da tradição e pelo que tem de vinculada à sua própria proposta estética (centrada na palavra e no seu poder renovador), é bastante inventiva: Tchékhov era abordado em perspectiva nova, e aspectos de sua poética até então pouco acentuados ganhavam agora o primeiro plano. Mas o manifesto de Maiakóvski não tivera a repercussão esperada (sofrera ressalva dos editores já na própria edição)[160], e as plateias oriundas das classes populares, assim como a intelectualidade cada vez mais sintonizada ao ideário marxista, via ali um dramaturgo fora da ordem do dia.

Tio Vânia já não ganhava os palcos desde 1913. Tida por muitos como de interesse puramente histórico, foi reencenada pelo TAM em 1918, um ano após a Revolução de Outubro, mas visivelmente já não era possível retomá-la nas mesmas tinturas. Nemiróvitch-Dântchenko e Konstantin Stanislávski, dias após a revolução, mostravam-se atentos às transformações em curso, ainda que, em essência, seu estilo de produção teatral não sofresse mudanças significativas. Para eles, a tarefa do novo tempo era educar e refinar o gosto das plateias populares agora frequentadoras do teatro. Para isso, faziam panfletos orientando os trabalhadores a como se portar na entrada, a quando manter o silêncio e a quando bater palmas[161]. Contudo, isso não impedia que manifestações espontâneas surgissem nos

---

159 V. Maiakósvski, Os Dois Tchékhov, em B. Schnaiderman, *A Poética de Maiakósvski*, p. 139-147.
160 Ibidem, p. 147.
161 Cf. L. Senelick, *The Chekhov Theatre*, p. 112.

COMO SE CRIA UM TCHÉKHOV: DENTRO DO TEXTO, FORA DOS PALCOS   69

espetáculos, como quando um marinheiro se pronunciou durante a apresentação de *Tio Vânia*: "Você me aborrece, Tio Vânia!"[162]

O ator Lújski, que interpretava o professor Serebriákov na estreia de 1898 pelo TAM, notaria sensíveis diferenças no sentido de *Tio Vânia* antes e após a Revolução. Antes, havia simpatia da *intelligentsia* por Serebriákov e seu vazio e certo incômodo com o desrespeito de Vânia pela trajetória do professor moscovita. Após 1917, o público proletário era mais simpático ao sofrimento de Vânia e Sônia[163] e muitos iam mesmo às lágrimas ao verem a cena final na qual os dois se sentam à mesa para fazerem as contas da propriedade e lançam mensagens utópicas e desesperadas em direção ao futuro.

Mas, se *Tio Vânia* ainda possuía alguma repercussão, *Ivánov* teria estreia silenciosa na temporada de 1918-1919 do TAM. Para os bolcheviques, o público estava em um novo tempo, agora distante dos dramas pessoais fracassados e de pessoas ineptas. Segundo eles, aquele "homem supérfluo" era agora apenas um tipo representante de dramas de um tempo passado. Trótski, de sensibilidade crítica um pouco menos acachapada, ainda valorizava o trabalho de Anton Pávlovitch (assim como Tolstói, Shakespeare e Púschkin), por ver na sua forma de expressão uma preocupação com a clareza e acessibilidade às massas. Mas, para ficar na terminologia do próprio revolucionário, muitos bolcheviques viam o Tchékhov "melancólico" e "decadentista" não como um "companheiro de viagem" ao lado dos processos revolucionários, mas como um "insular", que projetava em suas personagens o estranhamento e a incapacidade de ação diante da realidade[164].

O que sustentava a relativa popularidade de suas peças, em grande medida, era a respeitabilidade do TAM, que conseguiu astutamente atravessar os períodos duros do stalinismo, bem como a política de Lunatchárski de reconhecer a "boa herança burguesa" no campo da arte. Em certo sentido, significava reconhecer as contribuições canônicas para a história da literatura, mas saber fazer ressalvas críticas a sentimentos e experiências

---

162 Ibidem, p. 113.
163 Ibidem.
164 Cf. L. Trótski, *Literatura e Revolução*, p. 63-100.

70   TCHÉKHOV E OS PALCOS BRASILEIROS

transmitidas que não constituíssem a afirmação da sensibilidade dos novos tempos[165].

Nesse período, Meierhold foi um dos primeiros artistas a aderirem programaticamente à revolução, pois, assim como Maiakóvski, via ali a possibilidade não só da transformação geral das estruturas econômicas e das relações sociais, mas o cenário produtivo para a revolução e superação de padrões estéticos conservadores[166]. No entanto, de início, ao contrário do que fizera o poeta, preferira considerar Tchékhov um dramaturgo irrelevante para os novos tempos, devido ao seu "pessimismo fora de moda"[167]. O encenador só retornaria ao dramaturgo em 1935, por conta das comemorações do 75º aniversário de seu nascimento.

Nessa época, já bastante sufocado e perseguido pela política stalinista por discordar frontalmente da política do realismo socialista e ser constantemente acusado de formalista, Meierhold encenou o trio *O Jubileu/O Urso/O Pedido de Casamento*, intitulando-o *33 Desmaios* (*33 Obmoroka*) – algo que, segundo ele, fazia referência ao número de pequenos desmaios contabilizados nas três peças. A tentativa era ressaltar a neurastenia burguesa e a apatia dos anos 1880, quando as pequenas farsas foram escritas. De quebra, alguns constataram uma possível analogia com o sufocamento dos anos stalinistas. A cenografia, nos moldes construtivistas, tinha painéis moventes e bastante funcionalidade. A música fora composta por Shostakóvitch. Sua limpeza cênica tentava varrer todo naturalismo cru e centrar na capacidade física e expressiva dos atores, assim como em sua relação com os objetos, mais voltada para o jogo clownesco[168]. Não à toa, classificaria seu espetáculo como um musical melodramático e bufo. Havia, como se vê, uma leitura bastante nova da proposta dramatúrgica de Tchékhov. *O Urso* tivera particular sucesso. O encenador, que não estava plenamente satisfeito, intentou

---

165   Cf. L. Senelick, *The Chekhov Theatre*, p. 116-122.
166   Cf. K. Rudnitsky, *Russian and Soviet Theatre*, p. 41-60.
167   Cf. L. Senelick, *The Chekhov Theatre*, p. 115.
168   Não seria a primeira vez que o encenador usaria este recurso dos "manequins" ou "bonecos humanos", como aponta Arlete Cavaliere em estudo sobre a encenação de *O Inspetor Geral*. Cf. A. Cavaliere, *O Inspetor Geral de Gogol/ Meyerhold: Um Espetáculo Síntese*.

COMO SE CRIA UM TCHÉKHOV: DENTRO DO TEXTO, FORA DOS PALCOS   71

ainda assim mostrá-la para o antigo mestre Stanislávski. No entanto, a política stalinista efetuou sua prisão antes mesmo que levasse a cabo seu intento[169].

A experiência vanguardista com as peças de Tchékhov não se restringira apenas a Meierhold. Alguns anos antes, Vakhtângov, eleito após a revolução para ser representante da Diretoria de Teatro do Comissariado do Povo Para a Instrução, já havia investido em novas leituras do teatro de Tchékhov. Retornou às peças em um ato (*As Bodas* e *O Jubileu*, encenadas na *Noite Tchékhov*, em setembro de 1920) e buscou nelas o que havia de limpo e dinâmico em cada frase. Ao invés do tom tragicizante do TAM ou da comicidade bufa mais tarde explorada por Meierhold, preferiu explorar o grotesco: "Atores de personagens não eram mais necessários – o trabalho com o grotesco revela, ao mesmo tempo, o cômico e o trágico."[170] Mas a primeira encenação de *As Bodas* não levou o público ao paroxismo, como intentou o diretor. Por isso, na segunda versão, procurou trabalhar as personagens como marionetes, seguindo os preceitos de Sologub de tentar revelar o que há de inanimado ou morto nos seres vivos, sem aprová-los ou condená-los[171].

A encenação começava com um músico tocando um piano alucinada e freneticamente até terminar batendo a cabeça no teclado, em gesto desesperado. Após isso, olha para o público com ar fantasmagórico. O general, que era representado no início de maneira arejada e cômica, conquista uma leve simpatia ao entrar em seus devaneios e projetar com a mesa de jantar um navio. No entanto, ao saber que suas expectativas do que era aquele jantar estavam fracassadas, seu sonho se evapora e ele grita desesperadamente, olhando para a plateia: "Homeeeeeeeeeem!"[172]

Ao final, a audiência ficou estarrecida e, ainda que com a sensibilidade completamente desconcertada, aplaudiu com força. No entanto, para muitos, aquela não era uma maneira conveniente de atualizar um clássico. Vakhtângov valorizava a

---

169 Cf. L. Senelick, *The Chekhov Theatre*, p. 126-129.
170 Ibidem, p. 117-118.
171 Ibidem.
172 Ibidem, p. 120.

72 TCHÉKHOV E OS PALCOS BRASILEIROS

linhagem do insólito e do grotesco, vinda de Gógol, que mesmo soando arejada e produtiva, não fora bem vista pela crítica. Michael Tchékhov ficara impressionado com a encenação, mas seu comentário foi dúbio: "Você fez algo doentio!"[173]

Nesse momento, é interessante perceber que o mesmo Tchékhov preso à melancolia de um *fin-de-siècle* também não podia ser resgatado por outras perspectivas, acusadas que seriam de formalismo pelo *establishment* soviético. Em tal cenário, tinham maior chance de sobrevivência aquelas leituras que se aclimatavam ao ambiente político e, por isso, o já tradicional TAM, que na visão de alguns críticos atuais já estava "congelado e sem força renovadora"[174], adotou a linha conveniente de manter seu padrão de encenação dos grandes clássicos. E, se a maioria das peças do dramaturgo parecia ultrapassada para aqueles tempos, a única que parecia resistir ao poder seletivo da lente burocrática era *O Jardim das Cerejeiras*. Por isso, Stanislávski a retomou em 1928, dando um maior refinamento à concepção de Lopákhin, visto por muitos bolcheviques como a figura progressista da peça, em contraposição ao conservadorismo lírico de Raniévskaia. A montagem, no entanto, não gozou de grande repercussão.

O que abalaria o monopólio do TAM por algumas temporadas seria a encenação decisiva de *O Jardim*, feita por Andrei Lobánov, em 1934. Mantendo a linha experimental de Vakhtângov, o diretor ressaltou os elementos ali presentes do vaudevile e do jogo tragicômico. Raniévskaia mostrava-se não só como terna e lírica, mas também como egoísta e decadente; e o conjunto das personagens, buscadas em sua complexidade através do mesmo efeito, chegavam ao espectador por meio de pequenos choques de contradição, que dificultavam a identificação. O público respondera muito positivamente à encenação, que permanecera em cartaz durante alguns anos[175].

No entanto, após esse breve intervalo, o monopólio do TAM continuaria. E experimentações como as promovidas por Vakhtângov e Lobánov seriam cada vez mais vistas

---

173 Ibidem.
174 A referência a essa estagnação produtiva do TAM no período stalinista é comentada brevemente por Iná Camargo Costa, op. cit., p. 49-60.
175 Cf. L. Senelick, *The Chekhov Theatre*, p. 123-125.

como resquícios de puerilidades vanguardistas dos anos 1920. O Tchékhov do TAM – "atmosférico", "cantor do crepúsculo", "retratista do tédio de província", mais trágico que cômico – já tinha se convertido em pedra de toque e agora servia como modelo para circulação internacional.

2. Tchékhov no Ocidente: Entre o Exótico e o Íntimo

Tchékhov passou a ser reconhecido como dramaturgo no Ocidente na medida em que o TAM começou suas turnês fora do país. Em meio à bagagem representativa de seus grandes êxitos, o grupo tinha como chamariz as peças de Anton Pávlovitch. Isso significa que as leituras iniciais de sua dramaturgia no exterior, bem como as encenações delas derivadas foram, em grande medida, filtradas pela lente de Konstantin Stanisláviski e Nemiróvitch-Dântchenko. E, se o processo não se deu pelo contato direto com as encenações da trupe, deu-se, como veremos, também por vias indiretas: intelectuais, atores emigrados, pesquisadores, viajantes, interessados ou alunos do TAM que levaram para o exterior toda uma leitura do dramaturgo filtrada pelo contato com o que mais tarde seria chamado, nos Estados Unidos, de "método Stanislávski".

A ida para o Ocidente se deu inicialmente nos países do Leste Europeu, mais próximos da Rússia e ainda sob forte jugo das forças imperialistas tsaristas. A dominação política e econômica tinha repercussão direta nas relações culturais, sobretudo em países como as atuais Polônia e República Tcheca. Isso significava uma relação tensa, visível na primeira encenação de *Tio Vânia* feita pelo TAM, no Teatro Nacional de Varsóvia, abordada pelo *Jornal de Varsóvia* como "o trabalho mais aborrecedor da literatura"[1]. Em certo sentido, reconhecer-se nas crises de Vânia, no ambiente provinciano e nas crises do catedrático Serebriákov, assim como legitimar aquelas técnicas cênicas nascentes na Rússia, seria encarado como "traição patriótica"[2] naqueles países que lutavam por autonomia. Apenas com a independência polonesa, em 1918, a situação se tornaria menos sufocante para os diálogos com a dramaturgia e a cena russas.

Ali, assim como em outros países da região, as peças que haviam circulado com razoável repercussão foram as em um ato de Tchékhov, vistas mais como textos cômicos para preenchimento de repertório, no mesmo nível dos vaudeviles franceses. Por isso, acredita-se que, somente em meados e fins da década de 1910, encenações mais encorpadas de suas peças longas passaram a ser realizadas.

No entanto, logo veio a Revolução Russa de 1917 e, assim que a Tchecoslováquia e a Polônia passaram a gozar de autonomia e se viram livres da pressão dos nacionalistas no campo da cultura, o brilho das experimentações artísticas de vanguarda já aparecia naqueles países. As poucas tentativas de encenação do dramaturgo nessa época vieram sufocadas pela ideia em voga, na crítica russa engajada, de que o dramaturgo era um poeta da atmosfera morna e cinza de uma Rússia que se foi ou, ainda, sob a influência acelerada do futurismo, Tchékhov era acusado de um naturalista *demodé*.

Mas a decisiva divulgação de Tchékhov se daria com a breve visita de um grupo de atores do TAM, que residira durante alguns meses em Tiflis e era conhecido como Grupo de Praga. Após as tentativas fracassadas de saída da Rússia para a realização de uma grande turnê do Teatro de Arte, o grupo composto por Vassíli Katchálov, Olga Knipper Tchekhova, Maria Guermanova – esta mais tarde substituiria Boleslávski em seu Laboratório nos EUA – e outros, circulara pelo sul da Rússia e pela Ucrânia com um repertório que incluía peças como *O Jardim das Cerejeiras* e *Tio Vânia*. E, em 1922, quando o TAM reorganizava sua próxima temporada, Katchálov e Knipper retornaram, de modo

1   L. Senelick, *The Chekhov Theatre*, p. 97.
2   Cf. J. Tyzka, Stanislavsky in Poland: Ethics and Politics of the Method, *New Theatre Quarterly*, v. 20, n. 5, p. 361.

TCHÉKHOV NO OCIDENTE: ENTRE O EXÓTICO E O ÍNTIMO

que aqueles que permaneceram fora do país dedicaram-se a um trabalho mais orgânico baseado nos preceitos razoavelmente sistematizados pelo Teatro de Arte, do qual fizeram parte. Suas encenações mantiveram as interpretações feitas por Stanislávski dos textos de Tchékhov, de modo que, para muitos emigrados (não só os que saíram da Rússia para o Leste Europeu, mas também os que porventura foram para Paris, Londres ou EUA), eles se tornariam verdadeiros arautos da tradição e encenações como *O Jardim das Cerejeiras* se tornariam símbolos para emigrados que viam na queda de Raniévskaia o degradar da velha Rússia assolada pela Revolução.

O sistema de atuação cultivado pelo Grupo, somado ao sempre presente saudosismo dos emigrados pela "mãe Rússia", eram ingredientes polvorosos nos países por onde a dramaturgia de Tchékhov passava. Tais elementos, em choque ou em diálogo com a resistência velada de muitos países ocidentais ao que era estrangeiro (sobretudo ao russo "distante", "exótico", "bárbaro"), gerariam resultados interessantes, responsáveis por reforçar estereótipos, mas também por produzir um painel variadíssimo de interpretações do dramaturgo.

FRANÇA: A ALMA RUSSA COMO ESPETÁCULO

Na França, a dramaturgia de Tchékhov chegou com relativo atraso. Durante muito tempo, o interesse dos franceses por bens culturais russos veio sufocado pela imagem da barbárie que faziam da Rússia. Ainda que houvesse aqui e ali pontos de interesse por escritores russos em fins do século XIX, somente com a aliança franco-russa de 1892 e com o livro decisivo *O Romance Russo*, de Eugéne-Melchior de Vogüé (reunião de textos publicados na *Revue des Deux Mondes* entre 1883-1886) foi que a literatura russa passou a ser componente fundamental dos círculos literários e dos debates estéticos do período[3]. Ainda assim, boa parte das atenções estava voltada ao romance russo, espécie de alternativa redentora ao cientificismo positivista de época e ao naturalismo restrito de Zola. Para contistas como Tchékhov ou

3 Cf. B.B. Gomide, *Da Estepe à Caatinga*, p. 25-40.

78 TCHÉKHOV E OS PALCOS BRASILEIROS

Górki não havia muito espaço, seja pelo que consideravam uma dimensão pouco lisonjeira do conto, seja por não possuírem a força moral vista por Vogüé em Tolstói ou Dostoiévski ou, ainda, pelo fato de o ensaísta ver em Anton Pávlovitch uma espécie de naturalismo "médico" e em Górki um certo "neorromantismo"[4] – características que, naquele momento, eram justamente o que se objetivava suplantar.

Somente em 1900 é que começaram a circular as primeiras peças e excertos de contos de Tchékhov, em meios ainda bastante restritos. André Antoine iniciou nesse mesmo ano a introdução no meio teatral do dramaturgo russo, com tradução de *Tio Vânia* e, em 1902, trouxe da Rússia a atriz Lidia Yavórskaia, que representou trechos de *A Gaivota* e de *Os Pequenos Burgueses*, de Górki[5]. No entanto, tratavam-se de ocorrências pontuais e, durante toda essa década, prevaleceria a leitura de Vogüé feita no ensaio "Anton Tchekhof"[6], publicado na *Revue des Deux Mondes*: Tchékhov era escritor menor, um "realista amargo", que apresentava a sociedade russa em pinceladas discretas, em "pontos cinzentos", marcados por pessimismo. Ainda que reconhecesse algum mérito no contista de "paleta vasta" e "justeza na observação", para ele a ausência de ilusão de mundo seria um nó problemático.

Após discorrer sobre cada uma das grandes peças do dramaturgo, praticamente desconhecidas na França, Vogüé chega à conclusão de que há uma "embrionária filosofia" em seu teatro: falta de coragem quanto ao presente, corrigido por um vago *milenarismo* (para esse ponto lhes serviam as cenas finais de *Tio Vânia* e de *As Três Irmãs*), mas de tinturas pessimistas, sem claridade[7]. Ao final do ensaio, chegaria ao ponto de dizer que o "polo histórico e filosófico" em direção ao qual os escritores russos de fins do XIX (Tchékhov em menor conta) pareciam naturalmente caminhar era o do *budismo*[8].

Essa complexa salada crítica preparada por Vogüé, se contribuía de algum modo para a divulgação do dramaturgo,

4 Ibidem, p. 96.
5 Cf. L. Senelick, *The Chekhov Theatre*, p. 108.
6 Cf. E.M. de Vogüé, Anton Tchekhof, *Revue des Deux Mondes*, p. 201-216.
7 Ibidem.
8 Ibidem.

TCHÉKHOV NO OCIDENTE: ENTRE O EXÓTICO E O ÍNTIMO

alimentava também uma interpretação já então bastante forte de certa orientalidade exótica e primitiva das coisas russas. Dostoiévski e Tolstói estavam muito mais enquadráveis nesse universo de expectativas, mas temática e formalmente Tchékhov parecia pouco inserido e, talvez por isso, menos russo. O "naturalismo superior" presente nos escritores preferidos por Vogüé parecia ter lugar marginal nesse escritor "menor".

E a primeira encenação de Tchékhov viria marcada exatamente pelo signo do exotismo, o mesmo que Vogüé projetara sobre os outros escritores, mas que resvalava no menos russo deles. Em 1908, a propósito da estreia da peça em um ato *Um Pedido de Casamento* pelo Teatro de Arte de Jules Berny, o programa mostrava ilustrações de cabanas ucranianas, ícones, personagens folclóricas com vestimentas russas genéricas, representando o ambiente tido como tipicamente russo e alimentando expectativas iconográficas do que seria o país.

Mas, ao longo das décadas de 1910 e 1920, a homogeneidade de tal leitura começou a expor suas fissuras mais graves. Georgy Pitoev (ou, na versão afrancesada, Georges Pitoëff)[9] encenou, em 21 de abril de 1921, a convite de Copeau, no Le Vieux-Colombier, em Paris, *Tio Vânia*[10]. A estreia foi bem recebida, apesar de o grupo carecer de homogeneidade e Copeau ter alertado para o excesso de destaque dado aos papéis de Pitoëff (como Astrov) e Ludmila (como Sônia). Para críticos como Marcel Archard, tratava-se de um verdadeiro documento do povo russo. Mais tarde, a respeito da encenação da mesma peça no Théâtre des Champs-Élysées, em 4 de abril de 1922, apesar das tentativas de afrancesar o texto (adaptando nomes, trocando objetos) e das evidentes simplificações de cenário feitas pelo diretor (que era pouco afeito aos excessos cenográficos e o pontilhismo cênico de Stanislávski), a crítica insistia em converter Tchékhov na expressão pura da alma russa: "tudo é russo

9   Vivera em Moscou durante sua formação em matemática e direito, apaixonara-se pelo trabalho do TAM. Em 1908, se envolveu com a companhia de Komissarjévskaia e depois com a Companhia de Gaidebúrov (Teatro Itinerante), com a qual encenou *Ivánov, O Jardim das Cerejeiras* e dirigiu *As Três Irmãs*. Em 1914, foi a Paris e conheceu Ludmilla. Cf. L. Senelick, *Historical Dictionary of Russian Theather*, p. 295.
10 Para uma lista completa das encenações de Pitoëff, ver: M. Bataillon, Quand la France découvre Anton Tchékhov, *Silex*, n.16, p. 56-58.

nessa peça, irresistivelmente... inexoravelmente. A atmosfera é russa. As personagens são russas... E russos são o silêncio e a neve, que desempenham grandes papéis. E russo também é o cenário"[11].

Mas Pitoëff, a despeito de tentar minimizar a plasticidade cênica paradigmática de Stanislávski, o que faria supor uma anulação do elemento exótico russo, acentuava outros detalhes que alimentavam essa expectativa da crítica, seja dando destaque aos fortes sotaques russos, que ele e Ludmila em especial possuíam, seja assumindo teoricamente essa interpretação, de modo a surfar sobre a vaga russa. A respeito de *A Gaivota*, teria dito: "No reino da criatividade artística, o ser humano é eterno, livre; mas no dia a dia é condenado a perecer. [...]. A Arte é uma imposição de Deus, uma missão que ele concede a certos eleitos."[12] Aqui, o elemento religioso tem forte paralelo com as leituras de Vogüé, que buscavam na literatura russa a saída espiritual para a civilização ocidental.

Somado a isso, alimentava-se um conjunto de outros estereótipos que, durante muito tempo, configurariam a imagem do *fin de siècle* russo e os afastava de uma sensibilidade tida como civilizada. A respeito da encenação de *A Gaivota*, em abril de 1923, o jornal *Le Temps* destacaria o prazer sentido pela crítica pelo fato de que a peça era completamente diferente do que teria sentido o público russo: para a incerteza deste, a convicção daqueles, para "sua confusão, nossa claridade, para sua apatia, nossa atividade"[13].

Pitoëff já se convertia aos poucos no principal nome russo dos meios teatrais franceses. Com a visita do TAM a Paris em 1922 e a encenação de *O Jardim das Cerejeiras*, iria assumir-se como um filho "pródigo, mas orgulhoso", daquela tradição do realismo stanislavskiano[14]. Naquele período, visitas como essa se tornavam verdadeiros eventos. O público russo emigrado já prestigiava com fervor certos espetáculos de cabaré, denominados *Revue Russe*, que apresentavam mulheres, danças e

11 Ibidem.
12 G. Pitoëff, *Notre Théâtre*, p. 48.
13 S. Lafitte, S. Chekhov v Frantsi, p. 712 apud L. Senelick, *The Chekhov Theatre*, p. 166.
14 Ibidem, p. 167.

TCHÉKHOV NO OCIDENTE: ENTRE O EXÓTICO E O ÍNTIMO   81

pequenas cenas da cultura popular russa[15]. Desse modo, a visita de uma companhia russa era a oportunidade real de tomar contato com o sabor do torrão natal[16].

Nesse contexto, as encenações de Pitoëff começaram a se converter em verdadeiros acontecimentos. Sua montagem de *As Três Irmãs* de 1929 tornou-se um marco da *mise-en-scène* francesa e foi considerada por Antoine algo inédito pela qualidade do trabalho de grupo e pelo movimento leve e harmonioso dos atores. Nesse ponto, Pitoëff se diferenciava de Stanislávski apenas pela economia de recursos cenográficos e sonoros, pois herdara do diretor, e até mesmo potencializara, a dedicação à concentração interior[17]. Havia críticos renitentes, ao que consideravam falta de dramaticidade, falta de amarração da intriga ou, ainda, certa "neurastenia coletiva" e esoterismo de Tchékhov[18]. Mas o diretor conseguira trabalhar a naturalidade da expressão e superava o tom declamatório próprio do sistema das grandes estrelas então em voga.

Desvalorizado em inícios dos anos 1920, Pitoëff era agora figura obrigatória e tinha Tchékhov como carro chefe de repertório. Conseguiu imprimir seu modo de trabalho, em grande parte por herança e admiração pelo TAM, e não deixou de alimentar a ideia ali frequente de uma "alma russa". Tchékhov em suas mãos, encenado sob essa chave, era agora no teatro o "mais russo dos russos". Para os franceses, seria uma maneira de continuar a busca por uma nova intimidade, que contribuía subterraneamente para o amadurecimento de sua própria cena, mas sempre mantendo o outro à distância pelo que ele tem de diferente e exótico.

---

15 Cf. A. Cavaliere, *Teatro Russo: Percuros Para um Estudo da Paródia e do Grotesco*, p. 313.

16 Cf. Durante muito tempo *O Jardim das Cerejeiras* seria considerada a peça símbolo dos emigrados ou, ainda, de pessoas ligadas ao Exército Branco. "Cantor do Crepúsculo", Tchékhov seria o porta-voz da Rússia e dos valores perdidos. Evidentemente uma leitura em disputa, pois muitos bolcheviques também considerariam essa sua peça favorita, por ser ela símbolo da sociedade aristocrática opressora que caía.

17 Cf. J. Jomaron, *Georges Pitoëff metteur en scène*.

18 Estas e outras manifestações da crítica foram reunidas em F. de Towarnicki, Quand Paris découvre Tchékhov, *Spetacles*, n. 1, p. 58-59.

REINO UNIDO: FALAR DE NOSSOS PROBLEMAS À MANEIRA RUSSA

Tchékhov era um dramaturgo praticamento desconhecido no Reino Unido nos primeiros anos do século xx. Além disso, as prodigiosas encenações do TAM eram rumor de viajantes curiosos e os animadores comentários de Gordon Craig a respeito de Stanislávski tinham alcance reduzido[19]. Desse modo, quando Bernard Shaw, o engajado escritor de *Heartbreak House* – peça que tinha como subtítulo "Uma fantasia à russa sobre temas ingleses" – apresentou um alentado prefácio para a peça de 1919, refletindo sobre a força premonitória do dramaturgo russo, Tchékhov emergiu como uma grande novidade. Segundo Shaw, Anton Pávlovitch expressava de maneira decisiva em suas peças a decadência da velha sociedade aristocrática e, para ele, o russo era mais que um pessimista, era um descrente da capacidade daquelas personagens charmosas desembaraçarem a si mesmas de suas vidas[20]. Para ele, a decadência da família de Raniévskaia em *O Jardim das Cerejeiras* e a posterior ascensão mesquinha de Lopákhin tinham paralelo em solo inglês, dada a incapacidade das classes dirigentes de gerirem seus próprios negócios e lidarem com um mundo que ruía diante de si.

Trata-se de leitura polêmica, mas decisiva para a divulgação do dramaturgo, sobretudo porque sua interpretação atraía o dramaturgo russo para um polo diferente daquele no qual era comum vê-lo ao longo do recente processo de recepção no Ocidente: o de Tchékhov leitor da alma russa, poeta do melancólico universo eslavo. Ainda assim, se era explicitada a importância do russo para o teatro daquele período, a leitura de Shaw não conseguira suplantar a ambientação que lentamente era feita de suas peças nos palcos. Antes desse ensaio, algumas encenações com relativa repercussão haviam sido feitas no Reino Unido. Em 1909, ocorreu a primeira encenação em Glasgow de *A Gaivota*, formalmente dirigida por Alfred Wareing, mas guiada

---

19 Cf. Aleksey Bartoshevich, The "Inevitability" of Chekhov: Anglo-Russian Theatrical Contacts in the 1910's, em P. Miles (ed.), *Chekhov on The British Stage*, p. 20.

20 Ibidem, p. 4.

TCHÉKHOV NO OCIDENTE: ENTRE O EXÓTICO E O ÍNTIMO   83

na prática e traduzida por Calderon. O diretor tentou apagar o que considerava marcas naturalistas da peça e atribuiu-lhe uma atmosfera de sonho. Mesmo sem conseguir realizar um trabalho harmonioso de grupo e uma investigação psicológica mais profunda (como pedia sua leitura), a encenação fora bastante elogiada pela crítica, ainda que o dramaturgo fosse considerado muito novo e um pouco estranho[21].

Em Londres, reafirmando a tendência já vista de uma maior abertura inicial para as peças cômicas em um ato, Tchékhov foi encenado pela primeira vez em 1911, com *O Urso*, no Kingsway Theatre. No mesmo ano, no Aldwych Theatre, *O Jardim das Cerejeiras* foi encenado sob direção de Kenelm Foss. A encenação não agradara muito à crítica que, em comentário discretamente xenófobo, levou em conta que, mesmo Tchékhov sendo um estrangeiro, não poderia ser "tão tolo como a versão inglesa de sua comédia", tida como excessivamente lenta. Esse desgosto gerou certa sensação de que a peça só poderia ser decifrada por russos, acostumados que estavam à apatia e à indolência[22].

Essa leitura estava razoavelmente difundida, de modo que, quando Calderon publicou suas traduções de Tchékhov, o *Times Literary Supplent* opinou de maneira categórica: "A melancolia russa nós conhecemos; sua futilidade pode ser o outro lado disso – um trágico desamparo que foi observado por Hubert Parry em algumas músicas russas. Mas este não é um sentimento compartilhado por nós na Europa Ocidental[...]"[23]

A encenação de *Tio Vânia*, em 1914, no Aldwych Theatre, pela Incorporated Stage Society, teve amplo reconhecimento e marcara profundamente Bernard Shaw, então às voltas com a escrita de *Hertbreak House*. Para ele, por trás daquela "melancolia e futilidade", então tônicas na leitura inglesa de Tchékhov, haveria algo de profundamente político. Shaw cuidaria para, a partir dessa encenação, divulgar Tchékhov sob sua lente, atrelando-o diretamente ao mal-estar que marcava os inícios da

---

21 Cf. L. Senelick, *The Chekhov Theatre*, p. 132.
22 Cf. Jan Macdonald, Chekhov, Jaturalism and the Drama of Dissent: Productions of Chekhov's Plays in Britain Before 1914, em P. Miles (ed.), op. cit., p. 29-32.
23 L. Senelick, *The Chekhov Theatre*, p. 133-134.

Primeira Grande Guerra e o esfacelamento da cosmética sociedade inglesa.

Visto com o olhar de hoje, o ponto de vista de Bernard Shaw parece restritivo, sobretudo porque a clareza com que parecia indicar problemas e soluções em suas próprias peças não era tão evidente em Tchékhov, que funcionava como um espelho de suas próprias ideias; no entanto, não se pode perder de vista que o inglês fora pioneiro em buscar no dramaturgo russo sua capacidade de comunicação com o público contemporâneo e os problemas concretos da história. Shaw valorizou a dimensão trágica dentro do que ela tinha de cômico: era preciso olhar a passagem do tempo e o estado de coisas com relativo distanciamento e ironia. Nessa perspectiva, para Anna Obraztsova, Tchékhov e Shaw podem ser considerados os dramaturgos que mais contribuíram para redimensionar a comédia na virada do XIX para o XX[24].

Entretanto, isso não bastou para que as imagens de um Tchékhov retratista do tédio e tipicamente russo fossem dissolvidas. Em inícios dos anos 1920, tais leituras foram azeitadas pelo maior contato do meio teatral inglês com diretores e gente de teatro emigrados da Rússia, bem como pela turnê do TAM de 1922-1923, que contribuíram para que o trabalho com a atmosfera e o ritmo desenvolvidos por Stanislávski fossem filtrados por essa leitura exotizante então em voga. Somem-se a isso as traduções de Constance Garnett das quatro grandes peças do dramaturgo, publicadas a partir de 1923, que tornavam personagens e situações mais suavizadas, elegantes, sonoras e atmosféricas[25]. Isso fora um prato cheio para a leitura da neozelandesa Katherine Mansfield, que, num verdadeiro movimento de criação de seus próprios precursores, se autointitularia "filha de Tchékhov", ao considerá-lo o pai dos contos de atmosfera e dos estados d'alma[26].

---

24 Cf. Anna Abraztsova, Bernard Shaw's Dialogue With Chekhov, em P. Miles (ed.), op. cit., p. 45-46.

25 Cf. Valentina Ryapolova, English Translations of Chekhov's Plays: a Russian View, em P. Miles (ed.), op. cit., p. 226-229.

26 No Brasil, Otto Maria Carpeaux seria um crítico ferrenho dessa leitura de Katherine Mansfield. Em sua opinião, isso consolidou a ideia de que Tchékhov seria um contista sem enredo, narrador de atmosferas e o que ocorre de fato é a mudança de acento tônico na construção: "Apenas acontece que o ponto ▶

TCHÉKHOV NO OCIDENTE: ENTRE O EXÓTICO E O ÍNTIMO 85

Nesse período, importantes encenações foram feitas, com relativo sucesso, como *O Jardim das Cerejeiras*, de J.B. Fagan, no Lyric Hammersmith, em 1925; assim como *A Gaivota*, dirigida por John Gielgud, no Little Theatre, também no mesmo ano. No entanto, o marco decisivo para a popularização e reafirmação dessa leitura cênica do dramaturgo foram as encenações de Fiódor Fiódorovitch Komissarjévski, diretor emigrado da Rússia que se tornaria verdadeiro representante das peças do dramaturgo. Em geral, Komis (como era conhecido no meio teatral) gostava de dar um toque exótico a suas encenações – no acento russo de algumas personagens, em detalhes diferenciadores de cenografia –, algo que vinha mesclado com um senso comum de que as personagens tchekhovianas eram melancólicas e traziam consigo uma maceração constante de frustrações.

Komissarjévski já havia encenado *Tio Vânia* em 1921, no Court Theatre e, para muitos críticos, essa fora uma encenação importante para domesticar a selvageria russa à decência inglesa[27]. Do mesmo modo, em dezembro de 1925, dirigiu *Ivanov* no Incorporated Stage Society. O diretor optou por conceber o protagonista como um herói falho e rebelde contra a inércia que o rodeava. E, apesar da leitura de J.T. Grein, que via ali o protesto da personagem contra o desânimo e a apatia (o que também seria um chamado aos ingleses), fora visto pela massa de críticos como um típico caso russo, ou seja, de um homem carente de tratamento médico; e o *The Times* seria duro ao afirmar que o caso teria sido resolvido se ele tivesse recebido a atenção médica adequada[28].

Contudo, isso não impediu que o diretor se afirmasse com uma referência, sobretudo por implementar o trabalho harmonioso de direção, até então pouco conhecido nos termos stanislavskianos. No entanto, Komissarjévski não seguia à risca as lições do mestre que o renegara[29]: ao invés de explorar a fundo

▷ do conto não necessariamente coincide com o ponto essencial do enredo." Cf. O.M. Carpeaux, Introdução, *Antologia do Conto Russo - v. VI (Anton Pávlovitch Tchékhov)*, p. 22.

27 Cf. L. Senelick, *The Chekhov Theatre*, p. 154.

28 Ibidem, p. 155.

29 Stanislávski não era simpático a Komissarjévski dado o fato de que este publicara um livro "sintetizando" o seu "método", que se tornou bibliografia bastante controversa.

psicologias, preferia trabalhar somente a harmonia de conjunto, com a valorização do ritmo e da musicalidade. Isso se aperfeiçoou na encenação posterior de *Tio Vânia*, em janeiro de 1926, na qual o diretor optou por dar maior universalidade à concepção das personagens e estabelecer um compasso geral para a ação cênica.

Para Laurence Senelick, Komissarjévski percebia que a reiteração do exotismo russo já estava se convertendo em empecilho[30]. Para isso, o diretor retirou os já comuns detalhes russificantes (como os bigodes de Astrov) e optou por cortar inúmeros trechos do texto que pareciam exagerar as facetas trágica e sentimental, como as referências aos anjos feitas por Sônia no monólogo final de *Tio Vânia*. Esses cortes, que vinham no sentido de amaciar e tornar mais musical e elegante a encenação, mostraram-se ainda mais evidentes em sua encenação de *As Três Irmãs*, em 16 de fevereiro de 1926. Em estudo detalhado sobre os sentidos desses cortes, Robert Tracy mostra o quanto as escolhas de Komissarjévski apenas acentuavam o que Constance Garnett já fizera com a tradução: anglicizava o dramaturgo. Isso vinha na forma de cortes de patronímicos, trocas de nomes como Dobroulíubov (que se tornou Balzac), explicitação das paixões de Verchinin e Tuzenbach e mesmo o corte de inúmeras referências a épocas, atributos geográficos, sociais e projeções para o futuro[31]. Para Tracy, esse processo de adaptação esteve por trás da primeira grande encenação de Tchékhov no mundo anglo-saxão e muito de seu sucesso talvez advenha justamente disso: ao sair do clichê tipicamente russo, Komissarjévski optou por simplificar, suavizar e romantizar o dramaturgo – que preparou o caminho para sua admissão no cânone dramatúrgico[32].

Além dos cortes, Komissarjévski optou também por uma redução no que considerava "momentos de inação", evitando marcar uma das maneiras com que Tchékhov indica a passagem do tempo, algo que no caso de *As Três Irmãs* se configura como um elemento estruturante da peça. Em certo sentido, tinha-se a impressão de que se tratava de uma adequação ao drama tradicional e de classe média: elegante, pouco irônico ou

---

30 Cf. L. Senelick, *The Chekhov Theatre*, p. 155.

31 Cf. Robert Tracy, Komisarjevsky's 1926 "Three Sisters", em P. Miles (ed.), op. cit., p. 65-68.

32 Ibidem, p. 75-76.

mordaz e com o acentuado toque nas paixões das personagens. Essa seria a tônica de todas as outras encenações do diretor: *O Jardim*, 1926; *As Três Irmãs*, 1929; e *A Gaivota*, 1936[33].

Dentro de todo esse processo multifacetado de recepção, ora marcado pelo reforço de estereótipos, ora marcado por fortes aclimatações, Tchékhov já havia se tornado o principal dramaturgo estrangeiro quando o Grupo de Praga visitou Londres para encenar *O Pedido de Casamento* e *O Jardim das Cerejeiras*, em 1931. A visita fora importante para submeter a leitura de Komissarjévski a uma releitura comparativa, ainda que qualquer questionamento às grandes linhas de interpretação predominantes do *tchekhovismo* ainda estivesse longe de ocorrer.

ESTADOS UNIDOS:
DOS CÍRCULOS ALTERNATIVOS AOS COMERCIAIS

Assim se manifestou a revista *The Dramatist*, em artigo não assinado, em julho de 1915, a propósito da primeira tradução de *O Jardim das Cerejeiras* inserida na coletânea *Chief Contemporary Dramatists*, editada por T.H. Dickinson:

> Ao invés de personagens, temos um estudo de natureza morta de passivas baboseiras. Ao invés do desenvolvimento de uma trama, há o mero retrato de uma circunstância inepta. E ao invés de uma história, não há nada, só o interesse desconectado de inúmeros bonecos. Ficamos com uma impressão vacilante da total incapacidade de aristocratas saciados resolverem seus problemas financeiros; mas é tudo tão misturado com outras insignificâncias que o conjunto reflete mais as fraquezas do autor que qualquer outro código ou modismo do drama contemporâneo... é a antítese do teatro dramático.[34]

O julgamento é duro. E diz muito sobre os momentos iniciais de recepção da dramaturgia de Tchékhov nos EUA. Essa revista era conhecida por avaliar a rentabilidade dos textos e sua capacidade de fazer sucesso junto ao público. Em certo sentido, não destoava do que era, em grande parte, o cenário

---

33 Cf. listagem em: Patrick Miles; Stuart Young, A Selective Chronology of British Professional Productions of Chekhov's Plays 1909-1991, em P. Miles (ed.), op. cit.
34 V. Emeljanow, *Anton Chekhov: The Critical Heritage*, p. 133.

teatral norte-americano de inícios do século xx, pouco afeito ao novo drama europeu e a peças de enfrentamento direto às noções do *script* bem-feito. Dominado basicamente pelo *show business*, a maioria dos espetáculos ainda se sustentava na lógica do *star system*. Isso implicava em espetáculos concebidos em ritmo fabril: hierarquias funcionais centradas em algumas estrelas nos espetáculos, poucos ensaios e salários reduzidíssimos para atores do segundo escalão[35].

Por isso, ainda que algumas traduções dos textos de Tchékhov fossem feitas desde 1908 (neste ano, *The Cherry Garden*, por Max Mandell e *The Bear*; em 1912, a coletânea de Marian Fell, com *Uncle Vanya, Ivanov, Seagull* e *Swan Song*), ainda havia uma séria resistência à sua dramaturgia.

Por isso, grupos vanguardistas e fora do *mainstream* foram os primeiros a colocarem suas peças no repertório, justamente porque procuravam romper com o grande negócio teatral, dominado por uns poucos grupos. Os Teatrinhos (*Little Theatres*) se propunham a uma divulgação da nova dramaturgia e tentavam, muitas vezes, mostrar sua viabilidade com o público[36]. Em 1915, ocorreram as encenações de *Um Pedido de Casamento* (*A Marriage Proposal*), pelo Neighborhood Playhouse, *O Urso* (*The Bear*) e *A Gaivota* (*Seagull*), em 1916, pelo Washington Square Players. Ainda que em meio a temporadas com peças de gêneros variados, concomitante às peças de Tchékhov, os grupos encenaram também Schnitzler, Maeterlinck, Musset e Wedekind. No entanto, a repercussão de Tchékhov, especificamente, não era boa. A respeito da estreia de *A Gaivota*, a revista nova-iorquina *Tribune* fora dura, afirmando que aquela peça russa não tinha nada a ver com a sensibilidade norte-americana: "após o primeiro ato, a peça parece estar constantemente vestindo negro, como que para alertar o público para não se esquecer da miséria absoluta do estado de espírito da Rússia"[37].

---

35 Iná Camargo Costa expõe em detalhes o funcionamento do "negócio teatral" no início do século xx nos EUA em: Stanislávski na Cena Americana, *Revista de Estudos Avançados da USP*, v. 16, n. 46, 2002.

36 Cf. Maria Silvia Betti, Projeções Tchekhovianas no Teatro do Norte, em A. Cavaliere; E. Vássina (orgs.), *Teatro Russo: Literatura e Espetáculo*, p. 259-276. Além dessa fonte, há uma lista bastante detalhada disponível na Internet Broadway Database.

37 Apud V. Emeljanow, op. cit., p. 141.

TCHÉKHOV NO OCIDENTE: ENTRE O EXÓTICO E O ÍNTIMO 89

Em certo sentido, muito da recusa à sua dramaturgia vem das próprias dificuldades encontradas por esses grupos nascentes em consolidar um trabalho cênico aprofundado. A legítima necessidade de rompimento com os padrões comerciais não era acompanhada pela pesquisa e pelo trabalho de direção e *ensemble*. Muitos atores, dramaturgos e diretores tinham consciência disso, de modo que uma nova maneira de interpretar, já relativamente conhecida na Europa e apenas rumorizada nos EUA[38], era esperada com a visita anunciada do TAM ao país em 1923.

A visita do Teatro de Arte superou todas as expectativas. Além das encenações de *As Três Irmãs*, *O Jardim das Cerejeiras* (que constituiu um terço de todas as encenações, dado seu grande sucesso), *Tio Vânia* e *Ivánov*, Stanislávski – assessorado em solo norte-americano por seu antigo discípulo Boleslávski[39] – realizou uma série de conferências e seu principal público era, evidentemente, a gente de teatro disposta a fundar o teatro norte-americano sobre novas bases. Para Iná Camargo Costa, a imprensa noticiou em uníssono a sintonia do público com a proposta do TAM:

a barreira linguística não prejudicou a fruição dos espetáculos porque se tratava de *entender* e *sentir* o que acontecia em cena; no palco assistia-se a uma *fatia de vida* e não a uma *peça de teatro*; os atores *vivem* seus papéis, não os *interpretam*; e, independentemente de haver hierarquização das personagens, todos os atores têm igual importância na realização do espetáculo, o que resulta do trabalho conjunto (*ensemble*), coisa jamais vista nos Estados Unidos[40].

A leitura do TAM das peças de Tchékhov se tornaria canônica. Em termos técnicos, a audiência ficara profundamente impressionada com a afinação do trabalho de grupo e o efeito de atmosfera criado. A montagem de Stanislávski privilegiou

38 A revista *Drama Magazine* já fazia diferenciações em 1919 entre a proposta de Stanislávski e a de Meierhold. Cf. I.C. Costa, op. cit.
39 Boleslávski fora membro do Primeiro Estúdio, criado por Stanislávski em 1912. Dele participaram Leopold Sulerjítski, Mikhail Tchékhov, Vakhtângov e outros. Com a Revolução, abandona o país com Mikhail Tchékhov. Encontra-se com o TAM em Praga. Vai depois para a Alemanha, a França (onde trabalha dirigindo as famosas "Revues Russes") e, em 1922, vai para Nova York. Cf. A. Cavaliere; E. Vássina, A Herança de Stanislávski no Teatro Norte-Americano: Caminhos e Descaminhos, *Teatro Russo: Literatura e Espetáculo*, p. 199s.
40 Ibidem.

a luminosidade, a fim de dar destaque ao trabalho dos atores. A luminosidade, no entanto, não pretendia ofuscar o pessimismo e mesmo a tragicidade de sua leitura. A resposta do público e da crítica veio exatamente dentro dessa chave. Anos mais tarde, Edmund Wilson se recordaria dessas encenações nos seguintes termos: "como abraçamos ao nosso coração o pessimismo delicioso do russo, que já estava se tornando um 'velho chapéu' na Rússia!"[41]

Além dessa atmosfera russa, que teria apelo decisivo, o público norte-americano mostrou-se muito receptivo às encenações realistas de Tchékhov pelo que elas tinham de minúcia cenográfica e sonora. O "pedaço de vida" ali representado, em sua opinião, ganhava em realismo – e a moda do alto naturalismo, então em voga pelas tecnologias avançadas de produção de efeitos, implementadas por Belasco, criava um terreno receptivo. Assim, a combinação desse trabalho com o entorno e a preparação dos atores arrebatou as plateias imediatamente para o lirismo tchekhoviano[42].

No que se refere especificamente ao dramaturgo, pois a vinda de Stanislávski contribuiu para o surgimento de laboratórios e grupos dispostos a seguir seu sistema (ou o "método", como viriam a chamar)[43], foram decisivas as encenações de *Três Irmãs* (1926), *O Jardim das Cerejeiras* (1928) e *A Gaivota* (1929), pelo Eva Le Gallienne's Civic Repertory Theatre. Já familiarizada com o sistema de Stanislávski, pois seu trabalho com os atores vinha, em grande medida, pautado pela leitura de Boleslávski da "memória afetiva" e o trabalho com a subjetividade dos atores, o Tchékhov de Gallienne espelhou-se nas encenações que o TAM fizera anos antes. Isso no que se referia ao detalhismo da cenografia, à sonoplastia e, sobretudo, ao ritmo e ao trabalho com os silêncios.

A despeito da disposição da diretora, suas capacidades de produção do espetáculo ficaram aquém das expectativas dos críticos, de modo que muitos consideraram a qualidade do trabalho algo de segunda categoria. Apontavam que os atores pareciam muito preocupados em estender os silêncios e

---

41 E. Wilson, *The Twenties From Notebooks and Diaries of the Period*, p. 322.
42 Cf. L. Senelick, *The Chekhov Theatre*, p. 174.
43 Sobre as posteriores formações de grupos como o American Laboratory Theatre, ver: I.C. Costa, op. cit.

TCHÉKHOV NO OCIDENTE: ENTRE O EXÓTICO E O ÍNTIMO

geravam compassos artificiais em cena[44]. O que muitos elogiaram em tais encenações foram performances individuais, como as de Alla Nazimova (Raniévskaia) em *O Jardim* e a de Jacob Ben-Ami (Trigórin) em *A Gaivota*.

A visita do TAM, a recorrente referência de diretores e gente de teatro emigrados à força do "nosso Tchékhov", assim como a dificuldade de adequá-lo de maneira expressiva à cena norte-americana, reforçava, com o passar dos anos, a ideia de que Tchékhov era um verdadeiro desafio para encenadores e atores, espécie de teste para o grande teatro. E o fato de, em uma mesma temporada, em 1930, Tchékhov ser encenado por Galliene (*Três Irmãs* e *O Jardim*), por Jed Harris (*Tio Vânia*) e por Bulgákov no Comedy Theatre (*A Gaivota*) representava algo incomum para o meio teatral.

Para Brooks Akinson, do *New York Times*, isso era algo surpreendente, sobretudo porque um dramaturgo anos antes encarado como "tedioso", "decadente" e "excessivamente experimental" era agora um dos mais idolatrados de Nova York[45]. Inicialmente, o crítico parecia entender o fenômeno como puramente restrito ao meio teatral, que talvez visse em suas peças uma espécie de paralelo entre a estagnação social na Rússia e a estagnação pela qual passava a cena estadunidense. Logo após, passou a reconhecer que boa parte dos frequentadores do teatro o admirava, ainda que para o público médio parecesse muito entediante e abstrato, talvez porque Tchékhov oferecesse menos respostas ou fosse menos estrito do que muitos dramaturgos aos quais estavam acostumados.

Muito desse espírito também estava diretamente relacionado ao mal-estar que marca o início da década de 1930. Bernard Shaw fora peremptório ao enxergar a força premonitória e a crítica mordaz de Tchékhov aos padrões de sociabilidade da sociedade capitalista em crise, mas este ainda não era o dramaturgo preferido naqueles anos de instabilidade econômica e social. Para Laurence Senelick, isso talvez explique a curiosa ausência do dramaturgo no repertório do Group Theatre (à época com Lee Strassberg, Stella Adler e Harold Clurman). Ainda que o grupo estivesse bastante vinculado aos propósitos

---

44 Cf. L. Senelick, *The Chekhov Theatre*, 177.
45 Cf. V. Emeljanow, op. cit., p. 180.

92 TCHÉKHOV E OS PALCOS BRASILEIROS

renovadores do TAM, suas preferências de repertório estavam voltadas para dramas de relevo social e que oferecessem mensagens políticas mais evidentes[46]. E ainda que Clifford Odets (preferido pelo Group) visse em Tchékhov muito do desânimo que varria a intelectualidade estadunidense, Harold Cluman tendia a ver no russo um tom acadêmico, vazio e inútil.

Isso talvez justifique o fato de o *star system* nova-iorquino apossar-se de Tchékhov. Ainda que muitos reivindicassem o retorno da montagem de *O Jardim*, de Eva Le Gallienne, que se esforçava pelo trabalho com o *ensemble* e reestreou em 1933 no New Amsterdam Theatre, a afirmação do dramaturgo nessa cidade (e que se espraiaria por todo o país) seria dada ao longo dos anos 1930 e 1940 pelos grupos comerciais de maior relevo da metrópole. Em 1938, uma versão de *A Gaivota*, com suntuoso cenário e figurinos luxuosos, estreou no Theatre Guild, sob direção formal de Robert Milton, mas conduzida na prática pelos Lunts. No elenco havia nomes de peso como Lynn Fontanne (Arkádina), Alfred Lunt (Trigórin), Uta Hagen (Nina) e Richard Whorf (Trepliov). A encenação, que percorreu várias cidades, optou por trabalhar em menor grau a atmosfera tchekhoviana, tendo em vista a falta de paciência do público. Em contrapartida, acentuou os elementos cômicos e trabalhou a luminosidade do texto, deixando, na opinião dos críticos, um conjunto elegante, harmonioso, com um estranho humor, mas nem por isso desumano ou cruel[47].

Mas a encenação que marcaria de maneira decisiva o processo de introdução da dramaturgia de Tchékhov no teatro profissional norte-americano seria *As Três Irmãs*, dirigida por Guthrie McClintic, que estreou em 21 de dezembro de 1942, na Broadway. O diretor tinha no elenco atores de formações diversas, acostumados a papéis de peso, como Ruth Gordon (Natacha), Judith Anderson (Olga), Katharine Cornell (Macha). Como interpretação geral para a peça, manteve a mesma linha de Stanislávski: três lindas irmãs que sofrem com a pressão de uma outra personagem, a mesquinha cunhada Natália. Dentro da concepção geral, coube ainda uma astuta adequação do diretor, que levou em conta o gosto comum de época para

46 Cf. L. Senelick, *The Chekhov Theatre*, p. 183.
47 Ibidem, p. 185.

TCHÉKHOV NO OCIDENTE: ENTRE O EXÓTICO E O ÍNTIMO

questões relativas à guerra: tratou de forma heroica a partida dos soldados no final e atribuiu solenidade à despedida das irmãs. O que em Tchékhov poderia ter acento irônico vem aqui com uma forte interferência histórica, que eleva sua respeitabilidade e retira-lhe mesmo a crueldade (pois como ignorar que, em *As Três Irmãs*, os soldados vão para um lugar melhor?)[48].

A estreia foi um sucesso (muitos militares a assistiram) e para o período representou uma das maiores e mais longas temporadas de Tchékhov. A revista *Life* a anunciaria como um exuberante drama de atmosfera sombria[49], muito mais potente que qualquer comédia ou musical em cartaz. E justamente esse tom atmosférico e sombrio, o qual seria criticado mais tarde por Eva Le Gallienne como desgastado nas montagens, por estabelecer ritmos e silêncios imobilizadores, se tornaria marca registrada das leituras feitas do dramaturgo naquele período. Paulatinamente, o Tchékhov estadunidense se consolidava como delicado, sensível, enlutado e respeitosamente contido.

Diante desse quadro sumário, é possível observar como os ecos das leituras russa, estadunidense e europeia, direta ou indiretamente evidentes, marcarão a entrada de Tchékhov no Brasil. Seja pela referência direta que o palco brasileiro tem na cena estrangeira nos anos 1940 – quando o dramaturgo ainda é um ilustre desconhecido no Brasil e começam a ocorrer as primeiras encenações de suas peças –, seja pela vinda de diretores refugiados da Itália ou do Leste Europeu que, à maneira do que ocorreu em outros países, trarão na bagagem toda essa concepção do tchekhovismo. Para legitimá-lo ou problematizá-lo – não importa – se posicionarão sempre em relação a este fenômeno.

---

48 Ibidem, p. 185.
49 Cf. V. Emeljanow, op. cit., p. 190.

3. Tchékhov no Brasil: Primeiros Momentos

A chegada da dramaturgia de Tchékhov aos palcos brasileiros leva a uma inevitável e dupla constatação: um processo tardio e repleto de altos e baixos. Em comparação com outras artes que fizeram parte da Semana de 22, o teatro brasileiro tardou a conformar um sistema funcional que dialogasse, à luz de nossas condições sociais e culturais, com as mais modernas práticas cênicas – então em polêmico, contraditório, mas franco desenvolvimento na Europa e nos Estados Unidos[1]. E, no caso da dramaturgia de Tchékhov, como vimos, o desenvolvimento das técnicas de direção e atuação na Rússia foi fundamental para a afirmação de sua dramaturgia, a qual exigia, entre outras coisas, estudo dramatúrgico intenso, preparação de atores e ensaios sistemáticos – elementos até meados da década de 1940 trabalhados embrionariamente por grupos brasileiros. Por outro lado, o momento vem repleto de nuances que a generalização não pode apagar: se de fato o teatro do período vinha cingido pelas marcas da cultura periférica em posição de "galho secundário"[2], ao mesmo tempo conseguia desenhar um diálogo muito

1   Cf. D. de A. Prado, O Teatro e o Modernismo, *Peças, Pessoas, Personagens*.
2   Cf. A. Candido, Prefácio da 1. Edição, *Formação da Literatura Brasileira*, v. 1, p. 9.

original com a dramaturgia tchekhoviana, revelador de nossa própria busca pela constituição de uma modernidade teatral.

Esse processo inicial de recepção, em que a dramaturgia escrita na Rússia periférica precisa do filtro autorizado do centro europeu para aqui se firmar, é a chave para o entendimento do que tornam originais as leituras brasileiras em relação aos simples epígonos de Stanislávski. Para muitos, era preciso saber como liam e encenavam Tchékhov no exterior para que assim o fizéssemos também[3], mas, ao mesmo tempo, essa vontade convivia com um desconforto em relação à simples cópia. Como produto dessas forças em conflito, emergiram montagens repletas de contradições, mas bastante arejadas e inovadoras, que explorariam a dramaturgia tchekhoviana tão ou mais produtivamente que em países europeus.

Até inícios dos anos 1940, Tchékhov era um ilustre desconhecido no Brasil. Se nos palcos da Europa e dos Estados Unidos seu nome já figurava entre os principais destaques de repertório – já tendo caminhado do "exótico russo", passando pelo "leitor nacional" e já compondo o panteão dos "universais" –, aqui até mesmo seus contos careciam de popularização.

Antes de 1900, as referências a seu nome eram raríssimas, feitas de segunda mão e com reconhecível desconhecimento de seus textos. Como vimos, Eugène-Melchior de Vogüé seria um dos grandes catalisadores da difusão da literatura russa no Ocidente na década de 1980 do século XIX e não era de todo simpático à "literatura menor" de Tchékhov. Sempre à sombra dos gigantes Dostoiévski, Tolstói e Turguêniev, escritores como Górki e Tchékhov representavam tendências esfaceladoras das soluções importantes que haviam sido dadas pelos outros romancistas.

E as posições críticas de Vogüé foram de relativo impacto. Bruno Barretto Gomide demonstrou o papel elementar que o paradigma vogueano representou para a recepção da literatura russa no Ocidente, com especial destaque para o romance. E o crítico francês, ainda que visse em Tchékhov a "vastidão da paleta" no modo como apresentava suas personagens, acreditava que seu acentuado pessimismo retirava de seu texto a ilusão e a transcendência necessárias para a nova literatura[4].

3 Cf. S. Magaldi, *Panorama do Teatro Brasileiro*, p. 209.
4 Cf. E.M. de Vogüé, Anton Tchekhof, *Revue des Deux Mondes*, p. 201-216.

TCHÉKHOV NO BRASIL: PRIMEIROS MOMENTOS 97

No entanto, isso não impediu que contos do escritor aparecessem amiúde em periódicos brasileiros. Longe de ofuscar as presenças agigantadas de Tolstói e Dostoiévski, a prosa curta de Tchékhov poderia representar registros pequenos, mas vivos, de romance russo[5]. Assim aparecia com "O Sarcófago" no *Diário Popular*, em 1897 e, mais tarde, em 1907, com "Olhos de Sono" no *Leitura Para Todos*[6] – todas, contudo, sem quaisquer especificações críticas junto aos textos que permitissem conhecimento mais aprofundado do escritor.

Euclides da Cunha, um dos primeiros a registrar o nome de Tchékhov em nossa recepção crítica, seguiu a mesma tendência de Vogüé, mas via esse naturalismo do contista em chave diversa. Em "A Missão da Rússia", escrito sob o impacto da guerra russo-japonesa de 1905, o autor afirma que Tchkkorf (*sic*) seria, junto com Turguenieff (*sic*), Dostoiewski (*sic*) e Tolstói, o representante de um naturalismo popular "repassado de um forte sentimento da raça, que tanto contrasta com a organização social e política da Rússia"[7]. Operando na chave teórica combatida por Vogüé, Euclides da Cunha prefere conceber Tchékhov como um escritor popular da "raça", apegado ao "solo eslavo", mas por razões advindas mais da ciência que do espírito.

Nessa corrente, como um subproduto da vaga naturalista, há a tendência patologizante das leituras críticas da *belle époque*. O interesse de Euclides da Cunha vem filtrado pelas análises bastante difundidas de um exotismo russo (vinda de Vogüé, mas em outra direção) com uma tendência natural dos eslavos ao visceral, ao descontrolado e mesmo ao criminoso. As personagens de Dostoiévski seriam um prato cheio para essas abordagens e, como ocorre na tese do dr. Luiz Ribeiro do Valle, apresentada em 1917 à cadeira de psiquiatria da faculdade de medicina do Rio de Janeiro, o autor ressalta essa hipótese e dedica duas páginas de seu estudo aos casos de "patologia

---

5   Cf. B.B. Gomide, *Da Estepe à Caatinga*, p. 168.
6   Agradeço ao professor Bruno Barretto Gomide pelo mapeamento precioso e dificílimo feito por sua tese de doutoramento, que localizou inúmeras publicações de textos russos em periódicos literários desde 1880 a 1930. Ibidem, p. 168-169. Agradeço da mesma forma a Denise Bottman, que também contribuiu com indicações de edições e traduções.
7   A respeito dos comentários tecidos por Euclides da Cunha, ver B.B. Gomide, op. cit., p. 60.

98 TCHÉKHOV E OS PALCOS BRASILEIROS

da vontade" na obra de Fiódor Mikháilovitch. E autores como Tolstói, Tchékhov e Koroliênko vêm citados de fontes indiretas (como Ossip-Lourier) e sistematicamente submetidas ao mesmo enquadramento[8].

Desse modo, o contexto crítico-literário para os contos de Tchékhov até 1920 é o da compressão entre dois polos: num deles a febre "romance russo", que funcionava como espécie de metonímia da cultura russa e tornava dificultado o acesso aos gêneros ditos menores; em outro, sua presença tímida nos meios literários em traduções esparsas e comentários críticos redutores.

Como era de se esperar, é com a Revolução de 1917 que uma vaga renovada e intensa de diálogo entre Rússia e Brasil se desenvolve. O evento não significou o marco zero para a relação da intelectualidade brasileira com o universo russo, mas contribuiu sobremaneira para potencializar o interesse em torno do que era produzido naquele país. Por isso, a partir dos anos 1920 começam a circular com maior frequência traduções de autores russos contemporâneos ou do século xix, como Andréiev, Avierchênko, Zóschenko e Górki. Tchékhov, a partir daí, emergia com traduções em periódicos os mais diversos: em 1923, com "O Álbum", em A Maçã, e com "Os Ataúdes", na Revista Popular Brasileira; em 1925, com "A Língua Comprida", em A Maçã; em 1928, com "A Família Camponesa", na Primeira: A Revista Por Excelência; em 1929, com "A Máscara", também na Primeira[9].

Como se vê, a preferência é generalizada pelos contos humorísticos do início de sua carreira. Em alguns casos, o autor é mesmo apresentado como "novo humorista russo". Isso parece justificar sua presença em revistas de caráter bastante variado, como na semierótica A Maçã. No conto "Commédia d'um Presente Indesejado", publicado em 6 de novembro de 1927 no carioca O Jornal, o escritor ainda não recebe especificação crítica (nota comum em suas traduções) e vem sob a classificação genérica: "conto russo, especialmente traduzido para O Jornal"[10]. Ainda que pareça prematuro afirmá-lo, a leitura crítica

8 Ibidem, p. 261-263.
9 Boa parte deste levantamento, também realizado por Bruno Gomide, continua nos anos 1930. Cf. A. Tchekhov, A Mágoa de Gregório Petrov, Revista do Globo, ano V, n. 4; idem, A Conferência, Revista do Globo, ano V, n. 6; idem, Alma Querida, A Nação Ilustrada, n. 28. Cf. B.B. Gomide, op. cit., p. 487.
10 Agradeço a João Bittencourt pela indicação da referência.

TCHÉKHOV NO BRASIL: PRIMEIROS MOMENTOS 99

naturalista de Euclides da Cunha, feita de segunda mão, já não repercute, e o Tchékhov que surge em tais publicações é o das situações cômicas, dos textos escritos em início de carreia, feitos sob encomenda e formalmente tradicionais. Estamos longe ainda de vê-lo aqui como já era conhecido em muitos lugares: como renovador das formas do conto e do drama.

Mas é nos anos 1930 que Tchékhov receberia pela primeira vez uma atenção detida. Dentro da euforia editorial do período, são lançadas as primeiras coletâneas de contos do autor, *Os Inimigos* e *Pavilhão Nº 6*[11], traduzidas "de acordo com os originais" pelo editor letão, natural de Riga, Iúri Zéltzov, o qual adotou o nome afrancesado de Georges Selzoff[12]. As coletâneas reuniam contos de momentos variados da trajetória do contista, como "O Estudante" (escrito nos últimos anos de vida de Tchékhov e tido por ele como um de seus prediletos) e o próprio "Pavilhão Nº 6", pela primeira vez publicados no Brasil e agora apresentando uma outra face do seu trabalho. Os livros traziam um mesmo prefácio, o qual cuidava de colocar Tchékhov em posição de relevo dentro do contexto cultural russo e europeu. No entanto, os comentários críticos ainda se restringiam a citar sua conhecida compaixão pelas personagens, sua "piedade imensa por seus destinos" e o "pessimismo com forte esperança no futuro"[13], pontos que futuramente serão bastante explorados pela crítica, mas que ainda não clarificariam em que sentido a fatura estética tem de nova e moderna. A publicação é parte da coleção "Biblioteca de Autores Russos", que ainda cuidaria de publicar outros autores, como Turguêniev, Dostoiévski e Tolstói.

A edição, apesar de importante para mostrar alternativas ao senso comum de que a cultura russa se resumia à grandiloquência ético-literária de seus grandes romancistas, não consegue suplantá-la. Pelo contrário, a década de 1930 vem para iniciar

---

11 Cf. A. Tchecoff, *Os Inimigos: Contos*; Idem, *O Pavilhão nº 6*.

12 O afrancesamento do nome de Zéltzov merece destaque. O mesmo ocorrera com Pitoëff, na França, que necessitaria trabalhar uma versão europeia de seu nome para convertê-lo em produto reconhecido nos meios culturais. Isso diz muito sobre os processos de significação da cultura periférica no centro europeu no século XIX e início do XX. Denise Bottman apresentou levantamento sobre a presença de Iúri Zéltzov/Georges Selzoff nos meios editoriais brasileiros do período. Disponível em: <http://naogostodeplagio.blogspot.com/>.

13 Cf. A. Tchecoff, *O Pavilhão nº 6*, p. 3-7.

o processo de dissolução do paradigma crítico de Vogüé, que agora precisa dividir sala com as leituras modernistas, mas, ao mesmo tempo, continuar a concentração sobre o romance, sobretudo o de Dostoiévski:

Outro caminho em que a crítica literária diferia do paradigma finisse-cular e da febre de eslavismo da década de 1930 foi, em contraposição à vertigem editorial em que tudo era permitido, *a concentração enfá-tica de forças no estudo de Dostoiévski*. Tolstói, Gógol, a *Águia Negra* de Púschkin, Tchékhov, Górki e diversos autores do período soviético brotavam das prensas, mas quem levava a palma nos principais estudos críticos era Fiódor Mikháilovitch. Confirmava-se a perspectiva que já vinha de Vicente Licínio Cardoso e dos intelectuais católicos: o autor de *Os Demônios* era o principal alvo das mais recentes abordagens da literatura russa.[14]

E assim seguiriam os contos de Tchékhov, publicados aqui e ali em periódicos especializados, mas sem nenhuma leitura ou apresentação de fôlego. Ao longo da década de 1940, já circula-riam com mais frequência edições portuguesas do autor (como *A Estepe*, com tradução de Cordeiro de Brito) e importantes coletâneas, variadas na gama de contos selecionados, mas ainda com forte destaque para as produções de veio cômico e ligeiro. Seria assim com as publicações de "Amor Impossível", com tra-dução de Marina Salles Goulart de Andrade e Gilberto Galvão, pela carioca Casa Editora Vecchi, em 1945, e com "Olhos Mortos de Sono", traduzido por Carlos M.A. Bittencourt e publicado pela editora paulista Assunção Limitada, também em 1945. Todas essas traduções feitas a partir do francês vinham sem qualquer comentário crítico para além das constantemente cita-das referências à amizade do contista com Tolstói e Górki ou ao fato de possuir contos cômicos muito populares na Rússia.

As duas edições de inícios da década de 1950 seguem essa linha: tanto a edição casada, com contos de Zola e Tchékhov, feita pela Tecnoprint em 1951[15], traduzida do francês e sem nenhum texto biográfico ou crítico, quanto a edição de 1955 da novela *O Duelo*, traduzida do francês por Otto Schneider e parte da coleção

14 B.B. Gomide, op. cit., p. 414.
15 Cf. A. Tchekow; E. Zola, *O Banho e Outros Contos (Zola)/O Beijo e Outros Contos (Tchekow)*.

TCHÉKHOV NO BRASIL: PRIMEIROS MOMENTOS

"Novelas do Mundo". Na pequena nota introdutória, a recorrência à tópica da "alma russa", remanescente da febre eslava e dos comentários críticos de Vogüé em fins do século XIX:

Quanto às conclusões, essas ficam por conta do leitor inteligente. Tchékhov limita-se a alusões [...] Mas o caminho rumo à verdade é esboçado. E Basta. Com um realismo igual ao de Tchekhov, só mesmo Gogol, Dostoievski, Tolstoi e Gorki interpretavam a melancolia, o desespero e o misticismo próprios da alma eslava, metade Dom Quixote, metade Hamlet.[16]

Só em fins da década de 1950 é que se verifica um verdadeiro *ponto de virada* na recepção da produção tchekhoviana no Brasil. Se por um lado esse destaque pode desmerecer a lenta inserção de seus textos em periódicos e nas publicações já citadas, por outro, é só nesse momento que traduções mais cuidadosas do russo seriam feitas[17]. Além disso, são desse período os primeiros comentários críticos mais acurados, responsáveis por mesclar em pormenor detalhes biográficos relevantes com o debate sobre a especificidade da forma literária tchekhoviana.

Boris Schnaiderman, ucraniano que veio para o Brasil ainda criança, por volta de 1925, foi responsável pela coletânea de contos mais trabalhada até então feita no Brasil. Ele reuniu em sua publicação mais de trinta contos, todos eles acompanhados de notas cuidadosas sobre o processo de criação, dados biográficos e discussão a respeito da poética do autor. Para um ambiente editorial bastante efervescente, com arejada e moderna produção de contos por grupo vasto de autores brasileiros (indo de Mário de Andrade a João Guimarães Rosa), o contista russo chega em momento no qual a atenção para seus textos pode emergir na medida certa.

Em "A Dama do Cachorrinho"[18], Boris Schnaiderman acrescenta um posfácio breve, mas que definiria a linha do que até hoje se discute a respeito do autor entre nós. Segundo ele,

---

16 Introdução, em A. Tchekhov, *O Duelo*, p. 6.

17 As traduções de Zéltzov foram em boa parte referenciadas nos originais russos, já que o editor dominava o russo, sua língua materna. Mas sua parceria nas traduções com Orígenes Lessa e Brito Broca, estes exímios dominadores do francês, mas completamente leigos em russo, levam a crer que boa parte dos textos traduzidos tiveram como base traduções francesas.

18 Cf. A.P. Tchekhov, *A Dama do Cachorrinho e Outros Contos*.

a capacidade que Anton Tchékhov teve de renovar as formas do conto moderno, subvertendo a linha de seus mais destacados antecessores na arte do conto, Poe e Maupassant, que haviam feito escola e marcavam até então os padrões de composição, era eixo chave para a compreensão de sua narrativa curta. Para o tradutor, enquanto Poe buscou constituir uma filosofia para o conto, com a organização da intriga para a construção de um efeito "singular e único", Maupassant procurou articular realidade e banalidade com desdobramentos singulares, em um forte rompimento com a forma e o conteúdo grandiloquentes que marcaram as formas românticas. Já Tchékhov alteraria esta concepção do conto como "acontecimento" ou "caso", conduzidas por ambos os autores. Há uma mudança de foco. Em vez do desfecho, o processo; em vez do acontecimento concentrado, o próprio processo narrativo como concentração[19].

Tais reflexões dão um salto de qualidade na recepção dos contos de Tchékhov, pois exploram pontos até então muito timidamente discutidos. No mesmo ano há a publicação de outra coletânea de contos, também traduzida diretamente do russo por Tatiana Belinky. O volume por ela traduzido[20] afirma nova vertente de recepção da literatura russa, a qual já não se prende exclusivamente ao romance russo e abre espaço para outros gêneros, ainda que não em força de igualdade. A publicação, mesmo que apresente apenas breve nota biográfica, pressupõe um interesse do leitor brasileiro pelo "clássico", além da simples ideia do exótico. Se antes encontrávamos contos cômicos do autor publicados em periódicos como algo genericamente "russo", aqui a preferência pelas histórias breves com quiproquós vem cingida pelo que têm de moderno e dinâmico. Em nota biográfica, a tradutora afirma que tais contos parecem sintonizados com o que se tem nos quiproquós brasileiros, com personagens imersas na grotesca burocracia estatal e na pobreza que gera projeções de vida estranhas e eventos bizarros[21]. Como se vê, era cedo para se dizer que Tchékhov fazia parte do debate crítico e dominava preferências editoriais, como

---

19 Cf. B. Schnaiderman, Posfácio, em A.P. Tchékhov, *A Dama do Cachorrinho e Outros Contos*.

20 Cf. A. Tschecov, *Histórias Imortais*.

21 Ibidem, p. 12.

ocorreu com Dostoiévski e Tolstói. O que temos em meados da década de 1950 é, na verdade, um ponto de virada, acelerador do processo, que prepara, ilumina e reflete o movimento que se iniciava ao mesmo tempo no teatro.

RÚSTICO E ANTIBURGUÊS

A primeira encenação de uma peça de Tchékhov no Brasil da qual se tem registro foi feita em 13 de abril de 1946. Em um palco improvisado na biblioteca da Faculdade de Direito do Recife, um grupo de estudantes juntou duas mesas e, sobre elas, com cenário simulando uma sala de estar intencionalmente desproporcional e improvisada, encenou *O Urso*. Na direção, Hermilo Borba Filho[22].

A situação algo pitoresca e quase lendária marca uma introdução curiosa do dramaturgo russo nos palcos brasileiros. O Teatro do Estudante de Pernambuco (TEP) estava em momento de renovação e pretendia lançar novas bases para o teatro então feito na capital e no Nordeste. Cansados das encenações "sentimentais e burguesas" e das peças com caráter digestivo feitas pelo Teatro de Amadores de Pernambuco (TAP), o TEP se propunha a uma aproximação do povo buscando compreender suas aspirações, sem tratá-lo como apático ou atrasado[23]. E, no momento do espetáculo, o grupo de estudantes, a fim de tornar públicas sua crítica e suas convicções, apresentou o documento "Teatro, Arte do Povo", escrito e lido por Hermilo Borba Filho. Para ele, a conferência fora "chata e longuíssima, todo mundo dormia" e "a parte reacionária do público vaiou, mas a democracia 'venceu' naquela noite"[24]. Na prática, a vitória se deu tanto pela repercussão positiva das proposições apresentadas no texto, que se propunha a uma superação do elitismo no teatro, quanto pelas duas encenações apresentadas na sequência. Primeiro, *O Urso*, de Tchékhov, escolhida na opinião do diretor pelo valor estético que possuía; em

---

22 Também fizeram parte da encenação Termutis Carvalho (Elena), Epitácio Gadelha (Luka) e Milton Persivo Cunha (Gregory).
23 Cf. L.M.B. Carvalheira, *Por um Teatro do Povo e da Terra*, p. 113-115.
24 Hermilo: A Longa Luta Por um Teatro Popular, *Boletim Inacen*, n. 6, p. 37.

104 TCHÉKHOV E OS PALCOS BRASILEIROS

seguida, *O Segredo*, de Ramón Sender, escolhida por ter perfil antinazista e expressar o anseio democratizante da juventude pós-1945[25].

Esses elementos são reveladores de uma leitura diferenciada da peça de Tchékhov. Por um lado, fora escolhida por seu valor estético (o que revela uma preocupação de ordem formal do grupo), mas também é encenada em um momento decisivo, em que a ideia de superação do repertório digestivo em voga é palavra de ordem. Ora, *O Urso* é uma peça curta de Tchékhov, de feição farsesca, muito próxima do vaudevile francês – gênero de muito sucesso na Rússia de fins do século XIX. O TEP antagonizava justamente com as farsas, vaudeviles, chanchadas cariocas ou estrangeiras que dominavam as casas de espetáculo recifenses. Mas sua leitura de Tchékhov diferia dessa tendência. Ainda que vaudevilesca, a peça importava pelo que tinha de diálogos depurados, arejados e dinâmicos. Não havia desleixo ou apelação para o humor fácil. E os quiproquós dali emergentes tinham muito de brasileiro. Por isso, se uma encenação burguesa pediria um cenário realista, o concebido por Lula Cardoso Ayres era intencionalmente desproporcional, para distanciar-se ao máximo possível da bem-comportada cenografia sala-gabinete[26].

A encenação teve acolhida bastante positiva e, no mês seguinte, era apresentada para operários e seus familiares no Centro Educativo Operário, na cidade do Recife, também com ampla repercussão[27].

Mas por que essa peça de Tchékhov? Como Hermilo Borba chegara a ela? As respostas para essas perguntas só podem emergir por caminhos imprecisos. Hermilo tivera papel decisivo no período como impulsionador do teatro popular e estudantil. Convertera-se em estudante da Faculdade de Direito unicamente para poder trabalhar com teatro. Naquele período, lia vorazmente tudo que lhe vinha à mão e, anos antes, em 1944, tivera contato próximo com o diretor polonês Zigmunt Turkov, que dirigiu, em curta temporada na cidade, *A Comédia do Coração*, de Paulo Gonçalves. Possivelmente, foi o polonês quem apresentara a Hermilo o universo russo. E, anos mais

25 Ibidem, p. 36-37.
26 Cf. L.M.B. Carvalheira, op. cit., p. 115.
27 Ibidem.

TCHÉKHOV NO BRASIL: PRIMEIROS MOMENTOS 105

tarde, ao publicar *Cartilhas de Teatro*, o recifense deixou claro seu conhecimento das encenações de Pitoëff feitas na França e das suntuosas montagens de Komissarjévski na Inglaterra[28]. Muito provavelmente, a pecinha de Anton Pávlovitch surgiu entre esses contatos e leituras vorazes de juventude. Suas peças maiores, ainda não traduzidas para o português e impróprias para a situação e os padrões de gosto do público da época, não caberiam naquela noite. E se o TEP se propunha a "privilegiar as coisas de massa"[29], para a construção de um teatro "brasileiro e universal", o quiproquó em *O Urso* parecia bastante próximo do gosto popular de tradição ibérica pelos desentendimentos e situações espalhafatosas[30]. O ambiente tinha muito de comum: se na peça temos um proprietário de terras, um serviçal e uma viúva em luto pelo marido morto, para ele não havia como não pensar nas grandes propriedades canavieiras, nas carolas católicas e nos empregados caricatos (à maneira de um "demônio familiar") que marcaram o imaginário das peças cômicas brasileiras até então.

Curiosamente, essa encenação arejada, rústica e antiburguesa de *O Urso* teria similares em encenações de outros grupos amadores e estudantis – decisivos para os primeiros momentos de Tchékhov no Brasil. E o gosto pelo lado farsesco das peças em um ato do dramaturgo continuariam sendo nota dominante em sua recepção brasileira durante muitos anos.

ESTUDANTIL E AMADOR

Os grupos de teatro estudantis foram peça importante no processo de modernização do teatro brasileiro. Ligados a ambientes universitários e da intelectualidade, imbuídos da

28 Cf. H. Borba; B. de Paiva, *Cartilhas de Teatro I*, p. 119-157.
29 L.M.B. Carvalheira, op. cit., p. 104.
30 A trajetória de Hermilo na busca pela afirmação do teatro realmente popular seria longa e cheia de revisitações de conceitos e propostas. Anos mais tarde, fundaria, com Ariano Suassuna, o TPN (Teatro Popular do Nordeste), iniciativa mais profissional (ao contrário do intencional amadorismo do TEP). Nesse momento, fica evidente a formulação que os dois alcançam de que arte popular é sinônimo de arte nacional e que o popular resulta justamente da mescla entre a tradição ibérica erudita e o popular negro e indígena brasileiros. Ibidem, p. 40-41.

busca de alternativas ao teatro comercial, digestivo e sem rigor de estudo, foram responsáveis por buscar uma dramaturgia fora do circuito das chanchadas e das peças comerciais que marcavam o repertório das casas de espetáculo das principais capitais. Contudo, a generalização não pode ignorar o fato de que boa parte desses mesmos grupos se via perseguida pelo fantasma da sobrevivência financeira, pela busca sempre tortuosa do nacional e do popular ou pela preocupação muitas vezes pouco clara com novas formas. De todo modo, o que se percebe é que, até 1960, ainda que com as pontuais encenações do TBC de *Um Pedido de Casamento*, as peças em um ato de Tchékhov (e amiúde suas peças maiores) percorreriam o Brasil no repertório desses grupos estudantis e amadores. O tamanho reduzido dessas farsas em um ato – que facilitava a condução de ensaios e mesmo a improvisação de espaços para apresentação –, o dinamismo dos diálogos, a comicidade nada apelativa e por vezes temperada de trágico ofereciam um prato cheio para os grupos em busca de formas arejadas fora dos roteiros batidos das encenações vigentes.

É com esse espírito que o jornalista Juvenal Passos saúda o "Festival Tchékhov" em matéria publicada na *Revista do Globo*, em julho de 1949: "seleção bastante definidora do 'preciso realismo e objetivismo, da extrema concisão, do invulgar domínio do diálogo e do delicado e muitas vezes trágico senso de humor' que Anton Tchékhov colocou em sua obra"[31]. Os comentários, que revelam relativo conhecimento da poética dramatúrgica de Anton Pávlovitch, não parecem abordar uma escolha aleatória de repertório. O Festival, organizado pelo Teatro do Estudante do Rio Grande do Sul, fora encabeçado pelo escritor e historiador Guilhermino César, que há dois anos os orientava e constantemente realizava estudos sobre dramaturgia.

Para essa montagem, o grupo juntou no espetáculo duas farsas: *O Selvagem* (hoje mais conhecida como *O Urso*) e *Um Pedido de Casamento*, acompanhadas do estudo dramático *O Canto do Cisne*. O grupo já trazia em seu histórico de oito anos de funcionamento uma série de encenações dos mais atualizados dramaturgos. Encenara *A Mulher Sem Pecado*, de Nelson

---

31 J. Passos, Festival Tchekhov, *Revista do Globo*, p. 36-37.

Rodrigues, peças de Anouilh, como *O Viajante Sem Bagagem* e *Antígona*, e *Hedda Gabler*, de Ibsen. Sua preocupação em modernizar o repertório sulino se inspirava no ímpeto do Teatro do Estudante, conduzido por Paschoal Carlos Magno no Rio de Janeiro, e que servia de experiência modelar para a maioria dos teatros estudantis[32]. Segundo eles, era preciso renovar o gosto público e o modo de fazer teatro, e mesmo a imprensa da época já saudava o perfil do grupo: "O Teatro do Estudante está divorciado dos problemas comuns dos teatros profissionais. Ele não foi criado para simplesmente divertir. Tem finalidades culturais elevadas. É real, consistente e conta com elementos compenetrados de que o teatro é uma arte que deve refletir ao vivo as lutas íntimas da natureza humana."[33]

A encenação dessas pequenas farsas de Tchékhov vinha carregada do dinamismo farsesco do teatro popular do século XIX[34], trazendo tom familiar à encenação que fugiu de uma caracterização russificante do cenário, como o uso de ícones, roupas de frio ou janelas com neve. Pelo contrário, na pintura de fundo, pouco alterada entre as duas farsas, mostravam-se paredes de uma casa de madeira, imagens pintadas de um galo, um bode e pequenos quadros. Sem pretensão realista, ainda que sóbria segundo os jornais, a cenografia delineava formas distorcidas das portas e janelas que davam ao conjunto uma sensação dinâmica de um divertido desenho animado.

O elenco era composto basicamente por estudantes[35], sob a direção de Guilhermino César. A noite de estreia tivera grande repercussão e, durante a encenação de *O Canto do Cisne*, a interpretação, com forte carga dramática conduzida por Olavo Hengel, arrancara aplausos do público mais de uma vez durante o espetáculo.

Tais grupos estudantis, presentes nas principais capitais, eram inicialmente vinculados às entidades estaduais ou a grêmios de representação estudantil. Muitos deles, tempos depois, dedicaram-se exclusivamente ao teatro, independentes

---

32 Cf. P.C. Magno, O Teatro do Estudante, *Dionysos*, n. 23, p. 3-11.
33 A. Tchekhov, É Proibido Suicidar-se na Primavera, *Revista do Globo*.
34 Ibidem, p. 36.
35 O elenco das três peças revezava-se em torno dos seguintes nomes: Enilda Lopes, Olavo Hengel, Loris Melecchi, Linneu Dias, Flávio Romero e Galvão Loureiro.

da entidade. E a existência dessa rede de interesses institucionais e políticos gerava possibilidade de intercâmbio no plano cultural e teatral, o que permitia uma razoável circulação de informações. Não à toa, um novo "Festival Tchékhov" seria realizado no Rio de Janeiro, no Teatro Duse (pequeno teatro com cem lugares, criado na garagem da casa de Paschoal Carlos Magno, no bairro de Santa Teresa), entre 1952 e 1953. O espetáculo, que rapidamente tomou as colunas dos jornais cariocas, era composto por três farsas de Tchékhov (*O Urso*, *Um Pedido de Casamento* e *O Aniversário*) e foi feito também em homenagem ao Teatro de Amadores de Pernambuco (TAP), que estava em temporada breve pela cidade.

Na direção de todas as peças do festival estava Nina Ranévska, que se apresentava com ex-atriz do Teatro de Moscou, mesmo que a informação não pudesse ser comprovada à época. Segundo o próprio programa da peça, a diretora, antes de sair da Rússia, fora professora no Conservatório de Moscou e, de 1917 a 1934, havia sido atriz, atuando em importantes peças de repertório do TAM[36]. Essa experiência em solo russo — mesmo que não como atriz ou diretora — teria contribuído para que esse dramaturgo em específico fosse escolhido. E as pequenas farsas tinham o ingrediente necessário para funcionar com aquele grupo de estudantes-atores que, sob a batuta de Paschoal Carlos Magno, vinha com trabalho já longo e a séria pretensão de renovar a cena carioca e brasileira, buscando a todo momento dialogar com as mais encenadas ou atuais dramaturgias do exterior.

A contribuição de Nina para a direção do grupo, ainda que não tivesse a sistematização de um trabalho de longo prazo, dava maior coesão ao trabalho de direção e treinamento dos atores. Tal iniciativa surgia contra o teatro da "velha geração", o qual se concentrava em torno de algumas figuras de brilho, como Procópio Ferreira e Jardel Jércolis, e possuía fervorosos seguidores entre o público. Ora, a proposta de Stanislávski se baseia acima de tudo na organicidade do trabalho cênico, que só pode ser conquistada com o trabalho de *ensemble* sob a orientação de uma diretriz geral do diretor – e Nina Ranévska

---

36 Programa de Peça, p. 1.

TCHÉKHOV NO BRASIL: PRIMEIROS MOMENTOS   109

contribuiu para a inserção desses elementos. Mas a reflexão sobre eles ainda era bastante insipiente e vinha mais como um conhecimento complementar que como um projeto a ser destrinchado. Tanto que sua passagem pelo Teatro do Estudante fora breve e esse Festival, especificamente, de curta temporada[37].

A cenografia do espetáculo, feita pela russa Rada[38], foi inspirada nos interiores camponeses russos, de modo a situar as pequenas farsas naquele contexto exótico. Sem muitas interfaces com o cotidiano brasileiro, as três montagens carregavam toda a movimentação frenética do vaudevile, de longa tradição na Rússia. E nos jornais, que saudaram o bom espetáculo, caberia apenas a paráfrase à citação de Tchékhov, feita de forma descontextualizada e relacionada a suas peças longas:

Nas peças de teatro, afirmava Tchekov [sic], tem-se que pintar a vida como é, e as pessoas como são. Na vida real, a gente não se mata, nem se enforca, nem faz declarações de amor a todo instante, nem tampouco são ditas coisas inteligentes a cada passo. O que se faz, realmente, é comer, beber, galantear e dizer tolices; e isso é o que se deve dizer no palco.[39]

E assim, a conta-gotas, dava-se a introdução do dramaturgo russo nos palcos pequenos das capitais. *O Pedido de Casamento*, nesses primeiros anos de emergência da dramaturgia de Tchékhov no Brasil, seria de longe a peça mais encenada. Não há registros de que a tradução que circulara por entre esses grupos estudantis tenha sido a mesma. No entanto, a preferência por suas farsas, e em especial esta, é evidente. Em 1950, Adacto Filho, que já vinha de ligação com as iniciativas modernizantes do Teatro de Brinquedo de Álvaro Moreira e com Os Comediantes, no Rio, dirigiu em Salvador esse texto de Tchékhov, com o Teatrinho de Amadores de Fantoches (TAF). O Teatrinho, espécie de laboratório de formação do Fantoches da Euterpe, grupo de renome na capital, optou pela encenação dessa comédia de

---

37   Ibidem. Apresentações foram feitas nos dias 29 e 30 de dezembro de 1952 e nos dias 2, 3, 4, 5 e 6 de janeiro de 1953, no Teatro Duse.

38   Em nossa pesquisa de arquivo não conseguimos detalhes sobre o nome real ou a procedência de Rada. Mesmo sua nacionalidade é creditada às informações que encontramos no programa da peça.

39   Tchekov, Pelo Teatro de Estudante, Amanhã no Duse, *Folha Carioca*, 26 dez. 1952. Vale observar o desencontro de datas entre a estreia anunciada no panfleto e a nota divulgada no jornal.

Tchékhov como etapa preparatória para a temporada que teria um "repertório dos melhores autores internacionais"[40]. Ainda que timidamente, o grupo tentava trazer inovações importantes para a cena soteropolitana, e a presença de Adacto Filho seria fundamental para a constituição da mentalidade "que se revela na escolha dos textos para irem ao palco e, principalmente, pela forma como se configura a poética da cena"[41].

O diretor, que recebera fortes influências do trabalho de Copeau, buscava constituir em cada encenação uma atmosfera específica.. Esse tipo de trabalho, inovador para a cena da capital baiana, assumiu picos importantes quando da encenação de *Um Pedido de Casamento*, realizada no salão da agremiação dos Fantoches da Euterpe, lotou o espaço e ganhou popularidade. O público, já há alguns meses afeito a essa apresentação de dramaturgos internacionais pelo grupo[42], aprovou amplamente a montagem, que naquela temporada vinha com a inovadora medida de deixar a plateia na penumbra, algo então nunca visto: "A deliciosa comédia burlesca [...] constituiu mais um pleno sucesso."[43] E a atuação de Hildegardes Cantolino Vianna, no papel de Natacha (no original, Natália), mereceu destaque nos jornais pela "destreza" e "naturalidade", quase "profissionais"[44].

No ano seguinte, na curta temporada com estreia em 24 de novembro de 1951, o Grupo de Amadores Bandeirantes, sob direção de Osmar Rodrigues Cruz, encenaria a mesma peça em São Paulo[45]. O texto, com tradução do diretor, se transformaria em uma das primeiras traduções de *Um Pedido de Casamento*, publicada pela Livraria Teixeira[46]. O Grupo de Amadores já vinha de uma série de apresentações no Clube de Teatro, todas

---

40　Um Pedido de Casamento, Pelo Teatro Íntimo de Fantoches, *A Tarde*.

41　R.M. de Leão, Ações Para o Teatro: A Autoconstituição dos Sujeitos no Ambiente Cultural Soteropolitano, *Diálogos & Ciência*, ano 9, n. 25, p. 6-7.

42　A temporada ainda contou com as apresentações de *Eterna Anedota*, de Bernard Shaw, *Sonho de Uma Noite de Verão*, de William Shakespeare e *A Importância de Ser Franco*, de Oscar Wilde; ibidem, p. 7.

43　Um Pedido de Casamento, Pelo Teatro Íntimo de Fantoches, *A Tarde*.

44　Ibidem.

45　Cf. Programa da Peça.

46　Ainda que não tenhamos encontrado a publicação desse texto para consulta, é feita uma referência a esta edição em: M.L. Pereira, Osmar Cruz Completa Trinta Anos de Teatro, *A Gazeta*.

TCHÉKHOV NO BRASIL: PRIMEIROS MOMENTOS   111

em torno de textos breves e cômicos, como *Amor Por Anexins*, de Arthur Azevedo, em julho do mesmo ano. Essa tradução de Adacto Filho seria fundamental no processo de popularização da peça de Tchékhov. No ano seguinte, 1952[47], a mesma tradução seria utilizada na encenação de *Um Pedido de Casamento* realizada pelo Teatro Experimental do Pessoal da Caixa Econômica, apresentada em sessão única no dia 8 de setembro de 1952, no Teatro Serrador, no Rio de Janeiro[48]. A encenação amadora do grupo, sob direção de Expedito Porto e cenários de Santa Rosa, seria a primeira montagem de Tchékhov a ser levada para a TV. A exibição foi realizada no dia 27 do mesmo mês, às 20h, com gravação no Teatrinho Kibon, no qual eram encenadas peças para exibição televisiva.

A peça de Tchékhov continuaria percorrendo os palcos de cinemas, teatros, agremiações e clubes amadores até fins da década de 1960. Processo bastante semelhante se dera na Rússia. As peças em um ato do dramaturgo fizeram sucesso considerável em clubes de província e nos palcos improvisados de grupos amadores do país[49]. Essas produções estavam em sintonia com o trabalho de escrita de contos humorísticos do autor que, aos poucos, caminhavam para um novo tom. Tanto que suas peças maiores, se podem ser recuperadas em um mesmo fio dentro de seu trabalho bastante específico com a comicidade, também operariam em chave diversa e, inicialmente, dependeriam de novas condições da cena para se afirmar.

No Brasil, tais farsas em um ato emergiam em um contexto de renovação dos palcos das principais capitais e seu papel é ambíguo. Se por um lado há o movimento que busca em tais farsas uma linguagem nova, diferenciada, pelo que têm de próximo da linguagem popular e das tradições do cômico, por outro, tais textos emergem no repertório de alguns grupos apenas pela facilidade da encenação e pelo retorno comercial garantido.

---

47   Em julho de 1952, Ruggero Jacobbi dirigiu *Um Pedido de Casamento*, com produção da Escola de Arte Dramática (EAD). A estreia ocorreu no Sanatório Otávio de Freitas, no Recife. Sem muitas repercussões junto ao público e à crítica, o espetáculo teve curtíssima temporada. Cf. R. Berenice, *Ruggero Jaccobi: Presença Italiana no Teatro Brasileiro*, p. 178.

48   Cf. Programa da Peça.

49   Cf. V. Gottlieb, *Chekhov and the Vaudeville*, p. 41-46.

É entre esses dois polos que caminhariam as encenações dos quiproquós tchekhovianos que, nos próximos anos, estariam espalhados por todo o país. São muitas, com maior ou menor repercussão. Em novembro de 1952, as peças *O Urso* e *Um Pedido de Casamento* foram encenadas pela Agremiação Goiana de Teatro. Em 21 de setembro de 1957, no Distrito Federal, sua versão abrasileirada, recontextualizada no interior de uma fazenda tropical, feita pelo Teatro Rural do Estudante em homenagem ao Dia do Lavrador. Nessa montagem, sob direção de B. de Paiva, emergem as personagens Juliano, Ivo e Natália, ao invés de Stepan Stepánovitch Tchubúkov, Natália Stepánova e Ivan Vassílievitch, abrasileirando o nome como um recurso de familiarização.

Em 1958, O Tablado, que se configuraria como o principal grupo amador do país, levaria à cena, no Rio de Janeiro, *O Jubileu*, com direção de Rubens Corrêa. Fazia parte do mesmo espetáculo a peça cômica de Gógol, *O Matrimônio*, dirigida por Maria Clara Machado. No programa das montagens, o grupo apresentava a peça de Tchékhov como "uma espécie de exercício feito à maneira de vaudevile"[50]. No entanto, diferentemente de montagens anteriores das farsas tchekhovianas, essa montagem do Tablado explorou as nuances da comicidade que seria marca decisiva da obra do dramaturgo. Iluminando esse texto curto pela luz de suas peças maiores, o grupo buscou, na leveza e graça dessa peça, o limite entre o cômico e o sério,

e realizou esta "brincadeira em um ato", uma pequena obra-prima de ironia e humor; a ambientação e as personagens lembram muito os seus contos humorísticos, e o tema da saturação humana provocada por temperamentos, emoções, necessidades e fraquezas opostas, que foi também explorado em outras cinco peças: *O Pedido de Casamento*, *O Urso*, *Trágico à Força*, *Sobre o Dano Que Provoca o Fumo* e *O Casamento*[51].

Como proposta cênica, a montagem tentou trabalhar com os atores em formação uma linguagem mais clara, direta, sem qualquer recurso em vez de uma impostação importada. A tradução do texto feita por Eugênio Kusnet e Rubens Corrêa, que

50 Programa da Peça, p. 3.
51 Ibidem.

TCHÉKHOV NO BRASIL: PRIMEIROS MOMENTOS 113

dirigia ali seu primeiro e último espetáculo para O Tablado[52], deu
à montagem uma marca que lhe seria profundamente cara: a de
explorar nas situações cotidianas o que elas têm de grotesco[53],
colocando a peça de Tchékhov em sintonia com o universo de
Gógol, também parte do mesmo espetáculo.

O cenário não trazia grandes inovações além do realismo
da ambientação, simulando a sala-gabinete de fins do século
XIX europeu. A recepção foi positiva, ainda que sem grande
repercussão. De modo geral, vinha no espírito que marcava
uma das frentes do trabalho do Tablado ao longo dos anos
precedentes: garantir o contato do público com autores até
então virtual ou inteiramente desconhecidos. Não à toa, para
Yan Michalski, O Tablado se converteria em um dos grandes
divulgadores da dramaturgia russa no Brasil[54]. Tratava-se de
projeto do grupo, ao contrário do que ocorrera com o Teatro
Brasileiro de Comédia (TBC), não fazer "qualquer concessão
do tipo comercial, qualquer *boulevard* [...]. Mesmo os grandes
sucessos [...] não foram pensados em função de um provável
êxito de público e sim porque o grupo tinha vontade de mon-
tá-los"[55]. Daí a necessidade de buscar no repertório estrangeiro
textos de renome e qualidade literária.

A afirmação de Yan Michalski é pertinente no que se refere
ao alcance das peças de Tchékhov para o grande público. Entretanto, entre os grupos teatrais, profissionais e amadores, as farsas
do autor russo, a essa altura, já gozavam de razoável popularidade e caminhavam para um estágio de compreensão da obra
de Tchékhov além da simples incorporação de seu texto dentro
do que seriam os padrões europeus ou stanislavskianos de encenação. E esse amadurecimento surge com a encenação de suas
peças em um ato, talvez justamente porque não enquadradas
no *tchekhovismo* que rondava suas peças maiores.

---

52 Cf. S. Fonta, *Rubens Corrêa: Um Salto Para Dentro da Luz*, p. 67.
53 Cf. Rubens Corrêa, "Os Ciganos Sempre Sobreviverão", *Jornal Reflector*, ano 1, n. 6.
54 No repertório do grupo, teriam sido ao total cinco peças russas: *Tio Vânia*,
   O Jubileu e *Platónov*, de Tchékhov; *O Matrimônio*, de Gógol; *Vassa Geleznova*,
   de Górki. No quadro geral do repertório do grupo, os textos russos estavam
   atrás somente da dramaturgia francesa.
55 Y. Michalski, O Repertório Adulto: Ecumênico e Conservador, *Dionysos*, n. 27,
   p. 69-71.

A essa altura, as peças grandes de Tchékhov em ritmo lento começavam a ganhar os palcos das capitais e, junto a elas, uma concepção específica de encenação. As farsas em um ato pareciam ao mesmo tempo constituir um universo específico, que tinha muito de diálogo com a própria comédia de costumes brasileira e, talvez porque um "gênero menor"[56], mais abertas a dialogar com o Tchékhov estandardizado e, concomitantemente, dele se distanciar. É com esse espírito de deslocamento declarado que algumas encenações dessas farsas emergirão nesse período. Anteriormente, tais questionamentos aos padrões de encenação surgiam pouco delineados, sem caráter programático, como vimos com o TEP ou com O Tablado. Agora, contudo, são evidentes:

> Não nos preocupam, nessas farsas, os famosos estados de alma tchekhovianos. Nelas, Tchékhov revive a tradição de um teatro popular: o da comicidade crua e direta e da expressão simples e imediata. Seu valor fundamental é a vitalidade frenética que as anima. Esse foi o valor fundamental escolhido para ser projetado para a plateia pelo espetáculo. Trata-se de fazer justiça não a um Tchékhov metafísico, convertido pela generalização teórica numa ideia platônica, mas a um Tchékhov real, i.e., aos termos em que se manifesta a vida de suas peças.[57]

É esse o espírito de ruptura por trás das encenações do Festival Tchékhov, realizado em abril de 1962, em Salvador, pelo grupo A Barca, parte da União dos Estudantes da Bahia. O diretor Luiz Carlos Maciel, mais tarde um crítico feroz das encenações bem-comportadas de Tchékhov, esclarecia no programa que a intenção das encenações era tornar o autor russo menos intelectualizado e distante dos manuais de interpretação. Para ele, era preciso acabar com a ideia destruidora de uma fidelidade ao texto. Nesse sentido, todo o trabalho de direção seria um trabalho de interpretação e o trabalho do crítico, por consequência, seria o de analisar experiências interpretativas concretas de encenação. Sua proposta para a dramaturgia cômica de Tchékhov era clara: produzir encenações limpas, diretas, sem esteticismos, "endereçar seu espetáculo a um público

---

56 Aqui referimo-nos à já conhecida expressão de Aristóteles que, ao deixar a comédia fora de sua *Poética*, classificou-a como "gênero de homens menores". Cf. Aristóteles, *Arte Retórica e Arte Poética*.

57 Cf. Programa da Peça.

TCHÉKHOV NO BRASIL: PRIMEIROS MOMENTOS 115

maior, numa linguagem que não seja compreendida apenas pelos privilegiados capazes de usufruir os encantos estéticos das sutilezas e do bom gosto"[58].

Por isso, todo o conjunto do espetáculo trabalhou para resultar em obviedade cênica. O cenário simplificado, reduzido ao funcional, possuía pequenos elementos de contextualização das peças no ambiente russo. A força estava concentrada na intensidade dos diálogos, destacados, antes de tudo, para garantir intensidade de comunicação das peças com o público. E o objetivo parece ter sido atingido, pois o espetáculo lotou o Teatro Santo Antonio com um público jovem e uma quantidade expressiva de trabalhadores. Devido a isso, o mesmo conjunto se apresentou no IV Festival Nacional de Teatros de Estudantes, realizado no mesmo ano, em Porto Alegre, também com amplo sucesso.

Tal espírito de comunicabilidade, que tinha acentuado teor político e se tornava cada vez mais um imperativo de época, marcou as encenações de *Um Pedido de Casamento,* feitas por Luiz Nagib Amary, em agosto de 1962, no XI Festival Universitário de Arte de Minas Gerais, em Belo Horizonte. Assim também o Festival Tchékhov, dirigido por Sérgio Mibielli, estreado em 11 de setembro de 1964, no Teatro da Rádio Itatiaia de Belo Horizonte com os espetáculos *O Canto do Cisne, O Urso* e *Os Males Que o Fumo Produz.* Daí em diante, a lista se estenderia a ponto de tornar exaustivo o mapeamento.

O que podemos verificar é que as pequenas peças em um ato de Tchékhov eram extremamente populares entre os grupos culturais das principais capitais teatrais do país[59]. Sua circulação variava entre diversos polos: ora servindo a propósitos de engajamento e popularização do teatro, ora à necessidade de representação de um texto de qualidade e de inegável apelo popular, ora à tentativa profunda de estabelecer conexões entre as tradições da comédia brasileira e russa. De fato, o que se vê é que esse filão da dramaturgia de Tchékhov parece ter sido o que, inicialmente, galgou maior popularidade no Brasil. Curiosamente, hoje são justamente suas peças maiores as que gozam de amplo reconhecimento do público

---

58 Ibidem.
59 Muitas seriam as encenações de suas peças em um ato até fins de 1970. Depois, sua frequência diminui e a atenção dos artistas e do público se volta para as peças maiores (ver listagem de montagens anexa no final do livro).

e da crítica, a ponto de, para muitos, suas peças em um ato serem consideradas facetas desconhecidas ou menores[60].

O CÔMICO NÃO É SÉRIO

Um dos motivos para que as peças em um ato de Tchékhov tenham se convertido em filão menor de sua dramaturgia pode estar no modo secundarizado com que a comédia sempre foi tratada em relação a outros gêneros. O fenômeno não é apenas brasileiro. Na Rússia, após a consagração das peças de Anton Pávlovitch com as encenações do TAM, suas farsas passaram a ser consideradas produções de juventude, ligeiros vaudeviles sem o peso dramático-existencial de suas peças maiores. Europa e Estados Unidos nem sequer passaram por essa etapa preparatória, já que a introdução do teatro de Tchékhov se dera por suas quatro grandes peças vindas no repertório das grandes companhias em excursão ou nas temporadas de diretores emigrados. No Brasil, ainda que nossa tradição da comédia esteja na matriz da formação de nosso próprio teatro, a valorização do gênero como algo sério pelos críticos e pelos grupos profissionais é recente. Como paralelo, se tomarmos o caso específico de Martins Pena, um dos maiores comediógrafos brasileiros, observa-se "ausência quase absoluta de suas peças nos repertórios profissionais, ficando relegadas ao empenho dos amadores. Certamente isso se dá segundo o consenso de sua propalada facilidade, decorrente de uma preconceituosa noção de farsa e comédia, frente às formas dramáticas mais respeitadas"[61].

Tal diagnóstico é confirmado também por Beti Rabetti: "Durante toda uma etapa do processo de 'modernização teatral' (e concentradamente nos anos 1940), o objetivo de colocar o teatro brasileiro 'em dia' com o teatro internacional foi percebido como necessária negação a uma sorte de *obscura tradição, cômica e popular*"[62]. É o que fica evidente pela ausência prática das peças em um ato de Tchékhov no repertório dos grupos

---

60 Ver nota introdutória no livro organizado por Homero Freitas de Andrade, A. Tchekhov, *Os Males do Tabaco e Outras Peças em um Ato*, p. 9-10.

61 V. Arêas, *Na Tapera de Santa Cruz*, p. 1.

62 B. Rabetti (org.), *Teatro e Comicidades*, p. 31.

TCHÉKHOV NO BRASIL: PRIMEIROS MOMENTOS 117

profissionais. A única encenação de *Um Pedido de Casamento* feita até a década de 1980 caberia ao Teatro Brasileiro de Comédia (TBC).

O grupo impulsionado por Franco Zampari já vinha se afirmando na cena paulistana como empreendimento sério desde *Nick Bar*, em 1949. E, na noite de 24 de janeiro de 1950, ocorre a estreia de dois espetáculos: *Huis Clos* (Entre Quatro Paredes), de Sartre, e *Um Pedido de Casamento*, de Tchékhov, que seriam o marco da efetiva profissionalização do grupo, agora com um elenco fixo de doze atores[63]. A noite, portanto, era ansiosamente aguardada pelo público.

Isso ficou evidente com a repercussão posterior, pois a estreia rapidamente ocupou o espaço dos jornais. A peça de Sartre fora considerada imoral e unificou, ao mesmo tempo, as vozes contrárias da Igreja e do Partido Comunista. Os atores chegaram mesmo a ter de se confessar diante dos padres antes das próximas encenações, dado o grau de incômodo gerado por aquela peça na qual três personagens, confinadas em um mesmo ambiente, gradualmente se revelam e se enfrentam.

Por isso, é interessante investigar o que levou o TBC a colocar em uma mesma noite duas peças de naturezas tão diferentes. Se a peça de Sartre traz evidente carga dramática e levanta explicitamente questões de ordem ética e moral, a peça de Tchékhov não parece ter sido escolhida com o mesmo propósito. O provável objetivo era fechar o espetáculo com um bulevar de qualidade (o que por fim poderia amortecer o próprio impacto desejado pelo texto de Sartre) e preencher a noite com uma peça curta que garantisse o tempo padrão de permanência do público no recinto. É o que se verifica nas escolhas de direção que guiaram a montagem. O diretor Adolfo Celi acentuou o caráter farsesco, de "comédia de pastelão com grandes barbas postiças e belíssimos fraques de ocasião"[64]. A cenografia de Carlos Jacchieri ressaltava com realismo os interiores russos. Os figurinos também preferiram a tipificação farsesca e caracterizaram as personagens no contexto eslavo: o pai de família com barbas longas e trajando

---

63 Cf. M.L. Pereira, Antecedentes e História Cotidiana do TBC, *Dionysos*, n. 25, p. 78.
64 D. de A. Prado, "Entre Quatro Paredes" e "O Pedido de Casamento", *Apresentação do Teatro Brasileiro Moderno 1947-1955*, p. 249-251.

a túnica camponesa e a filha Natália como uma típica mulher russa do campo, de rosto embonecado e lenços na cabeça. A encenação teve dois elencos diferentes. O primeiro com Sérgio Cardoso, Cacilda Becker e Waldemar Wey, o segundo com Ruy Affonso, Célia Biar e Waldemar Wey. Na noite da estreia, a atuação de Sérgio Cardoso se destacou pelo virtuosismo frenético com que concebeu sua personagem Ivan Vassílievitch Lomov. Para Décio de Almeida Prado, esse mesmo virtuosismo seria responsável por um tratamento excessivo que, visto à distância, evidenciava não o amor pela personagem ("a ponto de se perder nela como Charles Chaplin se esquece e se perde em Carlitos"[65]), mas um tratamento exterior, que parodia e caçoa dela. Cacilda Becker (como Natália) fora versátil no tratamento da personagem e Waldemar Wey tivera dificuldade em fugir do bufônico excessivo, que impedia as mediações necessárias.

Em suma, uma apresentação respeitável e bem cuidada, mas com dificuldade em encontrar tons "pastéis" (mesma crítica feita à montagem de Sartre), que permitissem ao conjunto revelar em um crescente os absurdos e contradições das relações humanas em jogo. É como se a crítica de Décio demandasse, para essas farsas ligeiras de Tchékhov, a sutileza no jogo com o cômico que é evidente em suas peças maiores. Por trás do inocente pedido de casamento, a emergência de ressentimentos antigos, de vaidades e disputas, que pedem uma abordagem ao menos "não isenta de malícia"[66].

Por um lado, o que ocorreu é que a encenação de Celi ganhou rápida repercussão e fora vista por centenas de pessoas. Graças a esse êxito, a popularização do autor russo se acelerava, a ponto de a tradução feita por Victor Merinov especialmente para essa montagem ser rapidamente utilizada em inúmeras outras encenações e trazer a sensação de um estranho deslocamento do autor. Muito disso advém do ecletismo que marcava as opções dramatúrgicas do TBC, um grupo sempre dividido entre um repertório artístico e as peças com boa bilheteria, que se reflete na combinação estranha daquela noite inaugural do ano de 1950. Abafado pela repercussão de *Huis Clos*, Tchékhov,

---

65 Ibidem, p. 250.
66 Ibidem.

TCHÉKHOV NO BRASIL: PRIMEIROS MOMENTOS   119

contraditoriamente, ganhava espaço como um digestivo farsesco para o fim da noite.

Mas a crítica de Décio parece ter repercutido fundo. Quando
o TBC voltou a encenar a mesma peça sob a direção de Celi,
o diretor faria questão de ressaltar no programa o novo tom
nela empregado: "Nós, que alguns anos atrás tínhamos encenado a peça num tom declaradamente 'de farsa', preferimos
encontrar nessa nova *mise en scene* o substrato da fraqueza
do homem comum, com as suas manias, os seus tiques, o seu
ridículo orgulho."[67] E a montagem do TBC galgou tanto sucesso
que, alguns meses antes, estivera em São Paulo, sob direção de
Ziembinski, no "teatro das segundas-feiras" e, meses depois,
no Rio, para a temporada carioca do TBC sob a direção de Celi.

Ocorre que, na prática, a crítica ainda veria a encenação
sob a direção de Ziembinski como extremamente limitada.
Em que pese a aparente banalidade da situação trazida pela
peça, já há ali a presença da ironia tchekhoviana que, segundo
a revista *Anhembi*, foi completamente suplantada pelos atores
em nome de uma gesticulação excessiva que tornava a expressão das personagens exterior e artificial. A recitação burlesca
de Cleyde Yáconis (como Natália Stepánovna) e Luis Calderaro
(como Tchubúkov) teriam explorado melhor a comicidade da
peça se conseguissem, a um só tempo, respeitar o ritmo de
bailado da trama e ver em cada ação individual das personagens a exposição em um só gesto do ridículo e do trágico de
suas condições[68]. Mais uma vez, pecava-se pela falta de sutileza
que, nas palavras do crítico, estaria presente mesmo no "teatro
menor" de Tchékhov: "No grande livro da humanidade não se
encontram posições absolutas. Fato que os atores do TBC não
parecem ter levado muito em conta."[69]

Além disso, ainda que nenhuma das grandes peças de
Tchékhov tivesse sido encenada no Brasil até aquele momento,
o encarte já propalava uma concepção muito específica do
tchekhovismo, que ficaria patente em uma das encenações antológicas de *As Três Irmãs*, feita por Ziembinski cinco anos mais

---

67 Encarte com histórico do Teatro Brasileiro de Comédia de São Paulo no
    Ginástico do Rio de Janeiro em 1954, p. 16.
68 Um Pedido de Casamento, *Anhembi*, v. 15, n. 43.
69 Ibidem.

tarde: "Nada se encontra em *O Pedido de Casamento* daquela íntima e crepuscular melancolia tão querida ao autor de *Tio Vânia*."[70] Em certo sentido, trata-se de ver no desenvolvimento da dramaturgia de Tchékhov não os fios de continuidade, mas uma ruptura clara entre o dramaturgo das "peças menores" e o das "peças maiores", pois o farsesco seria de outra natureza, menos incisiva e profunda. Não à toa, o TBC optou por, mais uma vez, promover uma combinação particular para as noites cariocas do grupo já que, em um mesmo espetáculo, estavam a peça de Tchékhov e *Antigone*, de Anouilh.

O DRAMATURGO, O MELHOR PROFESSOR

No que se refere às peças longas de Tchékhov, foram mais uma vez os grupos amadores a promover o encontro das peças de Tchékhov com a cena brasileira. *A Gaivota*, *Tio Vânia*, *As Três Irmãs* e *O Jardim das Cerejeiras*, escritas pelo dramaturgo há mais de cinquenta anos, em cartaz e com sucesso de público nas principais capitais europeias, eram aqui ainda matéria de conversas restritas, de pessoas que, porventura, tomaram contato com antológicas encenações no exterior ou que delas ficaram sabendo por leituras importadas.

Rápida exceção a essa tendência foi a curta temporada de 1954 da companhia francesa Louis Barrault-Madeleine Renaud que, em sua penúltima récita no Brasil, apresentou *La Cerisaie* (*O Jardim das Cerejeiras*) e, dada a limitação dos preços e da língua, esteve restrita a um público muito seleto[71]. Curiosamente, já se tratava de peça que revisava o exotismo restritivo das encenações de Pitoëff e erguia o dramaturgo russo ao patamar de universal, pois falava da inexorável passagem do tempo, o que, como problema filosófico-existencial, poderia ser dito e entendido por qualquer pessoa, de qualquer nacionalidade[72].

---

70 Encarte com histórico do Teatro Brasileiro de Comédia, p. 16.
71 Cf. M. Carvalho (org.), *Paschoal Carlos Magno: Crítica Teatral e Outras Histórias*, p. 258-260.
72 Cf. J.-L. Barrault, Why the Cherry Orchard?, *The Theatre of Jean-Louis Barrult*, p. 104-105.

TCHÉKHOV NO BRASIL: PRIMEIROS MOMENTOS   121

O fato é que, até meados da década de 1950, ainda não havia em circulação nenhuma tradução em edição brasileira de tais textos, nem sequer em tradução informal de grupos teatrais. Em comentários críticos, a referência a elas emergia rapidamente e já com alguma cristalização. Ecos do *tchekhovismo* aproximavam-se antes mesmo da própria recepção daquelas peças. Isso ocorria tanto pelo *frisson* produzido por encenações internacionais – e já vimos como Pitoëff, Eva Le Gallienne e outros, ativos nesse período, contribuíam para esse paradigma –, como pela própria perspectiva cênica trazida por diretores emigrados que passaram rapidamente pelo Brasil (Jouvet e Turkov) ou que aqui residiam e faziam escola. Com relação a este último exemplo, ficou patente a voz autorizada de Adolfo Celi, italiano radicado no Brasil, no comentário do programa de peça do TBC, em que deixava clara sua leitura das grandes peças de Tchékhov: todas elas representações de fatias de vida íntimas e crepusculares.

Ora, a despeito de seu sucesso internacional, não pareciam convidativas essas peças de tom melancólico e ritmo lento. E para grupos profissionais então em formação no Brasil, e lidando com a constante pressão da bilheteria, seria muito arriscado ir de encontro ao gosto público, aparentemente mais simpático à intensidade do diálogo e à ação dramática clara. O Tchékhov farsesco, ainda que lido em chave redutora, tinha aqui seu lado popular. Mas o Tchékhov "crepuscular", "eslavo", "antidramático" seria um risco tremendo para os atores de carreiras promissoras e para os grupos desejosos de sucesso financeiro.

Nesse sentido, não é de se estranhar que a primeira encenação de uma peça grande do dramaturgo, *Tio Vânia*, tenha sido encenada por um de nossos principais grupos amadores: O Tablado. Ainda que a opção não deixasse de gerar constantes intrigas, o grupo paulatinamente firmava sua orientação amadora como uma escolha, e as razões eram muitas: tornar o processo de produção um aprendizado, sem sofrer pressão por prazos de estreia e respeitando os tempos de formação do grupo[73]. Evidencia-se que esse era um terreno propício para

---

73 Cf. M.C. Machado, Profissionalização e Outros Problemas do Grupo Amador, *Dionysos*, n. 27, p. 51-54.

o trabalho com uma dramaturgia que depende de cuidado na captação das nuances e de intensa sintonia de grupo.

E foi um trabalho cuidadoso de quatro meses de ensaios que culminou na estreia de 8 de dezembro de 1955. O diretor Geraldo Queiroz, ao longo de toda sua carreira dividido entre as funções de diretor e crítico, tratou de conduzir o trabalho desde o início. Acompanhou passo a passo o processo de tradução feita do francês por Aníbal Machado. No elenco, atuavam, entre outros, Cláudio Corrêa e Castro (como Vânia), Beatriz Veiga (como Yelena [sic]), Maria Clara Machado (como Sonya [sic]) e Rubens Corrêa (como Telyegin [sic])[74]. Para muitos deles, tratava-se de oportunidade ímpar, pois o grupo atravessava um dos seus melhores anos, com encenações que foram verdadeiros sucessos de público e com boa repercussão na crítica. Já haviam encenado *Baile dos Ladrões*, de Anouilh, *A História de Tobias e de Sara*, de Paul Claudel, *Pluft, o Fantasminha*, de Maria Clara Machado e, agora, *Tio Vânia*[75]. O espetáculo fora tão decisivo que, para atores como Rubens Corrêa, aquela temporada serviu de primeiro grande marco na carreira. Jovem ator de 24 anos, teve a incumbência de, depois de uma série de testes, representar Teliêguin – senhor de terras decadente com quase oitenta anos. A atuação fora bastante elogiada e o ator faria questão de voltar com carinho a Tchékhov anos mais tarde.

O empenho dos atores no processo de concepção das peças e nos ensaios era evidente. Além disso, o diretor Geraldo Queiroz percebia a empolgação geral e a capacidade do grupo, reforçando o ponto de vista de que não era empecilho montar uma peça como *Tio Vânia* com um grupo amador. Em entrevista, desqualificou esse óbice:

> Não. A este propósito [montar *Tio Vânia* com um grupo amador], nada melhor que reproduzir uma opinião de Eva Le Gallienne, no prefácio da edição inglesa das obras de Tchékhov: "os grupos amadores extremamente ligados por um ideal e cujos membros se conheçam intimamente, podem obter de Tchékhov espetáculos muito mais

---

74　Cf. Programa da Peça, p. 5-6.
75　Cf. Y. Michalski, O Repertório Adulto: Ecumênico e Conservador, *Dionysos*, n. 27, p. 69-71.

homogêneos que grandes elencos, onde cada grande ator procura projetar mais alto a sua interpretação".[76]

E a orientação que os guiava era a de "buscar o ritmo mais adequado dentro de sua linha"[77]. Muito dessa concepção advinha das experiências do diretor Geraldo Queiroz com as encenações vistas na Europa. Assistira à versão italiana de *As Três Irmãs*, com direção de Luchino Visconti, e à inglesa, que tinha em seu elenco atores como Celia Johnson, Ralph Richardson e Margareth Leighton. Reconhecia que o "ritmo russo" era difícil e que mesmo diretores como Pitoëff e Barrault tiveram de lhe dar maior aceleração para torná-lo mais acessível ao público europeu.

Sua encenação alcançou boa repercussão de público e crítica, permitiu o acesso a uma peça desconhecida nos palcos brasileiros e abriu espaço para atores que, anos mais tarde, se tornariam verdadeiras estrelas do teatro; mas, no geral, a montagem parece ter ficado para a posteridade com a marca que o diretor tentara evitar. Três anos mais tarde, Paulo Francis se lembraria que seu *Tio Vânia* aderiu a um ritmo que, se não era a linha do dramaturgo, era pelo menos o que fizeram dele: "acompanhamento de luzes mortiças, véus, só faltando realmente o gongo, para que nos sentíssemos transportados a uma atmosfera de mistério oriental, visto por Holywood"[78]. Para o crítico, esse ritmo arrastado, "à la Greta Garbo", fazia com que a expressão "alma eslava" emergisse na cabeça dos espectadores a todo momento durante a encenação. Acontecia na interpretação brasileira o mesmo que se via de maneira proliferada nos palcos europeus: uma tentativa de suplantar o excesso de trivialidade na vida daquelas personagens com silêncios abusivos e uma aura quase mística, num irônico exercício de justificar a grandeza do dramaturgo buscando efeitos onde não havia.

Mas se as duras palavras do crítico experiente com as tendências internacionais possuem grande parcela de interesse e verdade, não se pode ignorar que O Tablado, como o TBC

---

76 "Tio Vânia" e Seu Diretor, 8 dez. 1955; entrevista sem indicação de fonte disponível no acervo de teatro da Funarte – Pasta "Tio Vânia".

77 Ibidem.

78 P. Francis, Tchekhov e Seus Admiradores, *Opinião Pessoal*, p. 117-126.

124 TCHÉKHOV E OS PALCOS BRASILEIROS

e outros, dependia do filtro autorizado das encenações europeias para que assim também concebesse suas montagens. No programa da peça, emergem citações de La Galienne e, nos depoimentos ali registrados, referências constantes às encenações dos Pitöeff e à "alma eslava" por eles reiterada junto ao público francês.

Em concepção bastante parecida, também viria a encenação de *As Três Irmãs*, feita pela Escola de Arte Dramática (EAD) de São Paulo, já no ano seguinte. A peça, que estreou nas solenidades do centenário da cidade de Ribeirão Preto, subiu ao palco do Teatro de Exposição no dia 24 de agosto. A direção era de Alfredo Mesquita e no elenco, entre outros, estavam Cecília Carneiro (Olga), Glória Sampaio (Irina), Cândida Teixeira (Macha) e Francisco Cuoco (Ivane [*sic*]). Os ensaios foram feitos nas aulas da disciplina de "Comédia", conduzidas pelo próprio diretor ao longo do ano. Menos como espetáculo de bilheteria e mais como exercício de atuação, a peça vinha com a marca do que Maria Thereza Vargas chamaria de "anos teatralmente calmos"[79].

A prioridade era buscar a forma mais clara e límpida de transmitir o texto (até então inédito nos palcos brasileiros) e concentrar os esforços no trabalho de estudo da personagem. A tradução do texto, feita por Esther Mesquita, tinha forte veio literário. Nesse sentido, o contato com Tchékhov era antes formativo e de divulgação de parte de um projeto de renovação das formas de encenação. Questões como essa, para o bem e para o mal, só seriam colocadas para a EAD a partir de 1958, quando emergiriam dramaturgos nacionais e contemporâneos, de problemática emancipatória, e seriam amplamente difundidos os textos de Bertolt Brecht[80].

Por isso, ainda que elogiada pelo empenho e cuidado da encenação, a montagem não teve grande repercussão e, em seu conjunto, trazia um pouco da concepção que marcaria as montagens de Tchékhov daquele período: preocupação com a ambientação de época, como figurinos e cenografia típicos, que exigiam do público apenas um trabalho de identificação[81],

79 M.T. Vargas, História da EAD: A Vitalidade de uma Escola, *Dionysos*, n. 29, p. 57.
80 Ibidem, p. 59.
81 Cf. J.A. Ferrara, A Cena na Escola: O Curso de Cenografia, *Dionysos*, n. 29, p. 128.

TCHÉKHOV NO BRASIL: PRIMEIROS MOMENTOS 125

bem como o ritmo arrastado que, no caso específico de *As Três Irmãs*, podia chegar ao comprometimento geral da proposta. Alfredo Mesquita era frequentador dos teatros franceses e tivera contato com as principais encenações de Pitoëff e, no programa da peça, o texto de apresentação de Nelson Xavier destacava o fato de que nas peças de Tchékhov o "supérfluo toma conta do essencial"[82] e não resta nada senão um profundo sentimento de abandono. Explorou-se menos o modo irônico como as personagens se autoanalisam e acentuou-se a dimensão trágica de seus destinos, por meio de silêncios marcados e pela criação de uma atmosfera desoladora: "No fim de um espetáculo de Tchékhov eu acho que deve permanecer no espírito do espectador uma profunda tristeza, uma impressão profunda de que nada vale e que tudo está perdido."[83]

Ora, é justamente sobre a necessidade de entendimento desses diferentes ritmos presentes em *As Três Irmãs* que falaria Gilda de Mello e Souza, a qual, partindo do entendimento das limitações da encenação da EAD, fez uma das principais reflexões sobre a dramaturgia de Tchékhov do período no Brasil. No artigo intitulado *As Três Irmãs*, publicado dois meses depois da montagem no *Suplemento Literário do Estado de S. Paulo*, Gilda observa que a encenação não fora "impecável" e suas lacunas serviam para abrir reflexões urgentes. Em sua opinião, há diferentes tempos para os grupos de personagens presentes na peça. As três irmãs e Andrei representariam, em conjunto, o apego ao que já foi: "O seu tema é ir para Moscou, ou melhor, voltar para Moscou, rever os lugares antigos em que moraram, as ruas de que ainda guardam os nomes. Moscou é o tema da memória e do passado."[84] Já os oficiais Verchinin e Tuzenbach têm desejo de futuro. Ao longo da trama, suas intervenções sempre apontam para o que virá e o desejo de que seja um momento de redenção dos erros do passado: "O seu tema é trabalhar; é sufocar na tarefa cumprida com esforço o sentimento de culpa de sua classe, o remorso das botas outrora tiradas pelo mordomo."[85] Por fim, a figura de Natacha, esposa

82 Programa da Peça, p. 2.
83 Ibidem.
84 G. de Mello e Souza, As Três Irmãs, *O Estado de S. Paulo*, 13 out. 1956.
85 Ibidem.

de Andrei, a única a "mover-se no presente". Seu pensamento é prático e, enquanto alguns se remoem em lembranças, ela ocupa o espaço da casa, planeja a reorganização dos móveis, instala o amante na sala: "Só ela persegue, determinada, a realização de um fim, só ela se afirma no plano imediato, em detrimento dos demais."[86]

Essa dinâmica parece não ter sido valorizada na encenação da EAD, demasiadamente presa à criação de uma atmosfera e preocupada em garantir a clareza na transmissão do texto. Os diferentes tempos para os grupos, mesclados à individualidade de cada uma das irmãs e das demais personagens, impele a um ritmo bastante difícil, que deve ser, a um só tempo, medida geral e expressão das vozes individuais que ora se cruzam ora se repelem. Nesse sentido, ainda que Gilda constate que a peça representa um "quadro impressionista" constituído por uma "galeria dos vencidos", melancólica e repleta de desencanto, não se deve derivar daí uma encenação monocórdica, sem sutileza e de ritmo arrastado. Pelo contrário, o desafio seria conquistar o tom exato na valorização do detalhe, compreendendo aí os diferentes movimentos dentro de uma mesma sinfonia.

De todo modo, o mérito da encenação, como o é também o do Tablado, parece ter sido o de trazer para os palcos brasileiros peças até então completamente desconhecidas do público. Nelson Xavier já o reconhecia antes mesmo da estreia de *As Três Irmãs* e afirmou no programa da peça: "A dificuldade de representação de Tchékhov, tantas vezes provada, impede que uma companhia se aventure a realizá-la sob pena de um estrondoso fracasso financeiro. Imune a estas consequências e consciente daquelas dificuldades, a Escola de Arte Dramática espera, quando menos, poder divulgar a obra do mestre russo."[87]

Na mesma direção foi Gilda de Mello e Souza que, a despeito dos impasses da encenação, reconheceu o interessante fato de que foram a EAD e O Tablado, grupos amadores, os primeiros a explorar as peças maiores de Tchékhov. A explicação estaria no fato de que, ainda que o dramaturgo russo já gozasse de reconhecimento internacional e de relativo respeito no Brasil, diretores

86 Ibidem.
87 N. Xavier, op. cit., p. 2.

e grupos profissionais sempre encararam suas peças com veneração e medo. Por um lado, porque para muitos uma montagem desequilibrada significaria fracasso imediato; por outro, porque boas performances de Tchékhov poderiam expressar o auge de uma carreira – tal seu grau de complexidade e desafio.

Assim, pelo modo como se constituíam nossas principais empresas teatrais profissionais no Brasil, pressionadas pela necessidade de garantir a bilheteria e representar textos de repercussão, montar Tchékhov se convertia em um risco. Em sua dramaturgia, a ausência de intriga clara, de conflitos evidentes, de personagens de exceção e de imagens fortes, vinha preenchida por uma verdadeira galeria de anti-heróis envolvidos em diálogos desencontrados e em situações de aparente irrelevância dramática. Nesse universo, o risco da monotonia e do tom equivocado seriam frequentes – daí o interesse dos grupos amadores. Além de não se prenderem à amarra inicial dos prazos e bilheterias, Tchékhov seria um precioso professor e suas peças seriam um excelente campo de pesquisa. Ao invés do brilho individual, o trabalho de conjunto, a busca pelos nexos invisíveis que conectam e afastam cada uma das personagens; ao invés do arrebatamento, localizável já em um primeiro momento, o estudo detido e a busca dos tons e nuances, possíveis apenas em costura de grupo.

Para Gilda de Mello e Souza, tudo isso configuraria uma experiência do mais alto valor pedagógico, em um contexto teatral no qual, aos poucos, superávamos a realidade dos espetáculos construídos às pressas, feitos para um só ator e sem cuidado com a totalidade. Aqui, como na Rússia em fins do século XIX, entre incompreensões e tropeços, Tchékhov contribuía para a renovação de nosso teatro. Se ainda não emergia em encenações que valorizassem a riqueza de sua linguagem, ao menos operava – discretamente, como sempre lhe coube – como um mestre da técnica. Nas palavras de Gilda de Mello e Souza, "Neste sentido, Tchékhov é uma disciplina admirável"[88].

---

88 G. de Mello e Souza, op. cit.

TCHEKHOVISMO: MOMENTOS DECISIVOS

Seria apressado falarmos em *auge do tchekhovismo* para a interpretação de peças que só recentemente haviam sido montadas no Brasil? O primeiro drama longo de Tchékhov havia sido encenado por um grupo nacional cinco anos antes desse período. Somente aí comentários críticos de relevância eram publicados em jornais. Ainda assim, percebe-se que, mesmo sem a presença concreta de encenações de suas peças longas, uma leitura específica do dramaturgo já circulava em programas de peças curtas e em comentários de críticos na imprensa, de modo que, em inícios dos anos 1960, já se encontrava esta concepção do tchekhovismo depurada nos palcos.

Com a montagem de *As Três Irmãs* pelo Teatro Nacional de Comédia (TNC), sob direção de Ziembinski, tal leitura seria de tal maneira concretizada que repercutiria como referência ao longo dos próximos anos. A montagem tornou-se modelar por inúmeros motivos. O TNC era, naquele momento, uma espécie de companhia oficial do Serviço Nacional de Teatro. Ao longo dos últimos meses vinha sofrendo com críticas sistemáticas nos jornais cariocas pela fragilidade de repertório, pela concessão às peças comerciais e pela inconstância de elenco. Para uma companhia sustentada com verbas públicas, assentada em uma das principais capitais culturais do país, era óbvio ter para si todas as miras apontadas e concentrar todo tipo de expectativa da crítica, ansiosa por ver estabelecida uma tradição teatral consistente como as que se via em outros países.

O TNC vinha de uma temporada difícil, na qual apresentara duas peças: *A Beata Maria do Egito*, de Rachel de Queiroz e *D. João Tenório*, de Zorrilla. A crítica aos espetáculos ia desde a escolha equivocada de um texto dramático ruim de Rachel de Queiroz ao disparate de convidarem um diretor "simpatizante do general Franco" para a peça de Zorrilla[89]. E a peça de Tchékhov, que destoava dentro desse conjunto, seria dirigida por ninguém menos que Ziembinski – diretor que anos antes concentrara para si todos os holofotes da direção de *Vestido*

---

89 Ver a crítica demolidora de Paulo Francis à quarta temporada do TNC (1959-1960): Teatro Nacional de Comédia é Contra o Povo e Fracassa, *Última Hora*, jan. 1960.

TCHÉKHOV NO BRASIL: PRIMEIROS MOMENTOS 129

de Noiva. As Três Irmãs já era reconhecida por muitos críticos como verdadeiro desafio de encenação. Além disso, tal opção aumentava as pressões sobre o diretor, pois o público agora oscilava entre o desejo de ver o TNC se lançar sobre a popularização dos clássicos no modelo de Jan Villar, na França, e entre o desejo de assistir a dramas nacionais, voltados para os problemas do presente[90].

Sustentada sobre essa corda bamba, a encenação de Ziembinski, feita a partir da tradução de Maria Jacintha, poderia receber tiros de todos os lados. Seu saldo final dividiu opiniões, mas, de modo geral, recebeu uma avaliação comum: era de uma lentidão angustiante. Augusto Maurício, que escrevera uma crítica laudatória para o TNC, destacou o problema do ritmo escolhido pelo diretor. A encenação durara ao todo quatro horas, começando às nove da noite e terminando à uma da manhã. Em sua opinião, a peça "poderia ter sido aparada sem prejuízo para o texto, ao contrário, em seu próprio benefício [...]. Se houvessem sido reduzidas as grandes pausas na ação de representação e imprimido ritmo menos compassado ao desenrolar das cenas, estaria a obra mais dentro do nosso entendimento, da nossa compreensão de povo latino"[91].

Esse compasso definido por Ziembinski seguia mais ou menos à risca a concepção de Stanislávski de que *As Três Irmãs* era uma verdadeira sinfonia e de que de suas linhas emergia a música do sonho decaído das irmãs. E a influência não era pequena: o diretor tivera formação na Polônia e tomara contato com encenações de Tchékhov antes de vir refugiado para o Brasil. Ainda que não apresentasse para os atores suas concepções de cena em forma de método, jamais chegando a elaborá-las enquanto tal, muito da leitura de Stanislávski rodeava suas encenações[92]. Nesse caso, o ritmo arrastado soa como herança direta da leitura "crepuscular" galvanizada internacionalmente como típica do TAM.

Mas esse problema não seria peculiaridade do diretor polonês. Paschoal Carlos Magno, que estivera na estreia de *As Três Irmãs* no Serrador, também apontara o caráter implacavelmente lento da montagem, em nada diverso do que já tinha visto em

90 Ibidem.
91 A. Mauricio, As Três Irmãs, *Jornal do Brasil*, 9 fev. 1960.
92 Cf. Z. Ziembínski, *Depoimentos VI*, p. 171-190.

130 TCHÉKHOV E OS PALCOS BRASILEIROS

Londres, Atenas e Milão. Em sua opinião, a produção do TNC nivelava os diferentes ritmos inerentes à peça de Tchékhov sob uma concepção de que todo o conjunto das personagens apenas ruminava "revoltas, desesperos". No entanto, cada um deles é "uma confissão ambulante", específica:

ou não se mascara diante dos que o rodeiam, debatendo seus problemas, procurando descobrir ou sabendo que não encontrará nunca soluções para suas angústias. Essa *extroversão* – que está sempre presente em todos os tipos do teatro tchekhoviano – era para diminuir o ar soturno, sombrio, como os não russos têm realizado os russos no palco[93].

O problema do ritmo tinha relação direta com uma compreensão trágica d'*As Três Irmãs*[94]. Naquele período, críticos e diretores já apontavam para todo um universo além dessa abordagem. Isso porque a tradição de um Tchékhov trágico e melancólico fechava as portas para a investigação dos procedimentos irônicos do dramaturgo ou mesmo da utopia de futuro no discurso de muitas personagens. Em conversa com Nina Ranévska, que anos antes dirigira o Festival Tchékhov, no Rio de Janeiro, Paschoal Carlos Magno ouvira da antiga diretora a angústia pela direção de Ziembinski, que ignorou o fato de que nas peças de Tchékhov "há uma esperança constante, uma alegria diferente, pois cada personagem sabe por que sofre e assim mesmo quer continuar vivendo"[95].

Corroborava essa leitura tragicizante do diretor polonês a cenografia pesada e a pouca iluminação de José Maria dos Santos. No Ato I, havia uma grande parede cinza ao fundo, negligenciando as instruções dadas na rubrica pelo dramaturgo de que no primeiro ato tinha-se "um meio dia ensolarado na casa dos Prózorov"[96]. Ao mesmo tempo, pareciam conviver, de maneira incômoda, o realismo da cenografia no primeiro ato com a luz vermelha intermitente, que permaneceu mesmo ao

93 P.C. Magno. "As Três Irmãs", no Serrador, *Correio da Manhã*, 16 jan. 1960 (grifo nosso).
94 Outros críticos ainda fariam referência ao ritmo exageradamente lento, como Edigar de Alencar no artigo "As Três Irmãs", publicado no jornal *A Notícia*, em 6 jan. 1960.
95 P.C. Magno, op. cit.
96 B. Heliodora, Tchecov, Stanislawsky e Alguns Problemas, *Jornal do Brasil*, 23 fev. 1960.

fim do incêndio no terceiro ato, dando um clima expressionista aos momentos finais da peça.

Ao mesmo tempo, a crítica Barbara Heliodora reivindicava um equilíbrio de elenco que o espetáculo não apresentava. Segundo ela, Ziembinski não formara seus atores no "método" de Stanislávski e, ainda que predominasse o pesado clima trágico, não havia homogeneidade de intenção. Segundo ela, este seria um elemento determinante para qualquer encenação de Tchékhov. As atuações individuais pareciam não caminhar para um mesmo objetivo, que deveria ser construído não por marcas exteriores e formais, mas antes por uma intenção orgânica interior[97]. E esse aspecto, destacado também pela crítica demolidora de Paulo Francis (que culpara o pouco tempo de ensaio do grupo, o qual teve de ceder espaço para os ensaios do diretor de *D. João Tenório*)[98], era acentuado pelo fato de o TNC não conseguir formar um elenco estável e com formação comum. Segundo ele, este seria aspecto essencial para dar conta de um tipo de dramaturgia que confronta diretamente com o drama, pois não há peripécias e a força do diálogo é reduzida a uma escala ínfima[99].

Paschoal Carlos Magno, Edigar de Alencar e Astério de Campos[100] seriam também críticos do que se acreditava ser o ritmo estabelecido por Stanislávski. Astério chegaria a dizer que a peça não era para auditório comum já que este, de tanta monotonia, "cabecearia de sono". Mas ambos reconheciam desempenhos importantes de atrizes, como Glauce Rocha (Olga), Vanda Lacerda (Macha) e Elizabeth Gallotti (Irina) as quais conseguiram, cada uma a seu modo, captar a "verdade" de cada personagem. Se não concorriam para uma organicidade do espetáculo, merecem ser valorizadas para que não desapareçam sob a motoniveladora da crítica.

Ainda assim, essa última peça da quarta temporada do TNC tivera relativo sucesso e fora obrigada a estender sua temporada por mais uma semana. Isto, nas condições vividas pelo grupo, era atípico. O Serrador era teatro alugado e, às vésperas do limite

---

97 Ibidem.
98 Cf. P. Francis, Teatro Nacional de Comédia é Contra o Povo e Fracassa, *Última Hora*, jan. 1960.
99 Cf. idem, Elenco e Política do TNC, *Última Hora*, 20 fev. 1960.
100 Cf. A. de Campos, As Três Irmãs, *Gazeta de Notícias*, 16 jan. 1960.

máximo de contrato, recebera por mais alguns dias o espetáculo. Muito disso advinha da novidade do texto e, a despeito das críticas, havia cuidado com a encenação, como na plasticidade de algumas cenas, algo elogiado pela maioria dos críticos[101].

Por fim, em que pesasse esse ritmo lento, que comprometia a montagem de maneira a torná-la restritiva mesmo para o público fiel, havia "amor e interesse" evidentes, o que desculpava, segundo os críticos, os muitos problemas[102], problemas esses que não são apenas fruto do gênio individual de um diretor ou de uma leitura reduzida das potencialidades da peça, até mesmo porque, como se viu, o tchekhovismo também produzira montagens antológicas.

Muito disso se dava pelas condições de realização do próprio teatro brasileiro: grupos profissionais com repertórios ecléticos, trabalho de grupo que avança, mas que sofre para definir-se, sistematizar-se, questionar-se. Ou grupos amadores que, mais livres para a formação e o estudo, veem-se muitas vezes frente a frente com a inconstância do trabalho e a perda de elencos inteiros. E um ponto comum para os críticos da época era a maturidade teatral exigida pelas peças de Tchékhov, as quais pediam trabalho prolongado de estudo, ensaio e preparação. Tudo isso em um contexto fragmentário de formação teatral, com escolas em formação e elencos instáveis ou, quando estáveis, na encruzilhada pela pressão das bilheterias, era algo bastante difícil.

Sendo assim, como encenar as peças de Anton Pávlovitch Tchékhov? Valeria a opção de deixá-las de lado, esperando um ilusório futuro de pleno amadurecimento dos palcos brasileiros? Ou, ainda, seguir à risca o conselho de Barbara Heliodora para o TNC de que "próximo Tchékhov que montar chegue um pouco mais naturalmente, e após uma série de outros clássicos seja preparado o caminho para essa sublimação do realismo que tanto honra o teatro universal"[103]? Muito provavelmente, não.

Se as condições de amadurecimento e modernização do nosso teatro continuassem candentes durante muito tempo, e se não há receituário propedêutico que permita, numa escala

---

101 Cf. P.C. Magno, op. cit.
102 Ibidem.
103 B. Heliodora, op. cit.

TCHÉKHOV NO BRASIL: PRIMEIROS MOMENTOS   133

evolutiva, ordenar um estilo para preparar o outro, não devem ser buscadas aí as respostas para o problema. Tchékhov continuaria sendo desejo de realização cênica de boa parte dos principais diretores e, cada vez mais, o desafio de encená-lo seria aceito. Paulatinamente, ficava evidente que aquele estranho autor tinha algo a dizer sobre as condições de vida brasileiras. Nos anos seguintes, portanto, o debate sobre a pertinência de suas peças em palcos brasileiros passará a ser central. Não se trata mais da pergunta "é possível encená-lo?", mas sim, "por que encená-lo?" e "como encená-lo?". Agitava-se em patamares inéditos a vida social, política e cultural do país, e Tchékhov estaria, discretamente – como mais uma vez lhe caberia—, no centro desse turbilhão.

4. O Que Tem o Brasil a Ver Com Tchékhov?

O MAIS BRASILEIRO DOS RUSSOS

A partir de 1960, o teatro brasileiro viveu transformações intensas. Se nos anos anteriores esteve envolvido em vivas lutas com as condições para sua modernização, nos próximos anos, as questões seriam outras e gravitariam, em maior e menor grau, em torno de outra pergunta: "qual é a modernização necessária?"

Tal questão é profundamente histórica. Acompanhava a efervescência social que, guardadas as devidas proporções, assemelhava-se à da geração de 1860, na Rússia. No Nordeste e no Sul brasileiros surgiam organizações campesinas em luta pela Reforma Agrária, as mesmas organizações estudantis que serviram de impulsionadoras para o teatro estudantil e amador ao longo das últimas décadas sincronizavam seu horizonte político e radicalizavam seu discurso de luta contra o imperialismo, bem como organizações operárias que recolocavam a agenda de luta dos trabalhadores em perspectiva nacional[1]. No plano da cultura, esse ambiente foi bastante produtivo. Em fins de 1961, surge o Centro Popular de Cultura (que se ligaria à UNE);

---

1 Cf. R. Schwarz, Cultura e Política de 64 a 69, *O Pai de Família e Outros Estudos*.

o Teatro de Arena já havia surgido e colocava o problema do autor nacional e da presença em cena do homem brasileiro, obtendo êxito estrondoso com *Eles Não Usam Black-Tie*[2]. Em igual medida, o cinema se colocava o imperativo de representar na tela o cotidiano do brasileiro comum e marginalizado[3].

Em um ambiente de tal natureza, palco de polarizações crescentes, que espaço haveria para um dramaturgo estrangeiro que proclamava, antes de tudo, a necessidade do escritor de se manter objetivo e imparcial ante os acontecimentos? Como dizer algo ao público brasileiro, aparentemente mais simpático aos contrastes dramáticos vivos e, agora, aos contrastes políticos claros com peças de pouca ação dramática, dúbias do ponto de vista ideológico?

Tais perguntas operavam com alguma consistência por trás de julgamentos críticos e escolhas de grupos teatrais. No entanto, na tentativa de fazer com que a questão não girasse em falso, Antonio Callado escreveu, em setembro de 1960, um artigo[4] no qual afirmava reiteradamente que Tchékhov é o mais brasileiro dos russos. O problema, colocado nesses termos, despertava interesse. Para ele, Tchékhov, mais que Tolstói ou Dostoiévski, conseguia apresentar os problemas da sociedade por uma óptica brasileira: "A força centrípeta de Moscou causando o êxodo rural, a cegueira das elites, as revoltas de estudantes, tudo do Brasil de hoje está em Chekov.[5]"

Ou ainda:

as elites russas não eram elites nenhumas, os fazendeiros e senhores de engenho não eram nem maus nem bons, mas estúpidos e imprevidentes, todo o mundo via o errado de tudo, mas ninguém queria dar-se o trabalho de endireitar nada, todos falavam muito em cultura mas ninguém a conhecia fora dos livros, cultura viva, inventada, fecunda[6].

Ou seja, a objetividade de Tchékhov fazia com que em seus contos e peças emergisse o cotidiano de proprietários de terras e aristocratas sem a poluição da lente religiosa e mistificadora,

---

2   Cf. S. Garcia, *Teatro da Militância*, p. 102.
3   Cf. J.-C. Bernadet, *Brasil em Tempo de Cinema*.
4   Cf. A. Callado, "Chekov", série de artigos encontrada no acervo de Antonio Callado na Fundação Casa de Rui Barbosa, no Rio de Janeiro, em que consta, no registro de digitação pelo autor, o ano de 1960.
5   Ibidem.
6   Ibidem.

O QUE TEM O BRASIL A VER COM TCHÉKHOV? 137

permitindo o acesso à complexidade da realidade como ela é. O dramaturgo russo seria muito mais um cronista de técnica ficcional e dramatúrgica altamente moderna ("estilo câmera-*eye*", ou seja, capaz de enquadrar e vasculhar diferentes detalhes) do que o autor trágico e obscuro com que fora impresso por Stanislávski e que, tendo feito sucesso, virou receita reproduzível em todo o mundo. Daí os palcos, inclusive brasileiros, estarem repletos de "russismo": "atmosfera enfumaçada por samovares enormes, luz difusa, vozes estranguladas". Para ele, Tchékhov deveria "ser servido *nature*, sem molho de Stanislávski"[7].

O problema, colocado nesses termos, é novo. A crítica teatral Barbara Heliodora não via no tom impresso por Stanislávski e, por decorrência, pelo Actor's Studio (vale lembrar que a crítica teatral tivera bacharelado em Artes nos EUA na década de 1940), um problema de fundo. Tanto que, para ela, residia na dificuldade de preparação técnica e de coerência de repertório nosso principal entrave para a correta interpretação do dramaturgo russo[8]. Para Callado, essa consideração procede, mas de nada adiantaria o acerto técnico com uma leitura geral equivocada. Afinal, a impecabilidade cênica continuaria a trazer problemas, pois o dramaturgo, apesar de reconhecido internacionalmente, continuaria sendo um estranho, artificialmente digerido por diretor, atores e plateia.

Callado expressa de maneira clara uma das demandas colocadas pelo momento político. Em sua opinião, aos problemas de época, Tchékhov respondia da mesma maneira que os brasileiros respondiam aos impasses vividos pela geração de 1960:

ninguém a descreveu tão bem e tão do ponto de vista brasileiro, que foi o seu, de quem não se mete, de quem espera, contra a razão, que reformas nasçam em galho de árvores e não custem suor e sangue. Ouçam, em Trofímov, a disposição brasileira de falarem mal do Brasil: "Onde estão as creches de que tanto se fala, e as bibliotecas? Só existem nos romances: na vida real, nada. Na vida real há sujeira, vulgaridade e apatia asiática." E Lopahin: "Às vezes fico acordado de noite e penso: 'Oh, Deus, vós nos destes florestas imensas, planícies ilimitadas, os mais largos horizontes. Vivendo aqui, nós devíamos ser verdadeiros gigantes.'"

7 Ibidem.
8 Cf. B. Heliodora, Tchecov, Stanislawsky e Alguns Problemas, *Jornal do Brasil*, 23 fev. 1960.

138 TCHÉKHOV E OS PALCOS BRASILEIROS

E a resposta de Lyubov: "Olha ele pedindo gigantes! Eles só servem nas histórias infantis; na vida real assustam"[9].

Desse modo, para Callado, a questão era como tornar atual um dramaturgo tão distante no tempo e no espaço ou, ainda, como torná-lo inteligível nacionalmente sem recorrer à simples menção de sua importância clássica e universal. Se essa formulação parece dizer muito em termos de conteúdo, como solução técnica concreta para a cena, Callado diz pouco. Em um período em que a maioria dos grupos engajados já se via às voltas com o *distanciamento* brechtiano[10], ficava a dúvida de como lidar com o peso da tradição realista e stanislavskiana ao redor de Tchékhov. Com relação a esse aspecto, Callado dá apenas pistas que, se nunca chegaram a ser concretizadas, interessam pela força da imagem sugerida e seu desejo de atualização:

O remédio é, talvez, agora que temos tantos diretores jovens e brilhantes, escolher o mais brilhante e mais chucro desses meninos e lhe entregar uma adaptação de "Cerejal", por exemplo, passando-se a ação da peça num engenho de açúcar em Pernambuco. Sairá uma obra-prima. O moderno teatro brasileiro pode renovar Chekov (sic) para o mundo inteiro.[11]

FISSURAS NA TRADIÇÃO

O ensaio de Antonio Callado, ainda que sintonizado com as problematizações políticas efervescentes de época, não se concretizou de imediato nos palcos, e parece não ter tido alcance suficiente para orientar as escolhas de grupos teatrais preocupados com as questões políticas do momento. As peças longas de Tchékhov, dado o peso da tradição cênica do *tchekhovismo* a elas aderido, ficariam fora do repertório dos grupos profissionais por mais de oito anos. Após a encenação do TNC, apenas as montagens amadoras de escolas de teatro reviveriam o dramaturgo[12]. Yan Michalski

---

9 A. Callado, op. cit.
10 A esse respeito ver o estudo de Iná Camargo Costa, *Teatro Épico no Brasil*.
11 A. Callado, op. cit.
12 Ver lista de montagens ao final do livro, com encenações de Haydée Bittencourt e Alberto D'Aversa.

O QUE TEM O BRASIL A VER COM TCHÉKHOV? 139

chegaria a dizer, em 1968, que o senso comum generalizado era o de que Tchékhov era um dramaturgo "ultrapassado"[13]. Havia pouco tempo, estavam todos às voltas com o clima efervescente das Reformas de Base e, agora, muitos de olhos ou corpos postos na guerrilha armada contra a Ditadura Civil-Militar.

As pressões históricas eram tamanhas que, também de maneira inovadora, Yan Michalski provaria a atualidade do dramaturgo a partir de outra chave. Sem se referir diretamente ao teatrólogo alemão Bertolt Brecht, Michalski aponta o quanto Tchékhov é moderno por se utilizar ora do desencontro de linguagem (efeito imediato dos monólogos interiores e da impossibilidade do diálogo dramático), ora pelo efeito de simpatia ingênua que gera sobre uma personagem que, segundos depois, pode ser substituído pela sensação do ridículo. Ambos, combinados, gerariam um *distanciamento crítico* do espectador que, sem poder identificar-se com tais personagens e situações, analisa criticamente o que ocorre[14]. A matriz brechtiana de tal comentário é evidente.

Aqui, mais uma vez, estamos diante de um ponto de interesse. Se antes Callado nos deslocava para um problema de conteúdo, aqui, Michalski dá relevo ao procedimento formal tchekhoviano, que complexifica a própria compreensão de suas peças. A um só tempo, o movimento social empurrava as leituras do dramaturgo para o que ele tinha de *nacional* e épico, de *observador* e *crítico*.

É com essa chave que o crítico teatral analisa a encenação de *Tio Vânia* feita pelo Teatro de Comédia do Paraná (TCP), em 23 de maio de 1968, no pequeno auditório do Teatro Guaíra, em Curitiba. Para ele, o espetáculo sofria de um problema evidente que atravessava todos os principais elencos brasileiros e tornava qualquer encenação de Tchékhov sempre um grande desafio: a falta de homogeneidade do grupo e a dificuldade de estabelecimento de desempenhos razoáveis por parte dos atores. Esses problemas seriam responsáveis por tirar a montagem da lista dos melhores desempenhos do TCP, ainda que tivesse méritos importantes. Dentre eles, estaria um de ordem fundamental: o diretor Cláudio Corrêa e Castro, que treze anos antes atuara nessa mesma peça n'O Tablado, tirara de Tchékhov todo

13 Cf. Y. Michalski, Tchecov em Curitiba (I), *Jornal do Brasil*, 4 jul. 1968.
14 Ibidem.

140 TCHÉKHOV E OS PALCOS BRASILEIROS

ritmo arrastado, toda autopiedade e sentimentalismo excessivos que marcaram as grandes encenações anteriores. Estabeleceu, ao contrário, "ritmo normal e descontraído", que seguia "as pulsações do texto". E o trabalho com o cômico dava leveza à encenação sem cair na "comédia rasgada"[15].

A iluminação prezou pela clareza do ambiente e a cenografia apenas demarcava objetos importantes, sem excessos naturalistas. Para ele, o diretor deixara o texto falar, de maneira limpa, o que permitia a emergência do "distanciamento tchekhoviano" – arma da crítica para os novos tempos. Tal linha de raciocínio levou o crítico a citar o livro de Robert Brustein, *O Teatro de Protesto*, em que Tchékhov seria destacado dentro dessa linhagem política justamente pelo seu poder de elevação da "função humana" do teatro[16].

Mas a encenação de Cláudio Corrêa e Castro, que mereceu duas críticas publicadas em jornal carioca feitas por Michalski, tivera temporada curta, restrita a Curitiba. E, ao final, ainda que apresentasse inovações em relação aos espetáculos até então feitos no Brasil, fora ofuscada diante das dificuldades do elenco, que expôs "os seus atores a essa perigosa e útil aprendizagem que o desempenho de um papel tchekhoviano" traz[17]. A encenação de *O Jardim das Cerejeiras*, feita por Ivan Albuquerque meses depois no Rio de Janeiro, seguiria a mesma direção apontada por essa montagem: a de rompimento com o que até então se concebia como *tchekhovismo*. Seu propósito, no entanto, não seria de pura confrontação formal, já que a comicidade, aqui, teria papel profundamente político.

TCHÉKHOV POLÍTICO

A dificuldade do teatro brasileiro em assimilar a dramaturgia de Tchékhov se tornava gradualmente ponto comum para boa parte da crítica. Segundo Iná Camargo Costa[18], o apego de nosso teatro e do público às situações de conflito claro e dramaticidade

---

15 Ibidem.
16 Ibidem.
17 Idem, Tchecov em Curitiba (II), *Jornal do Brasil*, 5 jul. 1968.
18 Cf. I.C. Costa, Transições, *Nem uma Lágrima*, p. 62-65.

O QUE TEM O BRASIL A VER COM TCHÉKHOV? 141

evidente tornaria o terreno pouco acessível ao dramaturgo russo. Longe de trazer temática alienígena ou profundamente eslava, Tchékhov trazia na verdade uma problematização do drama tradicional que, pelo menos nesse período ao qual nos referimos, nosso teatro ainda ensaiava realizar. Por outro lado, o acirramento dos conflitos políticos trazia exigências para a cena que demandavam respostas dos diretores, seja em relação ao repertório, seja em relação às formas de tratamento cênico do material.

Fenômeno bastante semelhante vivera a Rússia pré e pós-Revolucionária, período no qual emergiriam o teatro de *agit-prop* e as demandas por encenações que colocassem em perspectiva a superação das relações de opressão política e social. Como visto no primeiro capítulo, a dramaturgia de Tchékhov, pelo menos como a concebera o TAM, não fora de imediato digerida nesse período. No entanto, Stanislávski e Nemiróvitch-Dântchenko rapidamente captaram o espírito da sociedade soviética pós-Revolução e não tardaram em converter *O Jardim das Cerejeiras* em um de seus principais destaques de repertório. Contudo, isso não significou que a abordagem trágica de Tchékhov tivesse sido suplantada, mas a simples apresentação da decadência econômica da velha aristocracia (Raniévskaia), o surgimento de uma nova classe burguesa, objetiva e dinâmica (Lopákhin), e a simbologia por trás do jovem Trofímov, representante das aspirações por transformação no início do século XX, já interessavam ao público daqueles anos revolucionários. Assim, transformava-se *O Jardim* em uma espécie de crônica da história recente narrada por um dramaturgo de renome.

Do mesmo modo, uma das principais montagens de Tchékhov desses anos de agitação política no Brasil foi *O Jardim das Cerejeiras*. Cinco meses após a montagem de Cláudio Corrêa e Castro, o Grupo do Rio, então liderado por Ivan Albuquerque e Rubens Corrêa, apresentou a primeira encenação brasileira da peça. Quatorze anos antes, Jean-Louis Barrault e Madeleine Renaud trouxeram ao Brasil a montagem francesa que, segundo alguns críticos, era inferior à versão carioca[19]. A encenação abriria o Ciclo Russo, composto ainda por *Diário de um Louco*, de Gógol, e *A Mãe*, de Brecht/Górki, e marcava também

19   Cf. L.B. Leite, O Jardim das Cerejeiras, *Jornal do Comércio*, 27 out. 1968.

142 TCHÉKHOV E OS PALCOS BRASILEIROS

a inauguração do Teatro Ipanema, algo que, sem dúvida, alimentou as expectativas do público carioca em relação à montagem.

A encenação trazia no elenco nomes conhecidos, como Vanda Lacerda (Liubóv Andreivna Raniévskaia), Vera Gertel (Vária), Hélio Ari (Leonid Andrêievitch Gáiev) e Rubens Corrêa (Piotr Seguêievitch Trofímov). E o trabalho do diretor fora de tal modo longo e bem cuidado que a crítica elogiou amplamente o desempenho do elenco. Tratava-se de fato inédito na história da recepção de Tchékhov que, como a crítica sempre fizera questão de destacar, sofria pelos elencos desequilibrados ou era vítima de ensaios apressados para cumprir temporadas.

Yan Michalski não deixaria de destacar que, ainda assim, não estávamos à altura dos elencos europeus, aparentemente muito mais aptos a lidar com Tchékhov; mas aquele elenco, com irrisórios problemas, conseguira, segundo ele, atingir o "especialíssimo clima da peça, todo ele feito de meios-tons, de subentendidos, de ternura, de sorriso amargo, de gestos esboçados e não acabados"[20]. Segundo Luiza Barreto Leite, essa façanha só fora possível pelo fato de o jovem Grupo ainda não ter se rendido às pressões do repertório comercial e por se dedicar com afinco ao estudo e ao ensaio de peças de "real valor" artístico[21], pressões essas que, como se sabe, eram então realidade predominante para a maioria dos grupos de profissionais no Brasil.

Mas a preocupação de Ivan Albuquerque não parecia ser unicamente com a qualidade artística do repertório. A escolha daquelas três peças para a inauguração do que seria um dos grandes empreendimentos de sua vida tinha fundo político. Apresentar um Ciclo Russo no ano em que a repressão militar se intensificava ainda mais mostrava ousadia não só estética, mas disposição de enfrentamento em nome da liberdade de expressão. E, mesmo se tratando de Tchékhov, o diretor optaria por imprimir à sua leitura do dramaturgo uma chave sintonizada com esse empenho ideológico.

Tal escolha não significa que Ivan Albuquerque tenha transformado sua montagem em um espetáculo de tese. Seu recurso principal foi subverter a leitura stanislavskiana de Tchékhov então predominante e valorizar acima de tudo a comicidade da

20 Y. Michalski, Um Jardim Florido e Amigo (I), *Jornal do Brasil*, 22 out. 1968.
21 Cf. L.B. Leite, op. cit.

O QUE TEM O BRASIL A VER COM TCHÉKHOV?

peça. Isso, por si só, já tivera efeito político decisivo. No programa do espetáculo, observa-se o longo texto de I. Beguèlis, a propósito da montagem de *O Jardim* feita por Simonov, em 1934: "Não se deve esquecer que o *Jardim das Cerejeiras* é a última peça de Tchekhov. A revisão do tratamento cênico desta peça é um trabalho honroso e indispensável. Um dos 'netos' do Teatro de Arte, o teatro de Simonov, aceita esta tarefa e este ano vai nos mostrar *Jardim das Cerejeiras* como uma comédia."[22] Esse foi o propósito de Ivan de Albuquerque que queria, por um lado, resgatar a intenção inicial do dramaturgo russo, a qual fora motivo de longas discussões com Stanislávski; por outro, queria uma leitura de época mais informada, sinalizando que a peça exigia um olhar duplo: o de simpatia pelo sentimento de perda do que é belo e justo, mas com satisfação por ver uma classe social ociosa ser superada pela História.

Esse propósito, somado à cenografia de Marcos Flaksman, bastante limpa e marcada pela troca de objetos em cena, bem à maneira brechtiana, bateu forte na crítica e dividiu opiniões. Yan Michalski seria o grande entusiasta da encenação, dedicando três artigos para comentar a montagem do Grupo do Rio. Para ele, aquela "Comédia de um mundo em transformação" deu a exata dimensão das transformações em curso na Rússia, feitas de modo "profético e imparcial" por Tchékhov. Nesse sentido, o grupo conseguiu, a um só tempo, criar o clima adequado para a encenação, dosando de maneira convincente e "realmente tchekhoviana" os tons doloridos e cômicos. O ritmo era firme e evitava os silêncios arrastados. E a criação do clima vinha acompanhada de profunda humanização das personagens[23].

Em sua opinião, em que pesassem pequenos deslizes de interpretação, largamente discutidos no terceiro artigo dedicado ao espetáculo[24], o grande mérito estava no trabalho orgânico do grupo, o que permitiu o acerto de tom na encenação. E esse tom se expressava justamente no uso adequado do sorriso, que cada ator imprimira com sensibilidade em sua personagem:

---

22 Programa da Peça, p. 12.
23 Cf. Y. Michalski, Um Jardim Florido e Amigo (II), *Jornal do Brasil*, 23 out. 1968.
24 Idem, Um Jardim Florido e Amigo (III), *Jornal do Brasil*, 24 out. 1968.

144 TCHÉKHOV E OS PALCOS BRASILEIROS

especial qualidade do sorriso ocupa um lugar importantíssimo na densidade de ambiente que foi conseguida; esse sorriso, que é expressão de um certo tipo de alegria e ternura, mas também disfarce de um profundo sentimento de frustração, de angústia e de medo, e que está sempre pronto a desmanchar em lágrimas, acaba por se transformar em uma espécie de *leitmotiv* da encenação[25].

E assim também o viram os críticos Luiza Barreto Leite[26] e Henrique Oscar[27] que, observando a leitura inovadora e a organicidade do corpo de atores, definiriam essa montagem como um dos marcos da recepção teatral de Tchékhov no Brasil e um dos pontos altos da trajetória do grupo.

No entanto, ainda que a crítica reconhecesse de maneira geral o cuidado da encenação e bom trabalho de grupo, a leitura dela feita pelo diretor não fora consensual. Para Tato Taborda[28], a opção de Ivan Albuquerque em destacar as personagens Ánia (filha de Raniévskaia) e Trofímov (o "eterno estudante", símbolo da vida nova) demarcavam excessivamente uma opção pelo "futuro" que não era a lente de Tchékhov. Segundo o crítico, o diretor pode ter seguido a interpretação do diretor soviético Stanistsyn, que também valorizara esses personagens secundários, como que a demarcar posição frente à aristocracia que desaparecia e a burguesia que emergia.

Assim também não o aprovariam Van Jafa[29] e Fausto Wolff[30] que, a despeito da visível organicidade do elenco, não concordaram com o excesso de valorização do cômico[31] e a fixação do diretor em evitar a identificação do grupo com as personagens aristocráticas. De maneira geral, a conotação política impressa no texto não era recomendável: seja porque sua brechtianização fora superficial, seja porque, se o diretor tivesse intervindo pouco, os paralelos políticos "viriam naturalmente" a partir do texto de Tchékhov. Para Fausto Wolff, era preciso superar o modismo juvenil por trás daquelas técnicas de distanciamento

25 Idem, Um Jardim Florido e Amigo (II), *Jornal do Brasil*, 23 out. 1968.
26 Cf. L.B. Leite, op. cit.
27 Cf. H. Oscar, Tchekhov em Ipanema, *Diário de Notícias*, 23 out. 1968.
28 Cf. T. Taborda, Cerejeiras Quase em Flor, *Última Hora*, 11 out. 1968.
29 Cf. V. Jafa, O Jardim das Cerejeiras, *Correio da Manhã*, 26 out. 1968.
30 Cf. F. Wolff. Com Tchecov Só Se Chega a Brecht Através de Stanislávsky, *Tribuna da Imprensa*, 31 out. 1968.
31 Cf. V. Jafa, op. cit.

O QUE TEM O BRASIL A VER COM TCHÉKHOV?

e entender que "Com Tchékhov só se chega a Brecht através de Stanislávski"[32].

Ivan Albuquerque estabeleceu parâmetros que buscavam tornar sua montagem contemporânea, não necessariamente abrasileirando-a, como seriam tendências vigentes então no Teatro de Arena. Todavia, isso não seria o suficiente ainda para aqueles que continuariam vendo em Tchékhov a expressão de problemas superados. Para Elisa Schaffman, esse "olhar dúbio" de reconhecimento da necessidade da venda da propriedade e simpatia pelo cerejal perdido parecia estéril e sem sentido para aqueles tempos. A presença do burguês Lopákhin na era do "self-made man" já não tinha nada a acrescentar e, mesmo Trofímov, que poderia ser a esperança de um futuro revolucionário, apresenta suas ideias sem a força e a profundidade necessárias: "o fato é que suas palavras resumem-se a um palavrório inconsequente e uma bravata desprovida de verdadeira coragem"[33]. Além disso, para ela, a encenação do Grupo do Rio não convencera quanto à atmosfera, e as catástrofes eram apresentadas com um bom humor "desconcertante":

Liuba parte para a França com seu sorriso como se fosse um alívio ver-se livre do Cerejal. O abandono da propriedade que significava a derrocada de todo um modo de vida, o desmoronamento de uma sociedade, é efetuado dentro de um ambiente festivo, e parece que todos estão se preparando para ir passar as férias à beira-mar. Enfim, se era tão pouco importante derrubar o Cerejal, para que desperdiçar duas horas afiando o machado?[34]

A crítica de Luiz Carlos Maciel[35], que anos antes dirigira peças curtas do dramaturgo no Festival Tchékhov na Escola de Teatro da Universidade da Bahia, fora ainda mais acachapante. Para o polêmico crítico e diretor, já estávamos em um tempo em que os espetáculos bem-acabados e competentes (o "tebecismo", como se vê, já representava xingamento) haviam sido superados. E, ainda que Ivan Albuquerque trouxesse contribuições pontuais para superar esse esteticismo, a própria escolha daquela

32 F. Wolff, op. cit.
33 E. Schaffman, O Jardim das Cerejeiras, *Jornal do Comércio*, 24 out. 1968.
34 Ibidem.
35 Cf. L.C. Maciel, O Jardim das Cerejeiras, *O Paiz*, 9 nov. 1968.

dramaturgia parecia fora de propósito. Ou seja, não adiantava a elaboração cômica, o destaque para as personagens que projetam um futuro revolucionário ou mesmo a combinação do texto dentro de um Ciclo Russo evidentemente engajado: a própria peça não tinha a dizer nada de relevante para a época. É como se Luiz Carlos Maciel ratificasse a sentença já em voga citada por Michalski: Tchékhov estava superado. Peças como *Roda Viva* e *Os Fuzis*, encenadas pelo Oficina, propunham-se a comunicar com o público um balanço sobre o presente. Estava aí o caminho:

Não há mistificação, incompetência ou morna rotina em *O Jardim das Cerejeiras*. Há apenas um pouco de inocência, a dose de sensação de que basta ao teatro de hoje rir de seus próprios velhos enganos. Não acredito nessa inocência. O teatro deve ir além disso, encontrar sua época, nas suas mais profundas e perigosas cavernas.[36]

No entanto, ainda que as peças apontadas por Luiz Carlos Maciel tivessem algo de muito mais atual a dizer para o público, seria o próprio Oficina, então à frente de montagens tão polêmicas quanto políticas, o grupo a aceitar o desafio de converter o dramaturgo russo em leitor ácido da realidade brasileira. O resultado, altamente potente e ambivalente, representou marco decisivo na recepção de Tchékhov no Brasil.

PARA ACABAR COM O COMPASSO DE ESPERA

"Que tem o Oficina a ver com este texto?" Foi com essa pergunta que o próprio Zé Celso intitulou artigo de divulgação da estreia de *As Três Irmãs*, encenada pelo grupo em dezembro de 1972[37]. A pergunta não é gratuita, e o diretor já antecipava em artigo a resposta para o estranhamento que essa escolha de repertório gerava em críticos e no público jovem, este já um frequentador assíduo do teatro da rua Jaceguai.

---

36 Ibidem.
37 Artigo escrito por Zé Celso Martinez Corrêa em especial de *O Estado de S. Paulo*, em 26 de dezembro de 1972, dia de estreia de *As Três Irmãs*, em São Paulo, publicado junto com os artigos "Conheça Macha, Irina e Olga: As Três Irmãs", "O Elenco, os Preços, Tudo Muito Popular", também escritos de Zé Celso.

O QUE TEM O BRASIL A VER COM TCHÉKHOV? 147

Seria a adesão constrangida, depois de anos de experimentação e da recente declaração da "morte do Teatro", ao tradicionalismo stanislavskiano? Seria um aparente retorno ao teatrão realista do TBC, com vistas a rompê-lo depois e comprovar mais uma vez o poder de reinvenção do grupo? Apesar de variadas, e assumindo nuances específicas a depender do crítico, as perguntas não deixam de ter fundamento. Além disso, não deixam de revelar duas premissas: a de que havia um modo correto ou específico, que se não era apresentado em termos de verdade do texto, pelo menos vinha se configurando enquanto padrão de representação cênica do texto tchekhoviano; e a de que o Oficina, ainda que demonstrando sempre sua capacidade de busca do novo e do "teatro vivo", parecia vinculado também a um universo específico de textos e escolhas cênicas, colocando de lado outras tradições.

Nesse momento, Tchékhov já havia se consolidado no Brasil como um dramaturgo diretamente vinculado a Stanislávski. Aos poucos, tal vinculação era questionada, mas não sem resistências. E essa ligação, se tem respaldo histórico na relação tensa e produtiva que o escritor e o encenador russo tiveram, é apoiada também no fato de que as primeiras encenações profissionais de suas peças no Brasil, como vimos, se deram justamente pelo Teatro Brasileiro de Comédia e pelo Teatro Nacional de Comédia. Os dois grupos tiveram à frente diretores emigrados que, na tentativa de aqui atualizar nosso repertório e práticas de encenação, trouxeram leituras do dramaturgo bastante vinculadas ao tipo de encenação galvanizada que se fez do Teatro de Arte. Afora as peças cômicas em um ato, valorizadas sempre em seu aspecto farsesco, predominava, como já visto, a leitura em certo sentido importada de um Tchékhov trágico, poeta da inércia e da melancolia de uma classe social que perdia espaço gradualmente. Isso implicava em encenações repletas de pausas sugestivas, em ritmo lento, na tentativa de valorizar qualquer subtexto psicologizante e camadas de interpretação que não se evidenciariam em uma encenação comum.

Mas esse grupo de São Paulo, naquele momento o mais significativo e atuante na cena teatral brasileira, vivia momento decisivo de sua história e por isso se indagava: afinal, que teria a ver Tchékhov com a morte do teatro, já que seria ele provavelmente um dos maiores dramaturgos associados ao próprio

148   TCHÉKHOV E OS PALCOS BRASILEIROS

teatro morto? Que poderia ele oferecer à política de protesto ou ao desbunde tropicalista do Oficina?

Para responder a essas questões, é esclarecedora a divisão estabelecida pelo próprio Zé Celso, que via nos anos posteriores a 1967-1968 o período decisivo de sua formação. Um pouco antes desse momento, o Oficina se afirmava junto ao público com repertório oscilante, dividido entre montagens de forte teor político-agitativo e montagens leves. Tecnicamente, a maioria das encenações se baseava nas orientações fornecidas por diretores como Eugênio Kusnet, o qual em partes sanou as crises do grupo com os esquematismos de uma leitura importada do "método" Stanislávski e, até inícios de 1970, forneceu aulas para aqueles jovens atores[38].

E é justamente nesses anos de efervescência e radicalização política no contexto brasileiro que o grupo enveredaria por caminhos altamente produtivos e polêmicos. O processo de operação de quebra com o ilusionismo realista, já subterrâneo desde 64 com experiências anti-ilusionistas timidamente assimiladas, intensifica-se em 1967, com a encenação de *O Rei da Vela*. Texto até então considerado impossível de ser colocado em cena, foi enfrentado pelo grupo em claro gesto de questionamento da tradição. Em 68 montam *Roda Viva*, e o perfil polemizante do grupo se firma de maneira definitiva.

O objetivo naquele momento era problematizar a postura de seu próprio público, a classe média ilustrada, tida como vítima passiva e complacente do sufocamento social e político da ditadura. Nesse caso, a opção pelo gesto irracional na encenação rendia debates cada vez mais acirrados, sobretudo no campo marxista, corrente esta que questionava o real alcance de uma "porrada simbólica" desferida no público. Para tais críticos, a aparente celebração por parte do Oficina do "contraditório brasileiro" e o enfrentamento dos recalques pelo gesto antropofágico seriam ingredientes facilmente assimiláveis pela indústria cultural, tendo, desse modo, sua força crítica bastante reduzida[39].

O aparente *intermezzo* épico com *Galileu, Galilei*, em 1969, que explorava um Brecht anárquico e explosivo, reunia forças

---

38   Cf. A.S. da Silva, *Oficina: Do Teatro ao Te-Ato*, p.114-129.

39   Cf. R. Schwarz, Cultura e Política de 64 a 69, *O Pai de Família e Outros Estudos*, p. 61-92; e também: A. Rosenfeld, O Teatro Agressivo, *Texto/Contexto*, p. 49.

O QUE TEM O BRASIL A VER COM TCHÉKHOV?

para o grande estouro de 1972: a estreia de *Gracias, Senõr*". Após período de intensas experiências na longa viagem pelo interior do Nordeste (o famoso *Saldo Para o Salto*) e já familiarizado com as experiências grotowskianas, o grupo prometia algo definitivo para o público da classe média inteligente e progressista. Para eles, a justificativa racionalizada, complacente, cartilhinesca e recuada não bastava mais para aquele período de inércia generalizada e, por isso, a instituição teatral se mostrava inócua para promover a "expressão urgente dos corpos" ou pulsão de liberação. Eliminado qualquer tipo de barreira entre público e atores, *Gracias, Senõr* seria o choque direto: a plateia na parede levada a refletir, envolvida, entregue, mas visivelmente acuada pela força do enquadramento. No entanto, antes que qualquer balanço de fôlego pudesse ser feito sobre as poucas experiências desse "Te-Ato", o espetáculo foi severamente proibido pela censura[40].

É nesse cenário, já com o grupo em um momento de limite, que se encerra o ano de 1972. A opção por um teatro alternativo que rompesse com o gosto do público pagante e consumidor do velho TBC estava voltada para a busca urgente de experiências significavas, ainda que estas demandassem pesquisa interminável e trabalho longo. Isso trouxera forte impacto financeiro e as dívidas avultavam. Restavam, então, apenas dois remanescentes das formações iniciais do Oficina: José Celso Martinez Corrêa e Renato Borghi. E restavam também dúvidas sobre a real efetividade das últimas experiências (sufocadas sem os devidos desdobramentos) e os próximos passos definitivamente não estavam claros. Zé Celso parecia estar convicto de que a saída naquele momento era partir para o exterior, para ambiente mais receptivo e menos sufocante para o seu teatro.

É nesse ambiente de incertezas que o grupo decide pela encenação de *As Três Irmãs*, em dezembro de 1972. Anos mais tarde, Zé Celso revelaria que a insistência por Tchékhov vinha já de tempos por Renato Borghi, numa espécie de busca do ator e de alguns ao seu redor pelo resgate da palavra e do teatro que comunica. Como se viu, a proibição de *Gracias, Senõr* servira para um questionamento dos rumos tomados pelo grupo e,

40 Cf. A.S. da Silva, op. cit., p. 197-214.

150 TCHÉKHOV E OS PALCOS BRASILEIROS

mais uma vez, a escolha do texto de Tchékhov não se dava por motivos pragmáticos – revelava também muito do momento e da sensibilidade vividos pela trupe. Assim, encenar Tchékhov seria, na visão de uma parte específica do Oficina, uma peça para "voltar ao palco"[41]. O dramaturgo demandaria um estilo de encenação diferente, talvez menos propenso a arroubos e à iconoclastia, e poderia servir de algo como um ponto de retorno ou balanço[42].

Contudo, a interpretação do texto pelo grupo não foi homogênea. De início, pareceu atender aos propósitos que motivaram a escolha de Renato Borghi, mas também se revelou um suporte altamente inflamado, capaz de ensejar uma montagem potente e ambivalente, diferente de tudo que, até então, se havia visto a propósito do dramaturgo no país.

Inicialmente, o trabalho com o texto de Tchékhov se deu como em uma revelação mística. Ao invés do tradicional trabalho de mesa, em que diretores e atores sentam para leituras sistemáticas e cerradas da peça, promovendo uma pesquisa racionalizada, mesclada a exercícios cênicos, o caminho adotado pelos membros do Oficina foi outro:

enfim, nós decidimos tomar um ácido, uma pérola negra, e começamos a viajar pelo teatro todo até chegarmos num beco sem saída, nessa parede do fundo, que dá para o estacionamento do Silvio Santos. Quando paramos ali, nós nos demos a mão, desenhamos um círculo cruzado – do norte ao sul e do leste ao oeste – e, marcamos o centro. [...] De repente, aquele círculo me mostrou um caminho totalmente novo, e como eu estava pensando em *As Três Irmãs*, nós começamos a ler o texto e a descobrir o seu outro lado, a sua parte esotérica, a perceber que os seus quatro atos eram, também, quatro movimentos, "quatro tempos"[43].

A parte "esotérica" do texto tchekhoviano era, definitivamente, um outro lado não explorado no Brasil e nas principais encenações europeias feitas antes dos anos 1960. Tal descoberta

---

41 Cf. J.C. Martinez Corrêa, Tchecov É um Cogumelo, em Ana Helena Camargo de Staal (org.), *Primeiro Ato*, p. 230.
42 Era assim que muitos esperavam a estreia de *As Três Irmãs*. Em anúncio no jornal *Última Hora*, 17 out. 1972, vem escrito: "Zé Celso em recaída habitual: vai montar (e a montagem será comportadíssima) *As Três Irmãs*, de Tchecov."
43 J.C. Martinez Corrêa, Tchecov É um Cogumelo, em Ana Helena Camargo de Staal (org.), op. cit., p. 230.

O QUE TEM O BRASIL A VER COM TCHÉKHOV? 151

definiu o ritmo dos ensaios. O primeiro deles, realizado durante uma madrugada na praia de Boraceia, foi regado a mescalina e contribuiu para definir o tom ritualístico dos próximos encontros: o de resgate do trabalho em uníssono, da união dos corpos e vozes[44]. A peça serviria, então, para reunir os cacos e contribuir para que os novos caminhos fossem trilhados coletivamente pelo grupo.

A montagem colocaria em contato diferentes gerações do teatro, ou seja, os novatos do Oficina, os convidados de formação sólida no "teatrão" e os remanescentes das primeiras formações do grupo. Além disso, revelava de modo contundente o desejo de revolução nas formas de se fazer o próprio teatro: apresentá-lo como ato vivo e ampliado para além dos espaços da pequena burguesia e das instituições, um teatro que não se fechasse em ensaios cronometrados e fórmulas de sucesso garantido. A peça de Tchékhov se tornava, portanto, um laboratório no qual velhas concepções eram postas à prova.

A revelação de um Tchékhov místico e exotérico também tivera impacto decisivo em outros componentes do espetáculo. A cenografia se baseou na imagem da mandala, associada aos quatro elementos da natureza e ao relógio, como símbolo conhecido da passagem do tempo. O fundo do teatro estava à mostra, ainda repleto das cicatrizes do incêndio que o abatera na década de 1960 e, no meio do plano térreo, um grande círculo de madeira limpa, que concentrava toda a ação cênica. A forma circular se associava à história do grupo. A mandala dividida em quatro partes representava os quatro atos, "as quatro fases pelas quais o corpo passa para se completar: nascimento, espera, quebra, morte"[45] e, mais ainda, fechava o círculo de autocrítica dos últimos quatro anos da trupe.

O ato I seria o Oficina dos anos 1967-1968: festa de Irina, nascimento, cor branca do vestuário da personagem e iluminação clara – anos de euforia e tropicalismo com *O Rei da Vela*

---

44 São ilustrativas as anotações de direção de Zé Celso, presentes nos cadernos de anotação dos ensaios. Entre as diretrizes norteadoras estariam: "Ato de Ritualismo e Sacrifício - Linguagem Universal - Fim da Babel - União dos Corpos - Ritmo e Vontade Geral". Cf. pastas 31, 32, 90, 91, 137 e 149 do Fundo Teatro Oficina no acervo AEL-Unicamp.

45 J.C. Martinez Corrêa, Conheça Macha, Irina e Olga, *O Estado de S. Paulo*, 26 dez. 1972.

e *Roda Viva*; o ato II seria o momento da espera, com a lenta ascensão de Natacha – o azul era a iluminação predominante e representava a escuridão de 1969, de *Galileu, Galilei* e *Na Selva das Cidades*; o ato III era a quebra, a explosão, o palco se enchia de vermelho, pois casas da pequena cidade onde vivem os Prózorov pegavam fogo. Representava a ruptura com o teatro tradicional e a experimentação nos anos 1970 e 1971 com o Living Theater e o Grupo Lobo; o ato IV, ano de 1972, é a "morte do teatro e de tudo"[46], representada pelo espetáculo *Gracias, Señor*. O ato V, inexistente no texto original, era a continuação, fora da mandala, que impulsionaria o elenco e o público a continuarem em suas próprias vidas fora do próprio prédio do Oficina. Por isso, a música não se interrompia ao final do ato IV e prosseguia durante muito tempo, envolvendo os espectadores numa atmosfera de mistura entre vida e arte.

A cenografia também se aproveitou das paredes manchadas para ali registrar mensagens sobre a passagem do tempo e seu poder corrosivo ("o ambiente ao redor delas está se desintegrando"[47]). Em certo sentido, essa foi a pedra de toque do espetáculo: o tempo como a grande personagem. Isso foi reforçado pelo grande relógio de parede ao fundo, pela empregada Anfissa (Cecilia Rabelo), que carregava com insistência uma ampulheta, pelo chão com o formato de um grande relógio e também pelas ritmadas pausas após as falas das personagens.

O coro dos mendigos/músicos, composto por Carlos Hartleb e Ricardo Rizek, garantia que, entre uma fala e outra, entre um e outro "round", o silêncio fosse preenchido por uma música contínua, que seguia após o espetáculo. Com o compasso desesperador do tempo que se esvai e na medida em que o tédio se acentua, a ação cênica se comprimia em pequenos quadrantes do relógio simbólico no chão, o que acentuava a sensação de sufoco. Mariângela Alves de Lima observou que essa compressão espacial, somada à música constante que interligava os diferentes atos, contribuía para criar a sensação de um grande processo. E se, por um lado, isso marcava um crescente de opressão, também revelava ao final que, se a música

---

46 Idem, Que Tem o Oficina a Ver Com Esta Peça?, 1972.
47 Ibidem.

6. Cena do primeiro ato de As Três Irmãs (1972). Detalhe para imagem do relógio e inscrições como "Tic-Tac" na parede ao fundo. Ivan Romanitch Tchebutikin (José Celso Martinez Corrêa) está no centro, com jornal em mãos. Fonte: Fundo do Teatro Oficina, AEL-Unicamp.

continua, é também porque a vida continua, ainda que comprimida e sufocante[48].

Zé Celso também se encarregou da distribuição dos papéis e o critério era claro: o ator precisava ter relações vivas com a personagem. Para garantir a efetividade da experiência como símbolo da trajetória do grupo e como carga individual, era preciso viver *As Três Irmãs*. Maria Fernanda (por muitos considerada a grande estrela da montagem), formada no teatro tradicional e sóbrio, ficaria com a voz da consciência e do raciocínio, com o azul sóbrio de Olga. Kate Hansen, em partes familiarizada com a linguagem específica do grupo e bastante disposta à experimentação, seria a sensibilidade e o amor de Macha. Analu Prestes, uma das mais jovens atrizes do elenco, representava a energia e o impulso para o trabalho da jovem Irina. Todas elas, em conjunto, seriam para Zé Celso o equilíbrio

---

48 Cf. M.A. de Lima, O Oficina Revigora a Atualidade da Peça, *O Estado de S. Paulo*, 28 dez. 1972.

da mandala[49]. Renato Borghi, como André, seria a divisão e a esquizofrenia; Lourival Parisi, como Verchinin, seria a "esperança no futuro e o que vem de fora"; Othon Bastos, de formação tradicional, seria "a vontade de mudar, a bondade e todo impedimento de classe" de Tousenbach.

Zé Celso considerava sua relação com Tchebutikin como algo de ordem xamânica: ambos seriam uma espécie de feiticeiro. Para ele, Tchebutikin era quem conduzia os acontecimentos, mas sempre em segundo plano. Ele era um pouco do próprio Tchékhov e "um pouco de mim". No artigo "Conheça Macha, Irina e Olga: As Três Irmãs", publicado pelo grupo, essa explanação a respeito das personagens mostra as escolhas do diretor e esclarece bastante a respeito de sua leitura.

Se comparado às outras personagens masculinas, como Solioni, de uma força destrutiva e um deslocamento social que chama a atenção, ou com um Verchinin, repleto de sonhos e que desloca a atenção das irmãs para o que vem de fora, realimentando seus sonhos ou, ainda, Tousenbach, a força que puxa para a permanência, que aplaca os sonhos de Irina na expectativa de um casamento frustrado de província, Tchebutikin aparentemente não possui a centralidade a ele dada por Zé Celso e seu aspecto "feiticeiro" gera, de início, algum estranhamento. Tal impulso redefinidor do diretor continua quando, no afã de encaixar as personagens na dinâmica espacializada do relógio, Zé Celso considerou serem importantes apenas doze personagens (os doze algarismos do relógio) e relegou Anfissa e Feraponte, os serviçais, ao segundo plano[50].

Para Zé Celso, As Três Irmãs analisava uma "determinada camada social, informada e inútil à sociedade". As personagens ali viventes seriam, então, uma espécie de "aborto de época": viviam em um século, mas amarradas àquele que passou[51]. Portanto, para o diretor, tratava-se não só de fazer um balanço da experiência do Oficina (balanço não findo, dado que as tensões internas continuavam e os rumos ainda não haviam se definido), mas também de passar a limpo a história recente do Brasil. Aqui encontramos um elemento fortemente político da

49 Cf. Três Irmãs: As Forças Sitiadas, *Jornal do Brasil*, 1973; acervo AEL-Unicamp.
50 Cf. Conheça Macha, Irina e Olga, *O Estado de S. Paulo*, 26 dez. 1972.
51 Cf. Checov Ficará Dez Dias no Teatro Oficina, *Folha de S.Paulo*, 19 dez. 1972.

O QUE TEM O BRASIL A VER COM TCHÉKHOV? 155

escolha do diretor, que acentua, mais uma vez, sua tentativa de atualização da peça diante dos problemas de época: era preciso colocar a inteligência de classe média frente a frente com sua inércia ou compactuação com o estado de coisas. Feito o Golpe Civil-Militar, sendo perseguidas e massacradas as principais frentes de resistência (armadas ou não), o diretor queria rever as teses de que "era preciso acumular forças" ou "esperar os bons tempos que virão". Se *Gracias, Señor* fora um espetáculo violento nessa crítica, *As Três Irmãs* a retoma, mostrando a esse setor da sociedade sua identidade com os Prózorov: todos responsáveis omissos pelo atual estado de coisas.

O contraexemplo era a intenção do próprio Oficina: reinventar o real, colocar abaixo a burguesia com suas mercadorias e recalques, sem adesão aos velhos métodos, tidos como ultrapassados, burocráticos e ineficazes – e isso deveria ser feito no *presente*, no *agora*. Tal diretriz trazia soluções evidentes para a cena: pairava sobre os Prózorov a sensação de um forte julgamento – afinal, aquela família e seu entorno seriam os responsáveis por sua própria situação e, indiretamente, pela situação do mundo ao seu redor. Com relação a esse aspecto, Yan Michalski destaca:

outro motivo da indecisão do espetáculo é o irremediável conflito entre o amor que Tchecov tinha pelas suas personagens e o ódio que Zé Celso lhes dedica. Para o autor, os personagens são, antes de mais nada, indivíduos, a cada um dos quais ele cerca de notável carinho; e só secundariamente eles são representantes de uma classe social, ainda assim apresentados como vítimas quase inocentes das pressões que se abatem sobre essa classe[52].

Por mais que política e ideologicamente a diretriz de Zé Celso revele alto interesse, para o crítico essa escolha trazia problemas de difícil solução, já que Tchékhov tinha visão mais ambivalente de suas personagens e, ao mesmo tempo que era irônico com elas, parecia possuir certa compaixão por seu destino. Desse modo, para Michalski e outros críticos da época, a montagem apresentava um julgamento muito implacável,

---

52 Y. Michalski, As Três Irmãs: Vítimas ou Culpadas?, *Jornal do Brasil*, 16 jan. 1973.

construído com base na distorção de um dramaturgo que teria visão muito mais complexa dos processos sociais.

Além disso, se por um lado o trabalho cenográfico e a música destacavam modernamente uma prioridade do *tempo* como grande agente corrosivo das vidas reais, por outro estabelecia uma relação com suas personagens de difícil solução, pois de nada valeria todas as suas expectativas e utopias. Para muitos críticos, estava aí o impasse do espetáculo que, ao mesmo tempo que questionava os velhos padrões, parecia cair nos velhos modelos de interpretação de Tchékhov[53]. Segundo eles, os dois primeiros atos eram demasiado lentos e era como se o antropofagismo e o desbunde propagados pelo grupo não se realizassem por completo, não apresentando diferença entre a encenação do Oficina e as encenações arrastadas, trágicas, melancólicas e, portanto, símbolos do "teatro morto" (para ficar em sua terminologia)[54].

Tais impasses já se apresentaram na noite de estreia, em 31 de dezembro de 1972. Às 24h do último dia do ano se iniciava o Ato III, no qual as três irmãs se deparavam, no começo da madrugada, com um incêndio que tomava conta do vilarejo. Olga (Maria Fernanda) deveria entrar em cena, com um pequeno lenço vermelho, gritando: "Fogo, fogo!" No entanto, automaticamente, como em um *ritual* (não previsto e não ensaiado), os atores começaram a se dirigir para o meio da plateia e para diversos pontos do palco, com inúmeras tochas. Criava-se um clima envolvente, místico, surgido da "necessidade dos corpos". Se tal "improviso" agradou sobremaneira a Zé Celso, que via ali o rumo a ser seguido pelo grupo, para Renato Borghi e atores como Othon Bastos, era a gota d'água: ao final, do meio da plateia, esse grupo de atores afirmou estar cansado de tais excessos e anunciou sua saída do espetáculo e do grupo. Saiu, assim, a última parte do par remanescente das formações originais do Oficina.

E aqui, mais uma vez, observamos a capacidade do grupo de jogar criativa e inesperadamente com a tradição: o ritmo

---

53 Cf. G. Tumscitz, Ainda uma Vez, Quatro Horas Com o Oficina, *O Globo*, 13 jan. 1973. G. Melina, A Crise do Oficina, *Última Hora*, 22 jan. 1973.

54 A expressão é também influência do termo clássico cunhado no livro *The Empty Space*, de Peter Brook.

7. Cena de As Três Irmãs, com direção de José Celso Martinez Correa (1972). Da esquerda para a direita: Maria Fernanda (Olga), Kate Hansen (Macha) e Analú Prestes (Irina). Fonte: Fundo do Teatro Oficina, AEL-Unicamp.

até então moroso ao qual se referia boa parte da crítica e que marcou todos os dois atos anteriores, fora, nesse desfecho do espetáculo, altamente questionado. O improviso e o ritual promovidos com as tochas acentuavam a dimensão ritualística do espetáculo que não pode ser pensada com os critérios com os quais boa parte dos críticos estava acostumada a julgar. Como bem destacou Mariângela Alves de Lima, ao invés de cair no tradicional pessimismo tchekhoviano, o destacado "compasso de espera", a presença das tochas que "incendiavam o palco" e a insistente pergunta de Tchebutikin "Que importância tem isso? Que importância terá tudo isso?" eram prova da eficácia da montagem para as questões do seu tempo: "Essas respostas cabem ao espectador. Mas a importância desse trabalho do Oficina é positivamente indiscutível. Mostra que o teatro pode ser bem feito, pode contar ideias e pode ser vanguarda sem perder pontos em nenhum campo. Um argumento contra quem acredita na adaptação e no conformismo."[55]

[55] M.A. de Lima, op. cit.

Como se vê, o momento de definição do grupo, altamente tenso, polarizava pontos de vista e criava soluções controversas, mas inegavelmente inovadoras. Estas advinham do momento histórico que colocava demandas diretas para as inteligências progressistas – e o Oficina consolidava um modo específico de encará-las e resolvê-las. Não se pode negar que, talvez pela primeira vez na história do teatro brasileiro, Tchékhov parecia lançar questões de modo direto e vivo à plateia, como uma espécie de leitor ácido do estágio vivido pela inteligência brasileira. Deixava definitivamente a condição de clássico importado no repertório de grandes companhias para assumir posição mais orgânica. Ao mesmo tempo, essa abordagem ácida e cruel do dramaturgo – inteiramente nova se posta dentro do quadro de sua recepção mundial – era a que ganhava os palcos russos e do Leste Europeu.

5. Tchékhov, Nosso Contemporâneo

A TRADIÇÃO POSTA EM QUESTÃO

Nos anos 1970, Tchékhov já era parada obrigatória para qualquer programa de formação dramatúrgica e referência de estudo para muitos grupos de expressão internacional. Na União Soviética, sua posição de destaque no cânone nacional era incontornável ainda que, até então, para adequá-lo ao heroísmo e à positividade de perspectiva exigidos pelo realismo socialista no campo cultural, fosse preciso um grande esforço de adequação. Para fazê-lo, muitos críticos e diretores tentavam interpretar suas peças pela lente crítica da superação do velho e anúncio da nova ordem (como no caso de *Jardim das Cerejeiras*) ou, ainda, pela lente da defesa do trabalho e o anseio por um novo mundo (como no caso de *As Três Irmãs*).

No entanto, peças mais cifradas como *A Gaivota* eram difíceis de ser enquadradas dentro de tais exigências edificantes e, por isso, foram menos encenadas ou permaneceram no ostracismo por mais tempo. Para Pável Markov, prova disso era o fato de que o Teatro de Arte de Moscou, responsável por canonizar a dramaturgia de Tchékhov e por adequá-lo em uma linguagem aceitável para o sistema, tenha encenado *A Gaivota* cento e dez

160 TCHÉKHOV E OS PALCOS BRASILEIROS

vezes até 1958, apenas dois por cento de todas as encenações do dramaturgo no período[1]. Mas tais adaptações forçadas à conjuntura só eram necessárias porque não se podia mais ignorar a força canônica do dramaturgo. Na Europa Ocidental já se estranhava o fato de que diretores como Peter Brook, então em contato com elencos antológicos da Inglaterra nos anos 1950 e 1960, ainda não o tivessem colocado em cena[2].

O desejo de atualização do dramaturgo russo era nota dominante na maioria das encenações feitas nos países centrais do capitalismo, e o próprio Brook já havia problematizado a leitura stanislavskiana do dramaturgo em seu famoso livro *The Empty Space*. Por isso, tornavam-se cada vez mais comuns as produções que faziam um enfrentamento direto às concepções nascidas nas montagens do TAM e cristalizadas por muitos de seus epígonos.

O primeiro indício de problematização dessa tradição se deu já com a montagem de *As Três Irmãs* feita por Nemiróvitch-Dântchenko em 1940, dois anos após a morte de Stanislávski. O diretor incorporava na peça parte do otimismo produtivista daqueles anos de stakhanovismo[3], que eram então nota dominante na vida soviética. Retirou da peça o tom de lamento, os ritmos flácidos e optou inclusive por ambientá-la não em uma província qualquer, mas no subúrbio de Moscou. A ideia era reforçar o desejo das irmãs pelo novo, mas sem incorporar o tom declamatório e oficialesco que era típico daquele período stalinista[4].

No entanto, com a Segunda Grande Guerra, o cenário ficou pouco receptivo para experimentações, de modo que, só por volta de 1944, com a direção de *A Gaivota* por Aleksandr Taírov, haveria novo fôlego interpretativo. O diretor, adepto da teatralidade e da fisicalidade, buscou ressaltar o otimismo na peça do dramaturgo por meio da valorização da poesia em sua linguagem. Contudo, a temporada duraria pouco tempo, dado

1   Cf. P. Markov, New Trends in the Interpretation of Chekhov, *World Theatre*, n. 9, Summer, 1960, p. 107-108.
2   A encenação de Peter Brook de *O Jardim das Cerejeiras* só viria a acontecer em 1981.
3   Movimento surgido na União Soviética, sob inspiração do mineiro de Donetz Aleksei Stakhánov que, em 31 de agosto de 1935, superou em quatorze vezes sua cota diária de extração de carvão. O movimento, que sob Stálin atingiu inúmeras outras áreas da produção, visava à elevação da produtividade individual.
4   Cf. A. Smelianski, Dântchenko Directs: Notes on "The Three Sisters", *Theatre Arts Monthly*, Oct., 1943, p. 605.

o fato de que o diretor seria logo acusado de formalismo pela crítica oficial e pelas autoridades[5].

Mas uma das revisões mais decisivas dessa tradição veio justamente das bordas da União Soviética. Nos anos 1960, o diretor tcheco Otomar Krejča dirigiu a maioria das peças longas de Tchékhov, mas sua direção de *As Três Irmãs* em 1965, em Praga, tornou-se um grande ponto de virada nessa tradição do tchekhovismo. A peça trazia o ápice de seus experimentos em torno da centralidade do ator no processo teatral, pois, segundo ele, uma peça só existe porque "encenada por seres humanos vivos"[6].

Krejča acreditava que as peças de Tchékhov não eram comédias, mas "segmentos da comédia humana" e, ao mesmo tempo, estavam repletas de "frieza e crueldade"[7]. Isso porque, em suas intrigas, as personagens estariam enredadas em vidas baseadas em mentiras; suas relações umas com as outras, apesar de partilhadas em um mesmo espaço e tempo, seriam desarmônicas. Desse modo, o diretor ressaltou na montagem uma agressiva polifonia, expondo e consolidando contradições, como se as personagens fossem "animais atacando umas às outras"[8].

O cinza predominou como cor da cenografia. No último ato, de modo a reforçar a crueldade de sua perspectiva, o tiro que mata Tuzenbach ecoa no palco, as personagens executam uma espécie de dança da morte (como que a tornar presente a própria morte) e, ao mesmo tempo que as irmãs se abraçam lamentando sua incompreensão a respeito de sua vida e do seu destino, o próprio Krejča, no papel de Tchebutikin, balança em um grande balanço, que avançava de modo sinistro sobre as cabeças da plateia[9].

Tal leitura altamente potente e polêmica de Tchékhov teve recepção semelhante à montagem igualmente física e cruel do Oficina no Brasil. Ambas sintonizadas, ainda que em escalas diferentes, pelo fato de promoverem um enfrentamento da tradição e do sentimento de impassibilidade que tomava conta de seu público – seja no Brasil ditatorial, seja na Tchecoslováquia sob os desmandos da burocracia soviética. No desbunde

---

5   Cf. A. Tairov, *O Teatre*, p. 394-398.
6   L. Senelick, *The Chekhov Theatre*, p. 241.
7   Ibidem.
8   Ibidem, p. 242-243.
9   Ibidem, p. 243.

162 TCHÉKHOV E OS PALCOS BRASILEIROS

político-tropicalista ou no ritual mortal e implacável, imperava a pergunta: "De que adianta o compasso de espera?"

No mesmo ano, Tovstonógov[10] realizou uma das montagens que mais contribuíram para o início do processo de revisão das leituras sentimentais de Tchékhov em solo russo. Em sua direção de *As Três Irmãs*, investigava abertamente como a peça poderia ser um instrumento para a compreensão do tempo presente. Ao longo dos ensaios, seguia os procedimentos de preparação e treinamento dos atores de acordo com os preceitos de Stanislávski. No entanto, sua leitura retirava das personagens o peso da culpa social que a elas atribuía a crítica soviética. Mais do que culpar as irmãs por sua inação, Tovstonógov pretendia entender qual a dialética entre a crítica a um modo de vida injusto e improdutivo e a simpatia que Tchékhov reservava à delicadeza, lirismo e utopia das personagens representantes desse mesmo modo de vida. Isso implicava em investigar a interioridade das personagens – herança do sistema de Stanislávski – e em analisar criticamente sua própria condição, como propunha Brecht. Para Tovstonógov, era o caso de entender dialeticamente o "destrutivo poder da inação e o protesto de Tchékhov contra ela"[11].

O diretor evitou o tom otimista e reforçou na cenografia a paleta em tons de preto e branco. Acentuou as pausas, a fim de intensificar o sentimento de passagem de tempo e sufocamento pela apatia cotidiana. Para muitos críticos, a montagem era um claro grito de protesto contra o fechamento político que começava a marcar o fim dos anos de degelo e a aparente apatia social diante do circuito que novamente se fechava[12].

Dois anos depois, na esteira desse espírito de renovação, o *enfant terrible* Anatoli Éfros[13] também produziu *As Três Irmãs* em

10   Georgy Alexandrovitch Tovstonógov (1913-1989) graduou-se em direção pelo GITIS (Academia Russa de Artes Teatrais) em 1938. Ficou famoso por direções que revisitavam clássicos russos, imprimindo-lhes novas leituras, nas quais sintetizava os preceitos de Stanislávski, Meierhold e Brecht. Cf. *Historical Dictionary of Russian Theater*, p. 406-407.

11   Apud L. Senelick, *The Chekhov Theatre*, p. 205.

12   Ibidem, p. 207.

13   Anatoli Vassiliévitch Éfros (1925-1987) foi um diretor russo também formado pelo GITIS em 1951. Sempre foi um grande admirador de Stanislávski e propunha um sistema de trabalho e preparação dos atores que partia da ideia de que a verdade da atuação deveria emergir da improvisação – um claro enfrentamento ao engessado "método". Cf. *Historical Dictionary of Russian Theater*, p. 106-107.

Moscou. No entanto, diferentemente de Tovstonógov, Éfros apontava para o extremo oposto e construía uma espécie de "elegia da ruína"[14]. Todo o lirismo, todo sonho e desejo de mudança presentes nos discursos dos oficiais e das três irmãs fora suplantado por pesada atmosfera. Um dos grandes choques iniciais dessa interpretação foi a cenografia. No centro do palco, uma imensa árvore com folhas de metal douradas. Árvores pretas foram pintadas no muro ao fundo. As personagens pareciam agonizar naquele limbo beckettiano, em uma vida sem contornos e sem perspectivas.

O monólogo de Tuzenbach fora especificamente um dos grandes pontos de polêmica. Em vez de envolver suas ideias em um clima de esperança diante do crescente desespero das irmãs, Éfros optou por, após a reflexão dessa personagem, fazer com que Tchebutikin socasse o piano desdenhosamente, seguido do leve olhar de ironia das personagens. Boa parte da crítica soviética encarou esse movimento como uma leitura niveladora do diretor a qual, além de suplantar toda as expectativas de superação daquele mundo crepuscular, zombou dos momentos em que essa expectativa emergia. Éfros mais tarde negou qualquer intenção semelhante, afirmando que o amor de Tuzenbach pelo trabalho e pela mudança era também o amor dele e dos atores. A resposta não convenceu e a produção permaneceu em cartaz por pouco tempo[15].

Tal sufocamento promovido por parte da crítica fazia parte de uma retomada dos velhos representantes do stalinismo dos anos 1940 e 1950. Após o xx Congresso do Partido Comunista, no qual Nikita Khruschióv denunciou os crimes de Stálin, o clima no meio teatral era de experimentação e ousadia. Isso significava um enfrentamento direto ao falso otimismo do Realismo Socialista. No entanto, a Primavera de Praga e a ação deletéria das forças soviéticas abriram condições para a retomada da tradição engessada do período anterior, o que fez com que diretores e atores buscassem estratégias para contornar a ação da censura. Dentre elas, como vimos, estava a da apropriação de elementos críticos da cultura popular e a revisitação de clássicos, na esteira do movimento promovido por Brecht[16].

---

14   A expressão é de David Allen em *Performing Chekhov*, p. 88.
15   Ibidem, p. 88-89.
16   Cf. J.N. Loehlin, *Chekhov: The Cherry Orchard*, p. 148.

164 TCHÉKHOV E OS PALCOS BRASILEIROS

Tal procedimento evitava a ojeriza imediata do Partido às experimentações vanguardistas, mas não necessariamente blindava os diretores de ações censoras posteriores, como a realizada sobre a montagem de *As Três Irmãs*, de Éfros. O mesmo se daria com sua montagem de 1975 de *O Jardim das Cerejeiras*. À frente de um difuso movimento que via a atual realidade soviética com causticidade e desilusão, Éfros dirigiu a peça como uma espécie de enfrentamento não só ao regime, mas também aos padrões de interpretação do TAM. O diretor explorou a dimensão grotesca da peça e dirigiu os atores do Teatro Málaia Brónnaia "em específicos, às vezes mecânicos movimentos, às vezes contidos e estilizados, às vezes exageradamente emocionais, tornando o conjunto ridículo e patético". No entanto, ainda que se tratasse de umas das mais importantes encenações dessa peça de Tchékhov após a encenação do TAM de 1904, o diretor sofrera severas críticas por parte da crítica oficial[17].

Se na União Soviética o clima de fechamento já não era capaz de limar por completo o processo de revisitação da dramaturgia de Tchékhov, na Europa, nos EUA e mesmo no Brasil o impulso problematizador era o mesmo. Como ponto em comum estava o fato de que a sua dramaturgia lançava problemas fundamentais para o entendimento do tempo presente, o que implicava em formalmente também concebê-lo de acordo com uma linguagem que viabilizasse essa potencialidade. Como um dos pontos altos desse processo de revisão do período, Giorgio Strehler dirigiu *O Jardim das Cerejeiras*, em 1974, no Piccolo Teatro, em Milão. Essa encenação se converteu em verdadeira referência de revisão da leitura stanislavskiana dos anos 1960 e 1970.

Segundo o diretor italiano, era preciso entender a peça de Tchékhov para além de seus limites de origem no tempo e no espaço, sem, no entanto, negá-los. Para isso, concebeu *O Jardim* sob a lógica de "três caixas chinesas", que englobavam umas às outras. A caixa mais interna seria a referente à "Realidade", à narrativa em si, ou seja, o drama de Raniévskaia, a venda da propriedade e os negócios almejados por Lopákhin. A segunda caixa, maior que a primeira, era relativa à "História", ou seja,

17 Ibidem, p. 151-154.

o processo social de mudança que caracterizava a passagem de um modo de sociabilidade a outro. Por fim, a última caixa, maior, responsável por englobar as demais: a "Vida". Esta seria a esfera das ações "universais", que se situam historicamente, mas abarcam ao mesmo tempo toda a saga humana: o nascimento, o amor, a morte, a partida...

Com tal leitura ambiciosa, seria necessária uma abordagem múltipla, que conseguisse sintetizar diferentes linguagens e, a um só tempo, permitissem-nas operar simultaneamente sem se sobreporem. Para Strehler, boa parte das encenações feitas de Tchékhov na Europa pecavam por um dos três excessos: seja pela excessiva dedicação ao detalhe e à minúcia de figurinos, sons, gestos e feições, à maneira do "ateliê de minúcias" stanislvaskiano, seja pelo excessivo enquadramento histórico-crítico da trama, à maneira de um Brecht distorcido ou, ainda, pelo desejo conservador de abstração e universalização extremas, que pasteurizavam a força poético-crítica do dramaturgo[18]. Equilibrando-se entre esses diferentes eixos, o diretor conseguiria não só se manter vinculado ao impulso politizador e existencial do período, mas também à sua formação na poética de Shakespeare e na *Commedia dell'Arte*.

As "três caixas" operavam simultaneamente não só na ação dos atores como também na cenografia. Strehler partiu da ideia de que o jardim era em si um problema fundamental e seguiu a diretriz que Tchékhov sinalizou em carta a Stanislávski, do dia 5 de fevereiro de 1903:

Estou contando em escrever a peça depois do dia vinte de fevereiro e devo terminá-la por volta de 20 de março. Já está pronta em minha cabeça. Chama-se *O Jardim das Cerejeiras*, tem quatro atos, e no Primeiro Ato as cerejeiras podem ser vistas em flor através das janelas, todo pomar é uma massa branca. E há senhoras vestidas de branco.[19]

Essa "massa branca" aparece de maneira decisiva na concepção cênica de Strehler. Além da brancura do solo, foi erguido acima dos atores um gigantesco véu, sobre o qual se acumularam milhares de pétalas de papel cortado. As pétalas caíam

18   Cf. J.N. Loehlin, op. cit., p. 139.
19   C.L. Takeda, *O Cotidiano de uma Lenda*, p. 243.

eventualmente, em ritmo variável, a depender da atmosfera e da estação, simbolizando ora a neve, ora as pétalas de cerejeiras em flor. Esse conjunto, imponente e erguido acima de tudo e todos, representava a esfera da "Vida". A mobília foi reduzida ao essencial e funcionava simbolicamente, como indicador de classe, à maneira de Brecht, representando a esfera da "História". Já os atores puderam selecionar seu próprio figurino, com todos apetrechos escolhidos com minúcia e ao gosto, mas unicamente dentro da opção de cor branca – a esfera da "Realidade".

O primeiro ato já apresentava a curiosa inovação de expor as personagens a um ambiente semelhante a um "quarto de criança", com mobília diminuta e um pequenino aparelho de chá. O conjunto contrastava com um grande armário, símbolo da imponência de uma vida aristocrática. O sentido gerado era dúbio: se por um lado poderia sinalizar um amesquinhamento e apequenamento daquele modo de vida, poderia também, com a mesma intensidade, sugerir a ternura nutrida por ele. Tanto que, em determinado momento, Gáiev esbarra no armário, que se abre e revela inúmeros objetos de um quarto de criança. Escapa um carrinho de bebê, que desliza e imediatamente leva Raniévskaia às lágrimas[20].

No segundo ato, o tema do quarto de crianças retorna, agora por meio de um pequeno trem de ferro que passa por trás das personagens e em determinado momento cruza o proscênio, exatamente após o discurso de Lopákhin, no qual ele afirma rezar todas as noites: "Meu bom Deus nas alturas, o Senhor nos deu florestas enormes, terras sem fim, campos imensos, mas a nós, homens, que vivemos no centro de tudo, não nos criou gigantes e condizentes com isso!"[21] Instantes depois de seu discurso, ocorre uma prolongada e angustiante pausa das personagens, combinada com a lenta passagem do trem, que assovia. O trem surgia como a tentativa de potencializar o sentido da fala de Lopákhin, reflexão sobre os alcances dessa ambição do homem na terra, mas também como substitutivo para um difícil detalhe lançado por Tchékhov no texto da peça: o barulho da corda que se arrebenta. Instantes após a fala do negociante, as personagens permanecem em silêncio e surge um som, como

20 Cf. J.N. Loehlin, op. cit., p. 104-143.
21 A. Tchekhov, *As Três Irmãs/O Jardim das Cerejeiras*, p. 94.

que vindo do céu, o qual "ressoa triste e agonizante como a corda de um instrumento ao romper-se"[22]. Essa enigmática indicação do dramaturgo, sempre enfrentada com dificuldade por diretores e vista por muitos estudiosos como simpatia do dramaturgo pelo universo Simbolista, foi aqui solucionada não em termos sonoros, mas imagéticos. Para Strehler, as personagens ouvem o som, angustiam-se, mas os espectadores têm acesso apenas à imagem do trem, que a ele remete.

Já o terceiro ato explorava a absurdidade da situação com elementos cômicos. A festa conduzida por Raniévskaia, auge do desespero, é simbolizada por inúmeras cadeiras de diferentes modelos e épocas que ocupam o palco. As personagens dançam com elas, esbarram e derrubam-nas, como em uma estranha brincadeira. Sua presença tinha múltiplos sentidos: da demarcação histórica, da tensão gerada pela presença de tantos assentos sem pessoas, de sua disposição como que a interagir absurdamente com as personagens – Lopákhin derruba uma cadeira no primeiro ato e, no terceiro, chega mesmo a simulá-las como cerejeiras, convidando o público a vê-lo lançar o machado sobre as árvores.

Acentuou-se também o jogo cômico com curiosa dança que Pichtchik realiza com a cadeira ao cochilar, e a caracterização de Charlotta, criada da família que tivera passado circense e estava vestida com um casaco de proporções extravagantes e um sapato grande, sugeria a vestimenta de um palhaço. É como se, para ressaltar a absurdidade da festa, Strehler se utilizasse de sua conhecida orientação para o trabalho com a *Commedia dell'Arte*, que já o consagrara anos antes com as encenações de peças de Goldoni.

No último ato, assim como no primeiro, Raniévskaia, vivida por Valentina Cortese, ganha especial contorno. Sua personalidade foi traçada à maneira de um eletrocardiograma[23]: gestos rápidos, ajustando constantemente o cabelo, tirando e pondo o chapéu, colocando flores sobre a cabeça, mexendo insistentemente no para-sol, às vezes sorrindo e chorando sucessivamente. Se isso envolve o público afetivamente em seu turbilhão emocional, também serve para caracterizá-la

22 Ibidem.
23 Cf. J.N. Loehlin, op. cit., p. 141.

socialmente, já que denota sua condição de aristocrata imersa em uma situação econômica degradante e, por isso, tensa. À maneira brechtiana, concebe-se a personagem em suas contradições pessoais e sociais, definindo um *Gestus* específico[24]. Ainda, a despeito de seu profundo desejo de vida, manifesto também nas falas de Ánia e Trofímov, ao final prevalece seu desespero.

A brancura do conjunto contrasta com as personagens que, vagarosamente, ao saírem da propriedade vendida, colocam casacos e coberturas negras sobre suas vestimentas brancas. Raniévskaia é a última a sair, recobrindo toda a sala com um olhar pesaroso. Firs fecha a cena, descobrindo que fora esquecido pelos proprietários, ao som dos primeiros machados cortando as árvores e ao mesmo tempo que o grande véu se rompe, lançando sobre sua cabeça e sobre o palco as decaídas pétalas do jardim das cerejeiras[25]. O clima geral é também de sonho, como que a resgatar o veio simbolista de Tchékhov deixado de lado na montagem de 1904 de Stanislávski. Nesse momento, já dividem o palco concepções poderosíssimas em torno de como encenar o dramaturgo. Nos principais palcos da Europa, o *tchekhovismo* deixava de reinar soberano.

RECOLHIMENTO E DESCOMPASSO

Nesse período, nomes como os de Otomar Krejča, Tovstonógov, Éfros e Strehler tinham circulação restrita no Brasil. Eram conhecidos apenas por um grupo específico de críticos e artistas que faziam viagens ao exterior para acompanhar as temporadas internacionais ou liam de relance seus nomes em breves colunas dos suplementos literários. Por isso mesmo, muito desse movimento de revisão da tradição interpretativa sobre Tchékhov chegava timidamente no Brasil, sem condições de impactar concretamente concepções críticas ou investigações cênicas.

---

24 P. Kleber, The Whole of Italy Is Our Orchard: Strehler's Cherry Orchard, *Modern Drama*, n. 42, p. 589-590. Para Brecht, "as atitudes que as personagens tomam umas com as outras constituem o que denominamos domínio gestual. Atitudes corporais, entonações, jogos fisionômicos são determinados por um *gestus* social: as personagens se xingam, se cumprimentam, trocam conselhos etc." Cf. B. Brecht, apud P. Pavis, *Dicionário de Teatro*, p. 187.

25 Cf. J.N. Loehlin, op. cit., p. 145-146.

TCHÉKHOV, NOSSO CONTEMPORÂNEO 169

Para isso, basta observar como Barbara Heliodora, então uma das maiores críticas teatrais em atividade no Rio, referira-se à encenação de Éfros, em artigo publicado no *Jornal do Brasil*, em setembro de 1968:

mas, ainda este ano, a produção de *As Três Irmãs*, de Tchékhov, por um jovem diretor que fazia experiências com o texto, foi precipitadamente tirada de cartaz em Moscou, apesar de ter tido excelente recepção por parte do público, por ser considerada desrespeitosa em relação ao mestre, e entrar em conflito com Stanislávski. Essa foi aparentemente a razão dada; mas parece que houve um pouco de entusiasmo excessivo em relação a certas passagens consideradas muito revolucionárias[...][26].

Sem sequer conhecer o nome do diretor, seu gesto ousado chega quase na forma de um boato. No entanto, não há motivo para lamentar o eterno descompasso brasileiro em relação ao que se produz internacionalmente. Afinal, o Brasil vivia um momento riquíssimo de investigação sobre o sentido de nossa modernização teatral, o que, em alguns casos específicos, como o do Arena, implicaram no direcionamento das atenções para a dramaturgia nacional e a investigação de formas produtivas que explorassem a problemática da superação de nossa condição de periferia econômica e cultural.

Assim, a medida do compasso teatral brasileiro é ligeiramente diversa. Como se viu, isso implicou em escolhas dramatúrgicas e teóricas específicas, e Tchékhov, em muito vinculado a uma leitura específica, parecia arrastado e crepuscular para as demandas do tempo. Em contrapartida, os anos 1960 e 1970 na Rússia e na Europa eram marcados por um processo de revisão da tradição stanislavskiana, de modo que, após a encenação de Strehler, diretores importantes já realizavam revisões *ainda mais radicais* pelo mundo, como André Gregory, Joseph Chaikin e Jean Claude Van Itallie, em 1975, em Nova York; Andrei Serban, em 1977, também em Nova York; e Trevor Griffiths e Richard Eyre, na Inglaterra, em 1977[27]. Ainda assim, como vimos, Ivan Albuquerque dirigiu

---

26 B. Heliodora, Teatro Russo, Teatro Revolucionário, Teatro Soviético, *Escritos Sobre Teatro*, p. 294.

27 Segundo James Loehlin (op. cit., p. 147-170) e Laurence Senelick (*The Chekhov Theatre*, p. 292-293), boa parte dessas encenações estadunidenses vinha carregada do espírito de época, que os críticos traduziram como "Make Chekhov, not War".

uma versão cuidadosa e marcante de *O Jardim das Cerejeiras* (1968), que dava um passo além da leitura tragicizante e realista vinculada ao TAM e dialogava com o que havia de mais atual em termos de teatro épico nos palcos europeus.

Talvez porque um pouco fora dessa medida, foi o Oficina que, pela primeira vez em termos formais e políticos, lidou mais abertamente com o problema da atualidade de Tchékhov. Conseguiu colocar o dramaturgo russo em sintonia com as revisões radicais que ocorriam em vários lugares do mundo, ao mesmo tempo que dialogava de modo direto com a sensibilidade nacional. No entanto, devido ao próprio fechamento político do país e à perseguição mais intensa de artista de vanguarda pela ditadura, encenar um dramaturgo russo seria, *a priori*, um motivo de suspeita para a censura oficial.

Por isso, após a encenação de Zé Celso, a década de 1970 foi de relativa estagnação, atingindo diretamente a recepção então promissora de peças de Tchékhov. A censura sobre alguns artistas e grupos, assim como as dificuldades de sobrevivência financeira ante um universo cada vez mais cerceado, dificultaram o amadurecimento de linguagem e, no caso paulista, "a atividade teatral passara a desenvolver-se preferencialmente como produção isolada"[28], muitas vezes com pouca disposição à experimentação e mais propensa às pressões mercadológicas dos produtores.

Somente dentro desse quadro se pode entender a desaceleração do movimento de recepção da dramaturgia de Tchékhov, o qual, momentos antes, dava sinais de crescimento e arejamento. Ou seja, se nos anos 1950 e 1960 dezenas de montagens de suas peças foram realizadas por grupos profissionais e amadores, nos anos 1970, mesmo o número de montagens de suas peças farsescas reduziu significativamente, e o de suas peças maiores, já traduzidas e relativamente conhecidas nos meios teatrais, não aumentou[29].

---

28 Cf. S. Fernandes, *Grupos Teatrais*, p. 13.

29 De acordo com o levantamento realizado na pesquisa de arquivo que deu a base para o atual livro, foi possível mapear mais vinte encenações de peças farsescas (em festivais e em encenações avulsas) nas décadas de 1950 e 1960. Suas peças maiores tiveram encenações feitas por grupos de expressão (amadores e profissionais) nas principais capitais, totalizando aproximadamente dez encenações. Na década de 1970, aproximadamente sete encenações das peças farsescas e quatro encenações de suas peças maiores, com relativa repercussão.

TCHÉKHOV, NOSSO CONTEMPORÂNEO 171

As peças em um ato do dramaturgo russo já não eram fonte de interesse direto de muitos grupos. Seja porque boa parte das trupes estudantis (inicialmente as principais difusoras desse filão) já havia desdobrado suas pesquisas temáticas e formais rumo ao campo da dramaturgia nacional, seja porque o Tchékhov farsesco não parecia frutífero para o debate político. Desse modo, as encenações de *O Jubileu* (Beto Diniz, 1975, Rio de Janeiro), de *Um Pedido de Casamento* (J.B. Galvão/ Grupo Atard, 1975, Brasília), de *Um Pedido de Casamento, O Urso* e *Sobre os Males Que Traz o Tabaco* (TECA, 1976, Araraquara), de *O Urso* (José Guilherme de Castro Alves, 1976, Vitória), de *O Casamento de Natalina* (adaptação de *Um Pedido de Casamento* feita por Célia Helena - Carlos Augusto Strazzer, 1977, São Paulo) e de *Um Pedido de Casamento* e *O Urso* (Grupo Anhangá, 1977, São Paulo), realizadas, como se vê, por grupos amadores e estudantis, vêm marcadas pelo interesse ligeiro e sem maiores propósitos de investigação.

Isso é facilmente verificável nos programas dos espetáculos, que apontavam apenas para dados biográficos genéricos do dramaturgo, bem como pelo fato de que congregavam, na mesma noite, montagens das peças de Tchékhov combinadas com outros textos aparentemente mais sérios e importantes. Assim, diferentemente das pesquisas que predominaram no período anterior, como as de Hermilo Borba Filho – que viam em Tchékhov um bom laboratório para as investigações sobre a comédia e o popular – ou como as de Luiz Carlos Maciel e Maria Clara Machado – interessados que estavam em explorar nessas farsas seu poder comunicativo e seu dinamismo para a formação de jovens atores – as atuais encenações tinham caráter menos expressivo e programático.

Em contrapartida, encenações de fôlego das grandes peças de Tchékhov foram feitas ao longo da década de 1970, sem, no entanto, lançarem novas tendências. Além da já citada montagem do Teatro Oficina, a montagem de *A Gaivota*, por Jorge Lavelli, em 1974, representou um marco do período. O jovem diretor, nascido na Argentina, era conhecido por encenações que fugiam ao padrão realista e valorizavam a experimentação formal. Por isso, quando passou pelo Brasil e decidiu reunir atores em torno da montagem de *A Gaivota*, o *frisson* foi imediato[30]. O burburinho surgiu não só devido a uma predefinição de muitos do que deveria ser a forma correta de se lidar com o texto tchekhoviano, mas também de uma certa reticência ao teatro visceral e participativo que se afirmava com altos e baixos no solo do Oficina e de grupos de vanguarda, ao qual Lavelli parecia se vincular.

Todavia, a montagem de Lavelli rapidamente acalmou as angústias da crítica. Em primeiro lugar porque o diretor optou por uma encenação na qual prometia fidelidade e ancoramento total no texto. Ao contrário do Oficina, que respeitou o texto integral, mas realizou escolhas cênicas que iam muito além das rubricas do dramaturgo – como, por exemplo, o momento em que os atores entram com tochas nas mãos para representar o incêndio do terceiro Ato –, Lavelli optou por uma direção mais "verbal", com cenário limpo, reduzido ao essencial, com foco na expressão lírica e nas palavras dos atores.

Segundo Yan Michalski, isso significou que a montagem não se superpôs ao texto com "brilharecos" e também não se inferiorizou a ele, de modo a gerar efeitos rebarbativos em cena até então tratados como tipicamente tchekhovianos[31]. Além disso, o diretor optou por manter-se distante de qualquer contextualização sociopolítica, algo que tinha se tornado nota dominante em boa parte das encenações do período. Ao contrário de Ivan Albuquerque, que evidentemente tinha orientações políticas ao promover o Ciclo Russo, ou de Zé Celso, que via na saga das três irmãs um claro paralelo com a inércia da intelectualidade progressista do período pós-Golpe de 1964, Lavelli ensejou uma encenação mais abstrata, a qual apontava para uma "investigação do ser humano, uma síntese que defina a dificuldade de viver, as frustrações etc."[32]

Essa orientação do diretor argentino implicou em diretrizes formais específicas. A primeira delas era a limpeza de iluminação, figurino e cenografia. A sensação deveria ser a

---

30 Yan Michalski lança, em um de seus artigos sobre a montagem, o comentário de que dada a formação e a tendência de suas últimas montagens, sua escolha poderia causar estranhamento, já que havia muitas "exigências limitadoras do realismo tchekhoviano". Cf. Y. Michalski, "A Gaivota": Rigor e Liberdade, *Jornal do Brasil*, 3 abr. 1974.

31 Ibidem.

32 E. Gonçalves, Jorge Lavelli & Gaivota, *O Jornal*, 24 mar. 1974.

TCHÉKHOV, NOSSO CONTEMPORÂNEO 173

de uma primeira leitura do texto tchekhoviano. Sem efeitos espetaculares, o conjunto funcionaria como um comentário poético-visual diante do profundo vazio existencial daquelas personagens que, antes de serem melancólicas, são frustradas com seu modo de vida e se "acostumaram a viver com suas frustrações"[33]. E essa orientação era reforçada pelo contraste da limpeza do palco preenchido apenas por troncos de árvores secas ao fundo. O figurino, predominantemente branco, à maneira do que vinham fazendo algumas encenações no exterior, destacava em sentido oposto a vivacidade e o sonho dessas vidas sufocadas que ainda ambicionam uma nova realidade.

A segunda diretriz era o rigor geométrico na direção dos atores. O diretor sugeria a criação de uma composição de tom único, mas que revelava as próprias dificuldades em se fazer teatro – este também um dos temas centrais de *A Gaivota*[34]. Somada a esse rigor, dava liberdade aos atores para buscar leveza e espontaneidade dentro daqueles limites postos. Contudo, essa busca não seguia a chave que mais tarde seria levada à radicalidade pelas teatralidades contemporâneas, como a vinculação da ação espontânea a experiências reais e particulares dos atores. Pelo contrário, a motivação era de origem stanislavskiana, e "o que cada intérprete parece procurar é incorporar na sua própria maneira de ser, de se comportar e se comunicar com os outros as sugestões dramáticas decorrentes da situação e da vivência da respectiva personagem"[35]. Ou seja, se por um lado Lavelli combatia a noção de pontilhismo cênico das montagens de Stanislávski, por outro mantinha um procedimento de trabalho com os atores ainda vinculado ao mestre russo. Como apontara Gilberto Tumscitz em tom ligeiramente crítico: "O quadro visual é lindo e beira o abstrato. Mas a marcação cênica é naturalista."[36]

Assim opinou em uníssono a crítica. A concepção cênica de Lavelli e a cenografia cuidadosa de Claudio Segovia, que transformou o enorme espaço do Teatro Municipal em uma arena mais íntima[37], eram modernos e arejados. Isso por si era

---

33 Opinião de Sérgio Britto, em Uma "Gaivota" Com Visão Argentina, *O Globo*, 22 mar. 1974.
34 Cf. Y. Michalski, op. cit.
35 Ibidem.
36 G. Tumscitz, Lavelli Realiza "Gaivota Exemplar", *O Globo*, 30 mar. 1974.
37 Cf. Na "Gaivota", Atores e Público Juntos no Palco, *O Globo*, 28 mar. 1974.

um questionamento dos pressupostos engessados, evidentes em montagens como as do TNC. No entanto, a atuação – a princípio o eixo determinante para o diretor, que desejava ouvir a fala do próprio texto – deixou a desejar pelo desequilíbrio de conjunto.

A direção milimétrica seria mais efetiva se o elenco atendesse à homogeneidade esperada. Sem ela, a impressão era de artificialismo. Ainda que atuações como as de Renata Sorrah (Nina), Sérgio Britto (Dr. Dorn), Monah Delacy (Polina), Tereza Rachel (Raniévskaia) e Cecil Thiré (Trigórin) tenham sido destacadas como bastante originais e profundas (sobretudo a de Tereza Rachel, que conseguiu conceber uma Raniévskaia com toques sutis de bondade e crueldade[38]), outras atuações oscilaram bastante e dividiram a crítica, como as de René de Vielmond (Macha) e Augusto Strazzer (Trepliov), tidos como muito jovens.

O ponto alto da montagem, na opinião de alguns críticos, fora a cena final, trabalhada com profundo intimismo. O diálogo de Nina e Trepliov ocorreu a um canto da arena, em uma parte rebaixada, construída tal qual um porão, como se houvesse pudor em revelar o que ali ocorria[39]. Com refinamento, Lavelli inverteu o sentido grandiloquente, retórico e até melodramático que a cena poderia invocar e investiu em seu inverso, como que a apostar no minimalismo para potencializar sua força. Somente a presença desses atributos já seria o bastante para, segundo Sérgio Britto, considerar a presença de Lavelli e seu Tchékhov "uma renovação do teatro brasileiro"[40]. Já para Aldomar Conrado, essa montagem, junto com *Um Grito Parado no Ar*, de Guarnieri, eram a retomada do "teatro enquanto depoimento"[41].

Tratava-se da primeira encenação profissional de *A Gaivota* em palcos brasileiros. E, ainda que com essa exposição sumária, é possível perceber que, mesmo com percalços pontuais, a direção de Jorge Lavelli contribuía para o processo de arejamento das encenações de Tchékhov até então feitas. E mesmo que sua montagem tenha optado por uma abordagem abstrata e atemporal, ao contrário do movimento de politização de Tchékhov

---

38 Cf. Y. Michalski, op. cit.

39 A expressão é de Sérgio Britto em "A Gaivota" de Tchecov Já Está no Municipal: Veja, *Última Hora*, 30 mar. 1974.

40 Na "Gaivota", Atores e Público Juntos no Palco, *O Globo*, 28 mar. 1974.

41 A. Conrado, A Rússia de Tchecov no Municipal, *Diário de Notícias*, 31 mar. 1974.

visto nessas mesmas montagens internacionais e no teatro brasileiro, seu trabalho coroava com refinamento as tentativas de superação de alguns paradigmas de interpretação que engessavam o dramaturgo no calabouço sentimental e crepuscular. A mesma força não parece ter emergido das outras duas montagens de *Tio Vânia* feitas ao longo dos anos 1970. A versão do Teatro Livre da Bahia, dirigida por Álvaro Guimarães e estreada em junho de 1974, no Teatro Vila Velha, em Salvador, funcionou mais como exercício de grupo e teve pouca repercussão. E *Tio Vânia*, do Grupo Heros, dirigida por Emilio di Biasi e apresentada em maio de 1975 em São Paulo e Santos, mostrou força de proposta, mas dificuldades práticas de realização. O grupo recém-criado, que já tinha enveredado por Nelson Rodrigues e Oswald de Andrade, apresentava um elenco jovem, mas com experiência recente no teatro profissional. Tinham como propósito enfrentar as dificuldades econômicas impostas pelo subfinanciamento das artes no país através da ação coletiva, sem a intervenção de empresários e produtores. Isso trazia certa liberdade de escolhas, algo que, por um lado, permitia ao grupo entregar-se com relativa flexibilidade a textos artísticos e pesquisa de linguagem, mas, por outro, carecia de condições para que os atores se dedicassem integralmente à atividade e pudessem financiar os elementos necessários para a viabilização do espetáculo, o que, sem dúvida, gerou visíveis desníveis no desempenho dos atores[42].

Emilio di Biasi concebeu *Tio Vânia* como uma espécie de manifesto contra a apatia e a acomodação. Estava aí um ponto de profundo interesse que, a um só tempo, mostrava o desejo de atualização da peça para os problemas do tempo e justificava a presença de um elenco tão jovem para a interpretação de personagens mais velhos. O diretor não negou a estranheza que causava na crítica a presença de um elenco adolescente para os papéis. Mas, segundo seu ponto de vista, atores mais velhos não teriam condições de expressar com tanta intensidade sua mensagem, pois "muito mais terrível é um jovem decadente que não percebe nada à sua volta e sonha com um futuro mais

---

42 Cf. M.A. de Lima, Interpretação Não Consegue Expressar Sentido de "Tio Vânia", *O Estado de S. Paulo*, 15 maio 1975.

feliz"[43]. Tratava-se, evidentemente, de um balanço da geração que sofrera os duros impactos da repressão pós-68 no Brasil.

No entanto, para boa parte da crítica paulistana, o espetáculo ficou aquém das expectativas, a despeito da inovação de sua mensagem, principalmente pelo fato de que, pela sua juventude, o elenco não estava preparado para trabalhar as nuances da trama e das personagens. Tendo em vista que o diretor optara por uma direção intimista, em espaço diminuto, com cenografia e figurinos enxutos e demarcados historicamente, os atores não davam conta de apresentar a crescente de angústia pelas "vidas que se esvaem" das personagens. Para Mariângela Alves de Lima, o tédio das personagens estava presente desde o começo e permaneceu o mesmo até o fim, expressando a grande dificuldade de modulação dos atores[44]. Já para Sábato Magaldi, o meio tom da vida dessas personagens, que sugere uma espécie de pulverização impressionista, não se realizava com atores que pareciam brigar com elas[45].

De modo geral, é como se, por trás dessas encenações que ora tateiam, ora realizam de maneira bastante convincente uma nova leitura, estivessem as dificuldades lançadas pelo próprio tempo: repressão política, escassez econômica, esfacelamento de grupos, dificuldades para a continuidade de trabalhos, empreendimentos isolados e passageiros... E se, por um lado, essas condições serviram de fermento para o surgimento de iniciativas bastante criativas, consolidando a tendência para a produção coletiva de peças pelos grupos nascentes[46], por outro lado, do ponto de vista da recepção da dramaturgia de Tchékhov, foram anos de tímido amadurecimento de linguagem.

---

43 Grupo Heros Mostra a Visão Amarga do Cotidiano de Tchecov, *A Tribuna*, 27 jul. 1975.
44 Cf. M.A. de Lima, op. cit.
45 Cf. S. Magaldi, Tchecov Não Acharia Ruim Se Houvesse um Pouco Mais de Experiência Cênica, *Jornal da Tarde*, 15 maio 1975.
46 Ver o trabalho de Silvia Fernandes sobre uma parcela expressiva dos grupos teatrais dos anos 1970, como o Asdrúbal Trouxe o Trombone, Ornitorrinco, Ventoforte, Pod Minoga, Mambembe e outros que tiveram como marca o teatro independente e o sistema cooperativo de produção. S. Fernandes, op. cit., p. 13-32.

SEM ESTRANHEZA DE SOTAQUE

Os anos 1970 evocam de modo geral a imagem do sufocamento da atividade teatral, mas, ainda que essa fosse a realidade de muitos grupos da anterior vanguarda artística, iniciativas arejadas surgiam fora do esquema das grandes produções. Ao mesmo tempo, ao final da década a vida política brasileira já dava sinais de renovação, com o ressurgimento de organizações operárias, camponesas e estudantis – ao redor delas, movimentos artísticos igualmente desafiadores da ordem. É nessa esteira que Maria Clara Machado estreava com otimismo o seu "teatro adulto" dos anos 1980.

Como mostra de que o teatro se abria a novos tempos, a diretora optou por um texto inédito de Tchékhov e praticamente desconhecido da crítica brasileira: *Platónov*. Em termos gerais, ainda que a peça fale da impotência do professor de província, incapaz de alterar a rota de sua vida, a escolha representava uma lufada de ar fresco na trajetória de recepção do autor russo pelas perspectivas que abria. Para Maria Clara, o momento vivido pela sociedade e pelo teatro brasileiros dava a impressão de que um "tumor tinha sido furado"[47]. O cenário ainda era de desânimo e dificuldades, mas permitiu, em sua opinião, que o monopólio dos produtores e das peças comerciais fosse cindido e que as iniciativas de pequenos grupos alternativos e cooperativas de teatro se convertessem em solução. Para ela, isso permitia que agremiações amadoras como a sua pudessem encenar uma peça como *Platónov* – dramaturgia de juventude do autor russo, completamente fora dos modismos cênicos e, em termos de sucesso de público e bilheteria, bastante arriscada[48].

Atravessada por impasses, a montagem de Maria Clara Machado, que estreou em maio de 1980 no Teatro Tablado, no Rio de Janeiro, trazia nova percepção sobre o universo tchekhoviano. A diretora trabalhou com os atores amadores não o Tchékhov "pesadão, como as pessoas gostam de ver encenado"[49], mas um Tchékhov leve, "mais travesso". Agregou a ele

---

47 O Teatro Brasileiro Está em Crise, *Última Hora*, 6 jun. 1980.
48 Cf. Y. Michalski, Um "Don Juan" de Província, *Jornal do Brasil*, 3 jun. 1980.
49 Trecho de entrevista presente em: W.N. Coutinho, Leveza Russa: Tchekov Encenado do Modo Que Ele Preferia, *VEJA*, 4 jun. 1980.

o que acreditava haver de "mineirice"[50] na temática de suas peças – aquilo que é decadente, falsamente importante e ao mesmo tempo simpático. Sem dúvida, isso representava um discreto, mas revigorante, ponto de inflexão na trajetória de recepção do dramaturgo, por questionar seu viés tragicizante e buscar claros paralelos locais.

No último ato, a diretora valorizou o ritmo ágil do vaudevile francês, gênero que fizera escola na Rússia e marcara as peças em um ato do dramaturgo. Deu compasso levemente acelerado às cenas finais e, nos entreatos, apresentava cenas de filmes de Chaplin, como que a destacar o tragicômico das personagens tchekhovianas emergidas daquela "impura" peça de juventude[51]. Para a diretora, a trupe estava apenas seguindo o que sempre fora uma intenção do dramaturgo: ver suas peças encenadas como comédias. Para o crítico Wilson Coutinho, o respeito a essa diretriz do dramaturgo foi o que permitiu à encenação de Maria Clara transmitir ao público a ideia de que "a leveza de seu espetáculo apenas ressalta os tormentos das personagens"[52].

A cenografia de Helio Eichbauer era enxuta e preferiu a demarcação histórica clara de tempo e local. Os figurinos de Kalma Murtinho foram unanimemente elogiados pelo cuidado com a combinação de cores. No entanto, ainda que o conjunto prezasse pelo esmero e pela inovação de proposta, para boa parte da crítica, a peça carecia de definição clara de tom. Na polêmica opinião de Flávio Marinho, o problema estava na própria debilidade do texto de Tchékhov: peça de juventude, sem foco claro, cheia de monólogos desnecessários e ainda bastante tributária de um romantismo decadente[53].

A opinião também é, em partes, compartilhada por Yan Michalski, ao afirmar que a peça de Tchékhov ainda não conseguira assimilar o melodrama romântico e que muitas cenas beiravam o "grotesco involuntário"[54]. Além disso, a dificuldade de acerto de tom do grupo destacou o que, na opinião

---

50 Cf. F. Marinho, Retrato de um Fim de Raça: No Tablado, Tchecov Estreante, *O Globo*, 24 maio 1980.
51 Cf. W.N. Coutinho, op. cit.
52 Ibidem.
53 Cf. F. Marinho, Jovem Tchecov: Muito Cuidado, Pouco Texto, *Visão*, 16 jun. 1980.
54 Cf. Y. Michalski, Um "Don Juan" de Província, *Jornal do Brasil*, 3 jun. 1980.

dos críticos, já era uma debilidade desse drama formalmente mal resolvido. Segundo Michalski, a diretora não conseguira construir a ação cênica para caminhar num crescente de tensão e que também acentuasse o sufoco da personagem, pelo contrário: apresentava cada um dos perfis psicológicos de maneira quase inalterada do começo ao fim da encenação. Ademais, o desnível de formação dos atores não conseguiu insuflar "cor" e "vida" em personagens que, por si só, já seriam "esboços"[55]. Mas a escolha de Maria Clara Machado, em que pesem todas as dificuldades de montagem que ela própria reconhecia, acrescentava elementos novos à tradição de montagens feitas no Brasil. Explorar a dinâmica cômica do dramaturgo poderia funcionar como um balanço da experiência cultural e social brasileira dos últimos anos. Além disso, significava enriquecer as possibilidades de interpretação de peças que, durante muito tempo, vieram enquadradas na perspectiva do TBC/TNC – o que talvez, por isso mesmo, tornava o dramaturgo alguém ainda alheio ao que então tinha-se como elemento nacional.

Diferentemente dessa perspectiva, *O Jardim das Cerejeiras*, montada no ano seguinte por Jorge Takla, com estreia em São Paulo no Teatro Anchieta, não tinha como preocupação essa atualização do dramaturgo ou a necessidade de renovar a percepção em relação ao *tchekhovismo*. Ainda que a crítica de Sábato Magaldi tenha valorizado a atmosfera de irrealidade que desbastou o sociologismo e ressaltou o lirismo das diferentes personagens[56], de um modo geral, Takla esteve preso a soluções cênicas muito tradicionais. Jeferson Del Rios, por exemplo, criticou a falta de audácia do diretor[57] e Paulo de Lara elogiou a preocupação com a qualidade artística do espetáculo, reprovando ao mesmo tempo a indecisão do diretor diante das questões da atualidade: "Resta saber agora, como deve ser encarado esse clássico do teatro naturalista. Sob uma perspectiva mais humanística ou mais política?"[58] Isso ficou evidente,

---

55 Ibidem.

56 Cf. S. Magaldi, "O Jardim das Cerejeiras": Um Raro Requinte, *Jornal da Tarde*, 18 fev. 1982.

57 Cf. J. Del Rios, Cerejeiras floridas no Fim de uma Época, *Folha de S.Paulo*, 16 jan. 1982.

58 P. Lara, Um Chekov Inverossímil no Palco do Anchieta, *Folha da Tarde*, 2 fev. 1982.

segundo eles, tanto na dificuldade de definir o tom geral como em cacoetes individuais dos atores, os quais exageravam em risos e gritos e reforçavam uma histeria da decadência, o que desequilibrava demasiadamente o espetáculo. Bem cuidada esteticamente e apegada ao detalhe, a encenação de Takla não foi capaz de impressionar o público, muito menos servir de referência para futuras reflexões formais e críticas.

De certa maneira, propostas tributárias do processo de revisão cômica de Maria Clara Machado fizeram mais escola. O que confirma essa tendência é o famoso espetáculo *Trágico à Força*, de Marcio Aurélio, estreado em São Paulo em 1982, no Teatro Studio São Pedro. A montagem reuniu inicialmente as peças *Os Males do Tabaco*, *O Pedido de Casamento*, *O Urso*, *Trágico à Força* e *O Canto do Cisne*. No entanto, depois das duas primeiras apresentações, o grupo retirou esta última peça do espetáculo.

Um tom comum para todas as pecinhas foi conquistado por meio de um eixo temático bastante claro definido pelo diretor: o casamento como expressão da opressão de Estado no nível familiar[59]. Marcio Aurélio enxergava nessa problemática não só um fio que costurava todos os textos, mas também um dado de atualidade do dramaturgo. Em sua opinião, tratava-se de exacerbar questões que já soavam cômicas em fins do século XIX e que, agora, mereciam ser levadas ao grotesco: o interesse financeiro mesquinho que impera sobre os desejos e realizações e as imposições de um casamento opressivo sobre os anseios individuais. Partindo da ideia de que toda emoção é datada, o grupo quis entender quais eram as questões candentes da época de Tchékhov e transpô-las para os dias atuais[60].

Nessa linha, diretor e atores estudaram durante quatro meses para constituir uma proposta formal produtiva que potencializasse essa diretriz. Pesquisaram experiências recentes de grupos como Mambembe, Pessoal do Victor, Asdrúbal Trouxe o Trombone e o próprio Tablado, vindo daí a ideia de resgate da tradição cômica e de trabalho colaborativo. O estudo, as adaptações textuais, as improvisações, os cenários foram todos produzidos e

---

59 Cf. P. de Lara, Obras de Checov Num Só Espetáculo, *Folha da Tarde*, 23 jun. 1982.

60 Proposta de montagem (mimeo), pasta "Trágico à Força" - Marcio Aurélio, acervo Cedoc – Funarte.

TCHÉKHOV, NOSSO CONTEMPORÂNEO

realizados pelo elenco[61]. Reconhecendo o desejo do próprio dramaturgo de ver suas peças cômicas livres de qualquer peso trágico, optaram por varrer o espetáculo de qualquer psicologismo e encontraram nas formas do cinema mudo, da caricatura e do teatro de variedades contribuições decisivas. Isso significou apostar em um grande dinamismo da cena e em um trabalho expressivo dos atores focado mais na força da expressão física que na sutileza do diálogo[62]. Edith Siqueira, atriz que contracenou nos papéis femininos, chegou mesmo a afirmar que "a pausa tchekhoviana é a mãe do distanciamento" e, por isso, esse recurso foi utilizado sem psicologismos, a fim de potencializar o grotesco e o poder crítico do espetáculo[63].

A cenografia produzida coletivamente foi reduzida ao essencial: o palco limpo, para garantir a mudança rápida e eficaz de cena, vinha acompanhado de objetos simples, funcionais e manobráveis. Assim, produzia-se mais facilmente o *distanciamento* de origem brechtiana, mas também operava-se dentro do mesmo dinamismo do teatro de variedades. A iluminação foi pensada para eliminar qualquer atmosfera ou psicologismo, e por isso era dura[64]. Tato Fischer estava ao piano e pontilhava suas músicas não só durante a transição entre as diferentes peças, mas também para definir o compasso cômico da própria ação cênica. De maneira geral, foram elogiadas as atuações de Elias Andreato (Smirnóv, em *O Urso*) e Edith Siqueira (como Eliena Popova, em *O Urso*).

Na opinião de boa parte da crítica, a peça merecia ser vista pelo seu poder de divertimento e por sua pegada crítica, mas ainda não possuía o estatuto do "grande teatro" tchekhoviano. Se há aí muito da subestimação da comédia enquanto gênero (perspectiva que via nas peças em um ato do dramaturgo somente um esboço do grande teatro), há também o subtexto ainda presente na percepção de alguns de que o grande Tchékhov é o atmosférico, psicológico e sentimental. A crítica de Sábato Magaldi ao

---

61 Cf. A.G. Filho, No São Pedro, o Mundo Tragicômico de Tchecov, *Folha de S.Paulo*, 23 jun. 1982.

62 Cf. J. Del Rios, Tchecov Visitado Pelo Humor de Groucho Marx, *Folha de S.Paulo*, 30 jun. 1982.

63 Cf. A.G. Filho, op. cit.

64 Proposta de montagem (*mimeo*), pasta "Trágico à Força" - Marcio Aurélio, acervo Cedoc – Funarte.

espetáculo, por exemplo, reconhece que o grupo não recorreu à comicidade "vulgar", mas, ao mesmo tempo, afirmou não ser esse o verdadeiro teatro de ambição artística do dramaturgo. O crítico ainda pontuou, sintonizado com os comentários de Clóvis Garcia[65], que o elenco abusava do histrionismo como recurso para gerar o riso, tornando o gesto bastante exterior e sublinhando a caricatura dos traços[66].

Contudo, a despeito das ressalvas bastante tradicionalistas desse setor da crítica, Marcio Aurélio e o Grupo Setra exploravam uma dimensão nova do texto tchekhoviano, incorporando, ao mesmo tempo, o que havia de melhor no teatro de grupo brasileiro dos anos 1970 e da tradição cômica nacional. E se exageraram na concepção exteriorizante das personagens, ganharam também em força crítica e mostraram a um só tempo a capacidade de suas peças aparentemente despretensiosas de dialogarem com o Brasil e as questões do tempo[67].

Como se vê, a essa altura da recepção de suas peças, já não se pode falar em recantos inexplorados de Tchékhov, seja ele o farsesco, seja ele o das peças maiores. Entre uma e outra encenação, entre impasses de concepção e altos e baixos de elenco, já não há tendência cômica ou trágica, naturalista ou vanguardista que não tenha sido investigada. Tchékhov já fazia parte do grande repertório, sem estranheza de sotaque.

PLURALIDADE DE TENDÊNCIAS

Em meados da década de 1980 e ao longo da década de 1990, multiplicaram-se montagens de Tchékhov pelo Brasil. Ao longo desses vinte anos é possível mapear de maneira fácil mais de

---

65 Cf. C. Garcia, A Comédia de Tchecov em "Trágico à Força", *O Estado de S. Paulo*, 9 jul. 1982.

66 Cf. S. Magaldi, Neste "O Trágico à Força", Deliciosos Momentos de Tchecov, *Jornal da Tarde*, 9 jul. 1982.

67 Vale destacar que dois anos depois de *Trágico à Força*, Domingos Oliveira também promoveria uma valorização das peças em um ato com *O Urso*, de Tchékhov, dentro do espetáculo *A Irresistível Aventura*, que congregava inúmeras pequenas peças. Também o fariam Ronaldo Brandão, em 1988, com *Os Males Que o Fumo Produz*, em Belo Horizonte; Antonio Oliveira em 1988, com *O Urso*, em Porto Alegre; Elpídio Navarro, em 1988, com *Pedido de Casamento*, em João Pessoa; e Roberto Parkinson, em 1989, com *Um Pedido de Casamento*, em Brasília.

quarenta encenações de grande repercussão. Ainda que com os corriqueiros percalços financeiros, que sempre permearam a atividade teatral e dificultaram o amadurecimento da pesquisa e a sobrevivência de artistas e grupos, começam a se disseminar programas universitários de formação em artes cênicas e grupos novos desenvolvem trabalhos nas capitais – algo que favorecia imensamente o processo de formação, debate e pesquisa teatral.

Tal cenário de amadurecimento acadêmico e institucional também faz com que teorias e experiências em voga ao redor do mundo cheguem aqui e sejam absorvidas com maior velocidade. Isso repercute diretamente na recepção de Tchékhov e, não à toa, o que temos ao longo desses anos é uma verdadeira pluralidade de tendências interpretativas de sua dramaturgia. Essa condição, se por um lado demonstra o esforço de atualização de pesquisadores universitários, artistas e grupos, por outro pode suplantar processos de pesquisa mais longevos e preocupados com uma comunicação mais direta com os impasses do país, ou seja, ciclos se interrompem antes mesmo de serem amadurecidos[68].

A partir disso, vale destacar que os comentários a respeito das montagens desse período, justamente por serem muitas e de caráter bastante diverso, já não podem mais ser compreendidos dentro de uma linha interpretativa clara. Universalizantes, políticas ou desconstrucionistas, as montagens das peças de Tchékhov comporão um painel bastante rico e muito diverso daquele que marcou sua introdução nos anos 1940.

Em primeiro lugar, vale a pena destacar as montagens que valorizaram a leitura de um Tchékhov *universal*, preocupado com as questões da atualidade, mas, acima de tudo, leitor do que muitos acreditam ser a "natureza humana". Dentro dessa tendência estão as encenações realizadas pelo Teatro dos 4, encabeçado por Sérgio Britto e Paulo Mamede. Em 1984, o grupo estreou *Tio Vânia*, no Rio de Janeiro. Britto pensou em eliminar o que durante muito tempo ficou conhecido como clima grandiloquente e ritmo lento em Tchékhov. Preferiu valorizar os elementos da comédia presentes no texto e concebeu os quatro atos em diferentes variações de tom: o primeiro, mais elegante[69], trazia uma espécie de "apresentação das personagens".

---

68 Cf. R. Schwarz, Nacional Por Subtração, *Que Horas São?*
69 Cf. Entrevista com Sérgio Britto no Programa da Peça.

Nos demais atos, saiu em busca do subtexto individual de cada personagem e, por isso, pensou em um trabalho mais realista de preparação dos atores. Segundo ele, para que isso funcionasse, era preciso encontrar o tom exato das palavras em Tchékhov, pois elas não estavam ali à toa e guardavam dentro de si camadas profundas de subjetividade que precisavam ser investigadas em minúcia. Já para o trabalho com as cenas, o diretor fugiu da chave realista e optou pela criação de "climas cênicos", para os quais abriu mão de qualquer parafernália cenográfica e deixou o palco nu. Assim, criavam-se espaços específicos por meio da iluminação e da música. Ou seja, havia uma espécie de partitura cênica impressionista que deixava para o público a construção do quadro geral[70].

Segundo alguns críticos, o desempenho dos atores é que, por vezes, impediu essa direção cromática de encontrar seu tom exato, pois alguns optaram por interpretações pouco nuançadas e acabaram por cair numa atuação monocórdia, como Cristiane Torloni, no papel de Helena[71]. Por outro lado, Denise Weimberg (Sônia) foi unanimemente elogiada pela crítica por delinear uma personagem levemente abandonada de formalismos e muito intensa[72]. Além disso, aquilo que era para funcionar como uma combinação nova (*grosso modo*, uma mescla de naturalismo com impressionismo) também foi criticado por Macksen Luiz. O crítico viu no jogo cênico naturalista dos atores uma diretriz muito planejada e mecânica, que gerou uma forte sensação de causalidade entre o que era dito, o que se sentia e o que acontecia em cena[73].

A mesma chave universalizante esteve na montagem de *O Jardim das Cerejeiras*, de 1989, também promovida pelo Teatro dos 4, com estreia no Rio de Janeiro e agora com direção de Paulo Mamede. No programa da peça fica evidente a leitura intencionada pelo grupo: "mostrar que o ser humano é atemporal, eterno, pois apesar das fantásticas conquistas técnicas e científicas feitas até hoje, o homem e a mulher continuam à

---

70 Cf. M. Luiz, Impossibilidades, *Jornal do Brasil*, 13 jul. 1984.
71 Cf. "Tio Vânia": Um Clássico de Sóbria Beleza, *Desfile*, 10 ago. 1984.
72 Cf. F. Marinho, "Tio Vânia" – Espetáculo Muitos Furos Acima da Média, *O Globo*, 17 jul. 1984.
73 Cf. M. Luiz, op. cit.

TCHÉKHOV, NOSSO CONTEMPORÂNEO
185

procura de uma conquista: o outro". Nesse sentido, ainda que a montagem promovesse leves referências a problemas do tempo, como a questão do desmatamento – simbolizada no trabalho cênico com papelão ondulado[74] –, o que se desejava enfatizar era o problema da decadência humana em um mundo no qual cada vez mais as pessoas se distanciam umas das outras. Para Macksen Luiz, a escolha de Mamede e do Teatro dos 4 vem da constatação de que nem a Revolução Russa – vislumbrada como utopia do trabalho em *As Três Irmãs* e como movimento da história em *O Jardim* – foi capaz de superar problemas universais, como o da distância entre os homens e sua incapacidade de lidarem uns com os outros.

A cenografia era limpa e, à maneira de Peter Brook em sua montagem de *O Jardim das Cerejeiras* (em cartaz de 1981 a 1989 em Paris)[75], os atores sentaram-se no chão. No geral, valorizou-se a iluminação em tons diáfanos e as vestimentas elegantes e limpas em tom bege. Mas essa "rapsódia em bege"[76] ou, para outros, essa "brancura hospitalar"[77], não foi suficiente para que o espetáculo superasse certa frieza de dinâmica – a mesma anteriormente mapeada por Macksen Luiz. A direção minuciosa dos atores, visando preencher o vazio do espaço com a intensidade do jogo entre as personagens, não conseguiu evocar os necessários contrapontos de lirismo. Isso também reforçou certa gelidez do espetáculo, retirando-lhe a necessária envolvência lírica, componente para muitos inegável em *O Jardim*[78].

A dimensão da universalidade do dramaturgo também foi buscada em conhecida direção de *A Gaivota*, de Francisco (Chico) Medeiros, realizada em 1994. Marco Ricca, produtor e ator na peça, destacou o motivo que os levou a eleger Tchékhov: sua capacidade de "se manter com uma visão atual da natureza humana". Comparando-o a Shakespeare, diretor e produtor

---

74 Cf. M. Cezimbra, Comédia da Decadência, *Jornal do Brasil*, 25 jul. 1989.
75 Para detalhes sobre essa encenação de Brook, que foi um momento decisivo na trajetória de recepção das peças de Tchékhov, justamente por ser concebida polifônica e em claro embate com a tradição naturalista, ver J.N. Loehlin, op. cit., p. 171-181.
76 Cf. M.R. de Farias, Tchekhov um Adeus de Comovente Beleza, *O Estado de S. Paulo*, 26 jul. 1989.
77 Cf. B. Heliodora, Tchekov É Tchekov, *Jornal do Brasil*, 28 jul. 1989.
78 Cf. M. Luiz, Tempo dos Gestos Inúteis, *Jornal do Brasil*, 27 jul. 1989.

viam no texto uma reflexão sobre o homem contemporâneo e o papel da arte.

À maneira do que já vinha ocorrendo com boa parte das montagens dos últimos anos, a cenografia optou pelo cenário limpo (com alguns galhos secos e poucas caixas nas laterais), que, no caso do subsolo do Centro Cultural São Paulo, gerou sutil simbiose entre os tijolos da moderna construção paulistana e o improviso da pequena peça de Trepliov[79]. Esse era sem dúvida um dos pontos altos da montagem, que não tinha problema algum em subverter a rubrica de Tchékhov, que sugeria a montagem da pecinha de Trepliov em um palco no jardim: "assim como Tchékhov colocou a ação no campo, para enfatizar a disponibilidade das personagens em férias, nós fomos ao subterrâneo, para frisar a discussão existencial que ele propõe"[80]. O efeito final foi de profundo sufoco das personagens e, para isso, não foi necessário nenhum artifício teatral, já que o diretor optou por "deixar o texto falar", a fim de que a cadência e a individualidade das falas de cada personagem pudessem emergir[81].

Na mesma linha também foi produzida *A Gaivota*, por Jorge Takla. Neste caso, o diretor preferiu um retorno mais declarado ao cenário e aos figurinos tradicionais "quase realistas", segundo Barbara Heliodora[82]. Essa escolha foi pouco justificada pelo diretor, mas vem atravessada por uma leitura universalizante do dramaturgo: "Eu já me preocupei muito com essa questão, mas desconfio hoje de tudo que se chame vanguarda. O que me interessa é o coração do texto, e faço espetáculos para o coração das pessoas."[83]

A virada do diretor, que já havia trabalhado com fortes toques de experimentação formal em *O Jardim das Cerejeiras* (1982) e *Lago 21* (1988) vem justificada por ele pelo fato de que já estava "mais velho" e talvez estivesse em sintonia com o próprio tema da peça, na qual emergem o problema da passagem

---

79 Cf. N. de Sá, "A Gaivota" Prova Atualidade de Tchecov, *Folha de S.Paulo*, 18 jan. 1994.

80 J. Medeiros, Anton Tchecov Ressurge Com Força nos Palcos Paulistanos, *O Estado de S. Paulo*, 2 abr. 1994.

81 Cf. M.A. de Lima, "A Gaivota" Tem Atmosfera Poética, *O Estado de S. Paulo*, 19 maio 1994.

82 B. Heliodora, Os Abalos Sísmicos do Cotidiano, *O Globo*, 15 jan. 1996.

83 "A Gaivota" Traz Ninho de Vôos Frustrados, *O Globo*, 12 jan. 1996.

do tempo, o conflito de gerações e o choque de diferentes estéticas. A leitura mais clássica e a valorização da "experiência com o texto" e do "trabalho de ator"[84] não significaram, entretanto, uma reprodução do que seriam as montagens stanislavskianas. O ritmo aqui foi levemente acelerado, a fim de que a busca dos famosos estados d'alma não culminasse em uma montagem arrastada.

Por fim, dentro dessa tendência, vale destacar a montagem de *Tio Vânia* feita por Aderbal Freire-Filho em 2003, no Rio de Janeiro. O diretor, que ainda não produzira nenhuma das peças de Tchékhov, também optou por uma direção que não poluísse o texto e que fugisse da tradicional melancolia impressa em muitas montagens do dramaturgo: "procuramos nos ater ao caráter humano do texto, que, muitas vezes, é desperdiçado em prol de uma certa melancolia"[85].

A inovação da montagem, que também optou por um trabalho mais realista com os atores, esteve nas significações dadas pela cenografia de Daniela Tomas, ambientada no jardim do palacete do Parque Lage, no Rio de Janeiro. E, a partir daí, realizaram um diálogo entre o ambiente bucólico e a propriedade onde vivia e trabalhava Vânia. De quebra, ofereciam uma espécie de libelo em defesa do meio ambiente, em sintonia com os discursos do médico Astrov[86]. As atuações de Diogo Vilela (Vânia) e Débora Bloch (Helena) foram especialmente destacadas pela crítica, com exceção da cena final em que, durante o discurso final de Sônia, Vilela optou por uma lamentação em tom excessivamente melodramático, fazendo com que a personagem perdesse em sutiliza em um de seus momentos decisivos[87].

Como outra vertente desse período de recepção de Tchékhov, destacam-se as interpretações que valorizaram a dimensão *política* do dramaturgo, de modo a sugerir que seus

---

84 Cf. R. Jansen, Takla Faz Vôo Artístico Com "A Gaivota", *O Estado de S. Paulo*, 27 dez. 1995.

85 R. Almeida, Infelizes Para Sempre, *Jornal do Brasil*, 6 a 12 jun. 2003 (encarte).

86 O espaço, por outro lado, poderia prejudicar a tensão entre as personagens ao gerar certo esgarçamento, dadas as dimensões do palacete no jardim do Parque Lage, como comentou a crítica Barbara Heliodora, em "Um Belo Espetáculo Para Tchekov", *O Globo*, 13 jun. 2003.

87 Ibidem.

dramas oferecem um olhar analítico sobre a realidade brasileira e mundial. Élcio Nogueira Seixas, em sua direção de *Tio Vânia*, de 1998, com estreia em Curitiba, explorou de maneira destacada a necessidade de abrir o palco para entender os mecanismos que rondavam a condição social e existencial das personagens de *Tio Vânia*. O aspecto político emerge de uma posição inicial já tomada diante do material encenado, tanto que para Renato Borghi (Vânia), que comemorava quarenta anos de atuação nessa encenação, Tchékhov poderia muito bem ter escrito um "depoimento sobre o Brasil", dadas as similaridades entre as crises vividas pelas personagens em fins do século XIX e as vividas agora, em fins do século XX. Segundo ele, além do momento de inércia ideológica e social que marcava as duas temporalidades, "todo mundo está querendo fazer alguma coisa, mas os alvos procurados são falsos. Alvos de dinheiro, de ganhar uma grana"[88].

Em diferentes momentos, as cortinas que o contornavam se abriam para exibir a movimentação dos atores-personagens – recurso que na semipenumbra distanciava levemente o espectador, o qual, frente a frente com a estrutura cênica desvelada, podia analisar com maior atenção as situações. Em sintonia com tais elementos, a montagem ressaltava o tragicômico e a autoironia das personagens tchekhovianas, combatendo qualquer possibilidade de arrebatamento ou absorção ultrassentimental. Além disso, Élcio Nogueira evitou pausas longas entre as falas das personagens, de modo a impedir o tradicional ritmo lento ou uma artificial psicologização[89].

No entanto, para Macksen Luiz, estaria justamente aí o problema dessa leitura enfocada em situações de convivência desvelada. Segundo ele, o destaque para os pequenos embates e o tom inadequado fizeram com que a montagem não alcançasse a "realidade interior" das personagens, oscilando ora entre o simples melodrama, ora entre a banal tragicomédia[90]. Já Alberto Guzik situaria esse problema apenas no primeiro ato. Segundo ele, Élcio Nogueira Seixas conseguiu se adequar a um tom exato

---

88 "Tio Vânia", Como o Brasil, Está em Crise, *Jornal do Comércio*, 25 set. 1988.
89 Cf. M.V. Santos, Peça Dá Leveza a Tchékhov, *Folha de S.Paulo*, 23 abr. 1998.
90 Cf. M. Luiz, Desencontros Inspirados em Tchecov, *Jornal do Brasil*, 12 set. 1998.

8: Cena de Tio Vânia, com direção de Élcio Nogueira Seixas.; Wolney Assis (Serebriákov, à esquerda) e Renato Borghi (Vânia). Foto: Élcio Nogueira Seixas, 1998.

190 TCHÉKHOV E OS PALCOS BRASILEIROS

para a encenação quando abandonou as marcações realistas do primeiro momento e se dedicou a uma direção mais simbólica dos demais atos[91].

De qualquer modo, para boa parte da crítica, o ponto forte da encenação foi o questionamento que fez de toda uma tradição de um Vânia melancólico e distópico, preso em um beco sem saída. Ao retrabalhá-lo em outro tom, conseguiram contextualizar sua indignação diante da postura do professor Serebriákov dentro da velocidade do mundo atual. Para Mariângela Alves de Lima, é isso que tornava o Vânia de Renato Borghi uma figura altamente atraente: sua indignação sem respeito por si mesmo ou pelos que o cercavam e o despeito acumulado por uma vida desperdiçada explodiam "os cacos de um mundo que não vale a pena consertar"[92]. Ao final, segundo ela, é como se o Teatro Promíscuo tivesse demonstrado a força crítica de uma peça que antevê a própria explosão revolucionária:

Uma peça de Tchékhov dilacerada, em alta voltagem, sugerindo mais a explosão do que o ponto final, escapa certamente às concepções canônicas do mundo tchekhoviano. E é bom ver, neste espetáculo que exalta e poetiza o caos que se segue à desilusão, que há nessas magníficas peças, latentes, coisas inexploradas[93].

Já em *O Jardim das Cerejeiras,* também dirigido por Élcio Nogueira Seixas, com estreia em 2000, em São Paulo, o diretor buscou explorar o problema da passagem de uma época (o fim do próprio jardim) abrindo um diálogo entre as diferentes gerações do teatro brasileiro que se encontrariam em cena (Tônia Carrero, como Raniévskaia, Renato Borghi, como Gáiev, e Beth Goulart, como Vária). Além disso, destacou o que também seria a despedida apiedada de um modo de vida já improdutivo e o anúncio vibrante dos novos tempos. Isso ficou evidente nas vestimentas pretas das personagens no último ato, contrastando com um único elemento em vermelho em cena – símbolo

---

91 Cf. A. Guzik, Chekhov Ganha Asas Longe do Realismo, *Jornal da Tarde*, 28 abr. 1998.

92 M.A. de Lima, Há Algo de Inexplorado em "Tio Vânia", *O Estado de S. Paulo*, 24 abr. 1998.

93 Ibidem.

TCHÉKHOV, NOSSO CONTEMPORÂNEO

da própria revolução que emergia das trevas[94]. Contudo, para alguns críticos, a direção demasiadamente exteriorizante dos atores e mesmo o desnível das atuações prejudicou a montagem. Ainda que a evocação poética e simbólica da cenografia, como rampas, lápides, um pequeno armário que se converte em palco, gerassem suave amargura, a sensação geral era de pouca potência da mensagem, pouca sutileza das personagens e baixa intensidade emotiva[95].

Em concepção diferenciada, mas dentro da mesma chave engajada, foi realizada alguns anos antes a montagem de *Ivánov* (Curitiba, 1998), de Eduardo Tolentino, que investiu na dramaturgia de Tchékhov com vistas a iluminar o próprio processo do grupo de pesquisa sobre a realidade brasileira[96]. Sem pretensões de fazer uma leitura deliberadamente política do dramaturgo, o grupo TAPA se envolveu na compreensão do conjunto da obra do russo, assim como no processo de tradução da peça então inédita no Brasil[97]. E, para o diretor, o dramaturgo não representou um ponto fora das escolhas que haviam caracterizado o trabalho do grupo até então, pelo contrário: "Tchékhov poderia ser um 'olhar de fora', que revelaria o Brasil de hoje."[98]

A preocupação em tornar o material dramatúrgico um estímulo para o exame da contemporaneidade ficou evidente já na primeira apresentação da peça, feita em caráter de esboço para a população da favela de Monte Azul. Ivánov (ZéCarlos Machado) e Anna Petrovna (Denise Weinberg) pareciam vivos para o público da comunidade, que entendeu rapidamente a peça e riu dos destinos tragicômicos das personagens. Para Eduardo Tolentino, "o patético nessas personagens é que elas

---

94 Cf. M. Luiz, Na Contramão da Sutileza de Tchecov, *Jornal do Brasil*, 8 abr. 2001.

95 Cf. M.A. de Lima, Peça de Chekov Promove o Encontro de Delicadeza e Humor, *O Estado de S. Paulo*, 19 jan. 2001.

96 O diretor se esforça para fazer paralelos entre as duas realidades: "Aqui, como lá, a geração dos anos 1970 e 1980 passou pela ressaca e pela repressão, após os movimentos liberais da década de [19]60 [...]. Há também uma descrença na classe intelectual e uma nova classe que só fala em dinheiro e investimentos." Cf. B. Velloso, Grupo Tapa Vai Encenar Obra de Chekhov, *O Estado de S. Paulo*, 2 set. 1997.

97 A tradução foi realizada pela professora do Departamento de Letras Orientais da USP, Arlete Orlando Cavaliere.

98 S. Coelho, O Olhar do Outro: Grupo TAPA Acerta ao Usar Texto de Tchékhov Para Refletir Sobre o Brasil, *Bravo!*, n. 7, ano 1, abr. 1998, p. 102.

sofrem muito por problemas reversíveis, exatamente como a maioria de nós, daí a empatia com o público"[99].

O diretor se preocupou com a homogeneidade do trabalho do grupo e uma cenografia leve e limpa. Seguindo já a orientação que marcou seus trabalhos anteriores, pautada pela montagem de clássicos da dramaturgia mundial, era preciso deixar que "o texto falasse", de modo que qualquer paralelo entre as tramas vividas pelas personagens de Tchékhov e os dramas da sociedade brasileira emergissem a partir das associações realizadas pelos próprios espectadores. Ou seja, o elemento político emergiria da própria presença daquela peça naquela conjuntura.

Para Tolentino, tais associações seriam imediatas, pois o clima de desmotivação que cercava Ivánov era o mesmo dos tempos de Fernando Henrique Cardoso e do neoliberalismo dos anos 1990[100]. Ainda segundo ele, a individualidade de cada personagem, profundamente estudada e matizada nos meses de trabalho de preparação dos atores, era também símbolo do todo social que opera no fundo da peça. Para Mariângela Alves de Lima, tratava-se de raro encontro de uma visão de mundo com um autor em particular[101].

Como último exemplo desse Tchékhov mais empenhado política e criticamente está *Tio Vânia*, de Celso Frateschi. O diretor, que em 1989 já havia dirigido o texto com alunos da EAD, voltaria agora em 2000 com uma montagem que representou o ponto alto dessa tendência. O espetáculo, resultado do processo de trabalho com alunos do teatro-escola Ágora, vinha atravessado pelas marcas de formação dos fundadores Frateschi e Roberto Lage: uma proposta humanista e política, inspirada nas formulações de Stanislávski, Brecht e Peter Brook. E se para o Ágora a palavra de ordem era realizar encenações que ajudassem a entender o homem contemporâneo, isso não significava que um autor clássico não pudesse trazer contribuições

---

99 B. Néspoli, "Ivanov" Aposta na Força da Fábula de Chekhov, *O Estado de S. Paulo*, 16 abr. 1998.

100 Cf. A. Guzik, Grupo TAPA Aproxima Chekhov do Brasil Atual, *Jornal da Tarde*, 16 abr. 1998.

101 Cf. M.A. de Lima, TAPA Atualiza a Narrativa de Chekhov em "Ivanov", *O Estado de S. Paulo*, 8 maio 1998.

TCHÉKHOV, NOSSO CONTEMPORÂNEO   193

decisivas[102]. A respeito disso, Frateschi afirmou: "Partindo da conclusão óbvia de que Tchékhov é melhor do que nós, então ele é o próprio paradigma de nossa pesquisa. Não imprimimos um ritmo ou dinâmica contemporâneos ao espetáculo."[103] Nesse sentido, deixar o texto falar já é estabelecer uma comunicação com o presente.

A sala do teatro Ágora abrigou um espetáculo sem excessos cenográficos, limpa e enxuta, a fim de que a atenção se concentrasse no trabalho intelectual da encenação. Havia a projeção de um grande relógio no chão, representando tópica tida como tipicamente tchekhoviana: a passagem do tempo. O espetáculo fez opção clara ao cortar os trechos referentes ao passado de Vânia, de modo a valorizar apenas o jogo entre as personagens no presente[104]. Em certo sentido, é como se o diretor seguisse uma tendência aberta anos antes por Daniela Thomas, que chegou a eliminar metade das personagens de *A Gaivota* a fim de garantir um trabalho mais concentrado de investigação das personagens.

Ainda que em chave geral diferenciada, o princípio da primazia da personagem prevalecia: nada que lhe fosse exterior deveria sobressair, ou seja, "ser e parecer são, nessa concepção, uma coisa só e não há indicações de que essas pessoas possuam uma vida interior mais densa do que aquela que são capazes de manifestar pela palavra"[105]. O diretor conseguiu, assim, dedicar-se a um trabalho mais intenso com a palavra dessas "vidas em decadência", para que a sutileza da atuação predominasse e os momentos de tensão ganhassem força[106]. Luzes e cores ficaram menos intensas ao longo do espetáculo, de modo a paulatinamente culminarem numa intensa penumbra. Nesse momento final, Vânia e Sônia também realizam seu famoso monólogo espremidos a um canto do palco. No último ato,

---

102 Cf. R. Oliveira, Ágora Apresenta no Planetário a Sua Versão de "Tio Vânia", de Tchecov, *O Globo*, 19 jun. 2002.

103 V. Santos, Ágora Monta "Tio Vânia" Fiel ao Tempo de Tchecov, *Folha de S.Paulo*, 25 nov. 2000.

104 Cf. M.A. de Lima, Ágora Põe em Cena um Chekhov Impecável, *O Estado de S. Paulo*, 16 fev. 2001.

105 Ibidem.

106 Cf. M. Luiz, Tchecov, na Essência: Montagem de "Tio Vânia" Conserva a Sutileza Típica da Obra do Autor, *Jornal do Brasil*, 25 jul. 2002.

a sensação de sufoco e desespero se impunha em camadas de tensão reprimida.

Mantendo tônica que já era bastante típica do grupo, a investigação sobre a possibilidade de uma utopia não estava ausente. Se há algo de levemente utópico na última fala de Sônia (Nádia de Lion), o Astrov de Mário Augelli foi concebido sem nuances, para que a mensagem positiva fosse mais efetiva. Ele traz a mensagem decisiva dos que acreditam que é possível aprender com as misérias do presente a fim de que as coisas no futuro sejam diferentes: "Aqueles que hão de viver cem ou duzentos anos depois de nós, para os quais estamos lutando a fim de construir um novo caminho, será que se lembrarão de nós e dirão uma boa palavra em nosso favor?"[107]

DESCONSTRUINDO TCHÉKHOV

O fim dos anos 1990 e boa parte dos anos 2000 foram marcados por um terceiro tipo de montagens das peças de Tchékhov, agora frontalmente oposto aos demais, tanto no que se refere à forma quanto ao que se refere à postura em relação à própria dramaturgia ou texto. Em sintonia com pesquisas teatrais contemporâneas, reverberações diretas dos trabalhos de Artaud, Grotowsky e Eugenio Barba[108], tais espetáculos buscavam especificar o material da linguagem teatral e explorar mais a fundo a construção de significados por meio do trabalho do próprio corpo, com objetos e recursos multimídia. A zona de investigação que esses elementos abriram permitiu o questionamento de uma série de pressupostos durante muito tempo tidos como intocados: a relação ator-personagem, a noção de peça benfeita, a centralidade da palavra ou mesmo os limites entre o real e o ficcional.

Dentro desse universo livre das amarras convencionais, a atualização do dramaturgo já não se dá pela ideia de que o texto por si só terá algo a dizer e será sensível às demandas do nosso tempo. Por isso, muitas montagens desse período

---

107 K. Abreu, Montagem de "Tio Vânia", de Tchecov, Retoma a Utopia Perdida, *Folha de S.Paulo*, 3 mar. 2001.

108 Cf. L.F. Ramos; S. Fernandes, Diálogo da Gaivota, *Sala Preta*, v. 7, 2007, p. 227.

TCHÉKHOV, NOSSO CONTEMPORÂNEO

buscaram a própria explosão da tessitura do drama para abri-la a um sem-número de significações possíveis que ficam por conta do espectador. Isso se deu seja pela eliminação de personagens, seja pelo rompimento com qualquer cronologia ou causalidade, seja pela eliminação da própria palavra ou mesmo pelo enfrentamento direto de ritmos que porventura pudessem ser sugeridos pela dramaturgia original. Muitas vezes, interessou mais a construção que se fazia no presente da encenação sobre a peça, que partir da peça para pensar o presente. Em outras palavras, tratava-se mais de uma construção *sobre* Tchékhov que *de* Tchékhov.

Essas montagens estão em sintonia com experimentações formalmente radicalizadas que já ocorriam desde inícios dos anos 1990 nos EUA, como *Brace Up!*, montada em 1991, pelo The Wooster Group e baseada na peça *As Três Irmãs*. O grupo norte-americano liderado por Elizabeth LeCompte, por exemplo, reconheceu ter selecionado *As Três Irmãs* de Tchékhov quase aleatoriamente. Procedendo dessa maneira, acreditavam retirar do processo de escolha desse drama qualquer aura de excepcionalidade ou motivação essencialista. Em um palco retangular, havia microfones e aparelhos de televisão que trabalhavam ora harmonicamente em diálogo com o texto, ora gerando ruídos sem propósito imediato, mas que, em conjunto, pareciam simbolizar o caráter de massa da cultura contemporânea.

No início, um narrador lia a rubrica inicial da peça e apresentava cada um dos atores com seus respectivos papéis. Os atores-personagens realizavam leves discussões com o narrador e a montagem se dava não como se fosse uma longa leitura do texto tchekhoviano, mas sim uma leitura com ele – um retrato de "Tchékhov e o Wooster Group", feita de modo antinaturalista e mesmo antiteatral[109]. Intencionalmente, o tom geral era o de uma montagem amadora, uma espécie de ensaio. Em determinado momento, pedem desculpas porque a atriz que atua como Macha ainda não está em cena...

Trechos foram integralmente cortados e o monólogo inicial de Olga, por exemplo, foi convertido em um jogo de perguntas e respostas entre narrador e ator-personagem, gerando a sensação

---

109 Cf. D. Allen, op. cit., p. 148.

de algo casual, não aurático. E, seguindo a linha estabelecida em outras montagens de LeCompte, *Brace Up!* funcionava como uma coreografia, e a trilha sonora uma espécie de contraponto irônico aos comentários utópicos das personagens.

Nesse sentido, a escolha quase randômica do texto de Tchékhov (LeCompte chegaria a afirmar até que desconhecia o texto antes de o grupo pretender encená-lo) não tem a ver com uma tradição ou uma tentativa de buscar em Tchékhov uma lente específica para a leitura dos problemas da sociedade atual. Os objetivos do grupo eram, antes de mais nada, os de "negar a ilusão teatral e criar a ideia de que a encenação é algo inacabado, instável, improvisado, mais que algo bem polido ou perfeito"[110].

Sem a mesma pretensão de negação iconoclasta ou mesmo de revisão a-histórica, encenações como as de Bia Lessa (*As Três Irmãs*, 1998) e de Enrique Díaz (*As Três Irmãs*, 1999, e *Gaivota, Tema Para um Conto Curto*, 2006), montagens brasileiras da mesma década que a norte-americana e já avançando no século XXI, traziam pontos de convergência com a vaga desconstrucionista que tinha no The Wooster Group um grande símbolo.

A montagem carioca de Bia Lessa, em cartaz quase ao mesmo tempo que a encenação de *As Três Irmãs* de Enrique Díaz, trazia em comum com a montagem do grupo norte-americano o uso de recursos audiovisuais e a dessacralização do clássico, imprimindo-lhe um tom prosaico. Sem esvaziar completamente o dramaturgo de proposta temática, Bia Lessa tentou trabalhar um ponto de vista mais claro a partir do texto. Via na peça de Tchékhov que "o homem distanciou o discurso de suas necessidades reais". Em sua opinião, o que ocorre com suas personagens é que elas "falam e não conseguem agir"[111]. Além disso, havia pontos diretos de contato entre o seu universo russo e o brasileiro, pois brasileiros e russos teriam uma propensão comum ao alegre e festivo[112].

Para ela, a atualização de Tchékhov se daria pela negação da aura pesada do clássico, tirando da fala das personagens toda e qualquer empostação. Por isso, os sussurros eram frequentes

---

110 Ibidem, 149.
111 Cf. D. Koslinski, As Mulheres de Tchecov em Ação, *Jornal do Brasil*, ano 14, n. 28, 9 out. 1998.
112 Cf. D. Name, "As Três Irmãs" na Banalidade Cotidiana, *O Globo*, 9 out. 1998.

TCHÉKHOV, NOSSO CONTEMPORÂNEO 197

e um telão lateral apresentava legendas com as falas que não podiam ser ouvidas naturalmente. Indo além, a negação da aura clássica era construída com o máximo de coloquialismo na encenação. Paradoxalmente, a fim de concretizar esse objetivo, impregnou-se de naturalismo. Assim, os ensaios da peça foram feitos em um grande casarão em Santa Tereza, no Rio de Janeiro, no qual os atores tinham de atuar como que cumprindo tarefas cotidianas dentro de casa: lavando pratos, escovando os dentes, tomando banho...Isso, na opinião de Bia Lessa, teria o efeito decisivo de desglamurizar Tchékhov e torná-lo mais próximo de nosso dia a dia[113].

Já a tentativa da diretora de romper com o padrão naturalista (ao qual parece recorrer no ensaio com os atores) vem da cenografia simbólica, estruturada em torno de grandes prateleiras que tomavam conta das laterais e do fundo, funcionando como portas inusitadas ou praticáveis pelos quais eventualmente os atores subiam e desciam. Além disso, o cenógrafo Gringo Cardia também optou por forrar todo o chão com sete toneladas de raspas de pneu, que criavam a pesada sensação de uma neve escura e suja a cobrir todo o palco. Mas a tentativa de rompimento se deu, sobretudo, pelo ritmo impresso à encenação. As personagens foram concebidas, de um modo geral, dentro de uma subversão da cadência outonal ou arrastada que marcou muitas encenações de Tchékhov até os anos 1970. A diretora explorou uma fisicalidade que fazia explodir intenções e desejos até então pouco compreendidos, ofuscados que estavam pelo que se convencionou chamar de "atmosfera tchekhoviana".

Se tal proposta carrega em si uma renovação que está em sintonia com muito do que faziam as encenações contemporâneas, ou seja, o questionamento direto da ideia de uma representação fiel ao texto ou de uma representação documental, fiel a um modo de vida datado historicamente, críticos apontaram problemas inerentes a esse próprio intento: a valorização dos detalhes cotidianos não vinha amarrada por nenhum fio interpretativo que pudesse, ao menos, estar em sintonia com os propósitos anunciados pela própria diretora. Para Barbara Heliodora, em

---

113 Cf. "As Três Irmãs" Retrata Cotidiano, *Folha de S.Paulo*, 9 out. 1998.

que pesassem as atuações delicadas de Renata Sorrah (Olga), Deborah Evelyn (Macha) e Lorena da Silva (Irina), os detalhes que imprimiam um novo ritmo à encenação eram de todo equivocados e eliminavam qualquer sutileza conquistada pelas atuações individuais. Atores que caíam no chão, gritos e empurrões imprimiam uma cadência que não estava em sintonia com a ideia de que há um desejo contido (reprimido, mas potente) na vida daquelas personagens[114]. Para a crítica, as irmãs, tão cultas (o telão lateral trazia legendas com suas falas em outras línguas), pareciam superficiais e desmoralizadas ao serem representadas de modo tão acelerado e agitado.

Do mesmo modo, a montagem de Enrique Díaz, em cartaz algumas semanas depois da estreia de As Três Irmãs de Bia Lessa, apostou em um ritmo acelerado e físico. O diretor, que em encontro com o diretor Zé Celso Martinez e Bia Lessa afirmou que "sempre achou que Tchékhov devia ser algo misterioso e chato"[115], descobriu no dramaturgo um potente leitor da contemporaneidade. E, para romper com o que em sua opinião seria um equívoco das leituras anteriores, optou por uma montagem veloz: "A compreensão que em geral se tem das peças de Chekhov (sic) é de um certo marasmo, como se o tempo não passasse, mas eu diria que na verdade ele passa num ritmo vertiginoso."[116]

Além disso, sua cenografia, aos cuidados de Hélio Eichbauer, apostou na limpeza e na concentração sobre alguns objetos (como os brinquedos do filho de Natasha), enfocados pela iluminação básica e clara de Maneco Quinderé. Esse enfoque em brinquedos e objetos, explorando uma espécie de ludicidade da peça, tinha também por objetivo suplantar qualquer subtexto sentimental e gerava uma espécie de comentário crítico a cada um dos devaneios das personagens[117]. Tudo isso era acompanhado de um compasso acelerado na fala de todas as personagens, afastando qualquer semelhança com o que

---

114 Cf. B. Heliodora, Agitação Além da Dose Resulta em Montagem Inexpressiva, O Globo, 26 out. 1998.

115 R. Oliveira, 3 Vezes Tchekov, O Globo, 16 nov. 1998.

116 B. Néspoli, Montagem de "As Três Irmãs" Varre Penumbra do Palco, O Estado de S. Paulo, 14 jan. 1999.

117 Cf. M. Luiz, Tchecov Numa Encenação Radicalmente Lúdica, Jornal do Brasil, 18 jan. 1999.

TCHÉKHOV, NOSSO CONTEMPORÂNEO

tradicionalmente se acreditava ser o compasso típico de *As Três Irmãs*.

No entanto, a despeito da insistência nesse novo elemento que, como vimos, tem sua parcela de arejamento e sintonia com a velocidade da sociedade contemporânea, para Mariângela Alves de Lima, o espetáculo pecou ao ser injusto com o próprio dramaturgo, ao qual, ironicamente, Díaz afirmava estar respeitando ao evitar uma direção muito autoral. Para a crítica, apesar da polifonia de subjetividades das personagens, há no texto um desejo sintonizado das irmãs, que se constrói na tentativa do diálogo, diálogo este que não encontra as palavras exatas justamente porque construído num ambiente de ociosidade e sempre adiado ou interrompido pelos imprevistos do cotidiano. A encenação de Díaz, ao estabelecer um ritmo acelerado para as falas das personagens, negava a elas o direito de elaborar suas próprias palavras. Em suma, é como se o que elas dissessem fosse dito sem reflexão. O diretor evitava o encontro daquelas subjetividades e acentuava-lhes apenas a medida do monólogo interior. "Como consequência, o sofrimento das criaturas em cena parece-nos também uma exasperação momentânea, um mero descompasso entre a situação dramática, o aprisionamento em um 'lugar social' como a sala de estar e o desejo de escapulir de um pequeno constrangimento."[118]

Ainda para Mariângela, o diretor acertou ao afirmar que "a era do naturalismo já passou" e que essas personagens "rodeadas de sono podem recompor-se mesmo depois de seu autor tê-las condenado à morte ou ao exílio". No entanto, essa afirmação guardava também seu outro lado: dela podemos deduzir que não vale a pena apiedar-se desses destinos, e isso, no caso, seria um implacável aniquilamento de Tchékhov[119].

Mas o ponto alto da desconstrução dos dramas de Tchékhov não estava nessas duas encenações que, a seu modo, ainda tinham a dramaturgia como base para a encenação. *Gaivota, Tema Para um Conto Curto* (Rio de Janeiro, 2007), pode ser considerado momento decisivo dessa etapa da recepção do russo nos palcos brasileiros. É como se também simbolizasse

---

118 M.A. de Lima. "As Três Irmãs" traz descompasso dramático. *O Estado de São Paulo*. São Paulo, 26 mar. 1999.
119 Ibidem.

o alto grau de intimidade alcançado entre Tchékhov e o teatro brasileiro – tanto que se torna possível uma encenação que prescinde do texto ou pelo menos de sua "lógica interna", ao mesmo tempo que o comenta ativamente. Assim, a fábula de *A Gaivota* pode ser mapeada fragmentariamente em determinados momentos, mas dentro de um espetáculo que não se propõe fabulesco e, por isso mesmo, impossível de ser reconstituído aqui nos termos tradicionais.

Enrique Díaz conduziu, junto ao coletivo de atores, então em sua maioria ligados à Companhia dos Atores, um processo de pesquisa intensa de linguagem, em grande parte aberto com *Ensaio.Hamlet* (2004), caracterizado por ele da seguinte maneira:

continuação de uma pesquisa de narrativa, de desconstrução, de uma relação particular com os clássicos, com os objetos e sobretudo com o *tempo*. Como articular de forma instigante o tempo "de lá" com o tempo "de cá"? Como falar de nós mesmos, hoje, e nos lembrarmos do tempo como instância maior [...]?[120]

Para responder a essas indagações, ou melhor, para potencializá-las enquanto questões (já que produzir um sentido único não era o objetivo), o grupo conduziu um trabalho de criação coletiva, herdeiro da tradição aberta pelos grupos cariocas como Asdrúbal Trouxe o Trombone e Manhas e Manias. No entanto, aqui levam tal processo à radicalidade, já que partem da problematização da relação ator-personagem e incorporam "uma função próxima do *performer*, por seu caráter híbrido e por ser uma espécie de fusão de diversas propostas contemporâneas de atuação"[121].

Tal configuração possibilitou explorar um outro tipo de relação com o texto de Tchékhov, que buscava antes não sua verdade temática ou sua transposição direta para a cena, mas sim a especulação sobre sua gramática interna e os sentidos que abria para o próprio ator. Este, através de um processo de pesquisa sobre o universo da peça, dialogava com ela, trazendo

---

120 Programa da Peça *Gaivota: Tema Para um Conto Curto*, p. 11.
121 S. Fernandes, O Discurso Cênico da Companhia dos Atores, *Teatralidades Contemporâneas*, p. 131.

TCHÉKHOV, NOSSO CONTEMPORÂNEO

para cada personagem seu material interno. Por isso via-se ao longo do espetáculo o jogo de alternância entre a primeira e a terceira pessoas do discurso na fala de um mesmo ator, algo que joga com a transitoriedade da condição da personagem e a analisa: "Agora você é Medvedenko, tem 32 anos e já tem os cabelos grisalhos, é professor [...] você vai encontrar Macha. Macha, por que você anda sempre de preto?"[122] Assim, Enrique Díaz é *encenador-ator* e, por sua vez, são *atores-criadores*[123] Bel Garcia, Emílio de Mello, Felipe Rocha, Gilberto Gowrinski, Isabel Teixeira, Mariana Lima, que compõem o espetáculo e para ele levam seus materiais pessoais[124].

Tal procedimento era o que funcionava como pedra de toque da *atualização* do drama tchekhoviano, promovido pelo grupo encabeçado por Díaz. A intenção não era representar Tchékhov como ele o foi no século XIX, mas ir muito além e incorporar na tessitura de seu drama o processo de elaboração da própria encenação, ou seja, incorporar a ele todas as dúvidas, angústias, problematizações e relações trabalhadas no processo de pesquisa. Esse material emergiria no "mal acabado produto final" e a ele se somariam também as questões sobre o que significa voltar a essa obra, ou atualizá-la, passado praticamente um século de sua escrita. Com relação a esse último ponto, é ilustrativo que em determinado momento do espetáculo Díaz atue à maneira de um comentador de personagens e ações, sempre com um texto na mão, como que a substituir alguém que repentinamente não compareceu. Nessa altura, ele afirma:

Passaram-se dois anos. Passaram-se cem anos. Cento e dez. Faz quase um ano que a gente está ensaiando esta peça. Que horas são? Alguém sabe que horas são? Passou o século XX. Inventaram o celular, a televisão, o fax, o AZT. Clonaram uma ovelha, um macaco, um coelho. Fizeram

---

122 L.S. Oliveira, "Gaivota: Tema Para Um Conto Curto": A Temporalidade na Releitura de Anton Tchekhov, *Anais do I Colóquio Internacional de Estudos Linguísticos e Literários*, p. 1-9.

123 Cf. S. Fernandes, *Teatralidades Contemporâneas*, p. 133.

124 Para Silvia Fernandes: "No caso do espetáculo de Enrique Diaz, o que mais interessa é mostrar como o ator chega à personagem a partir de si mesmo, e não como lança mão de uma série de procedimentos para chegar à construção de uma personagem específica, que o precede enquanto concepção e conformação dramática." Cf. L.F. Ramos; S. Fernandes, op. cit., p. 227.

um coelho fosforescente, que de noite fica aceso... Duas guerras mundiais, uns shows de rock muito bons...[125]

Por isso, o que os espectadores de inúmeras outras capitais do Brasil e do mundo viram no início de *Gaivota: Tema Para um Conto Curto* foi um palco limpo, forrado com linóleo e fundo branco. Os figurinos não insistiram em demarcar qualquer historicidade. Tais escolhas tinham a ver justamente com a necessidade de limpar a cena do peso realista e ceder espaço para a mistura de temporalidades (da fábula de Tchékhov e dos quase 110 anos da escrita da peça) e de materiais (do conjunto de experiências, problematizações e signos que são trazidos do processo de pesquisa).

Aqui, como se vê, já não se trata de uma relação direta com o texto de Tchékhov, mas de sua explosão. Para Luiz Fernando Ramos, ao não seguir o texto, o espetáculo "se torna tão ou mais fiel ao original"[126]. Evidentemente, trabalha-se com uma outra ideia de fidelidade, ou seja, não é buscado o respeito a uma mensagem autoral imutável, mas um diálogo entre a gramática interna do texto e seus possíveis nexos com o presente. Dessa forma, fica evidente o porquê do enfoque deliberado do grupo sobre o problema da *encenação fracassada* de Trepliov no primeiro ato, assim como o problema da *passagem do tempo*, expressa no conflito entre gerações de Arkádina *versus* Trepliov e do Realismo *versus* Simbolismo. Isso permitiu que os temas centrais da montagem fossem também um jogo deliberado com a força do tempo e com a própria realização do espetáculo, como se ele próprio, a todo momento, estivesse próximo de sucumbir, à beira do abismo[127].

Tal instabilidade já fica evidente nos momentos iniciais da montagem. Todos os atores estão sentados diante do público em uma grande fila ao fundo do palco, entregues ao contato com a plateia, às incertezas e à potência do fazer teatral – em suma, entregues ao *presente*. Mariana Lima lança a indagação que poderia funcionar muito bem como um grande epíteto

---

125 Gravação do espetáculo *Gaivota: Tema Para um Conto Curto*, no Rio de Janeiro, no Teatro Poeira, em 2007. Direção: Enrique Díaz. Produção: Emílio de Melo, Enrique Díaz e Centro de Empreendimentos Artísticos Barca Ltda.
126 L.F. Ramos; S. Fernandes, op. cit., p. 225-228.
127 Ibidem, p. 226.

9. *Felipe Rocha em cena de* Gaivota – Tema Para Um Conto Curto, *com direção de Enrique Diaz. Foto: Roberto Setton, 2006.*

para o espetáculo: "Eu me pergunto como começar uma peça que fala justamente do fracasso de uma peça. Eu me pergunto como encenar o tempo. Eu me pergunto como fazer com que personagens assim em tempos tão distintos convivam, habitem no mesmo tempo e espaço."[128] A dúvida não é retórica e norteia todos os movimentos que se articularão a partir daí, sempre em direção ao questionamento do próprio fazer teatral e da possibilidade de realizar o encontro dessas temporalidades.

Desse modo, fica evidente que o trabalho desses atores em cena não é o da representação. Para o grupo, representar não é uma premissa e isso não pode sobreviver em um tempo no qual os limites entre realidade e ficção são tênues. Decorrente dessa ideia, o gesto cênico seria de modo geral fugidio e jamais figurativo[129]. A gaivota emergia em diferentes momentos do espetáculo, mas sempre pela sugestão dos objetos (alimentos, cadeiras, plantas...) que, por meio da convenção de linguagem, constroem e desconstroem simbologias. Há momentos de significativa beleza, como aquele em que o café derramado sugere

---

128 Gravação do espetáculo *Gaivota: Tema Para um Conto Curto*.
129 Cf. L.F. Ramos; S. Fernandes, op. cit., p. 226.

204 TCHÉKHOV E OS PALCOS BRASILEIROS

um lago de águas turvas ou quando Mariana Lima ergue uma planta que exibe suas raízes e dela retira a imagem da cabeça de Trepliov. Ao mesmo tempo, assume-se essa estilização, pois ela "evita o maneirismo do teatro tchekhoviano [ou o que se acreditava até então que ele era][130], que transforma o ato de atuar num passivo experienciar de emoções e reduz imensamente a criatividade do ator…"[131]

A construção de símbolos por meio do trabalho do ator com o corpo e com os objetos inverte o processo que antes o escondia por trás da personagem. Agora, cada personagem pode ser evocada por diferentes atores e, em algumas situações, havia vários que se apoderavam ao mesmo tempo de sua voz, como em um coro. O resultado: não só o jogo com o simbólico se enriquecia pela multiplicidade de formas que assumia como também pela abundância de pontos de vista que, antes de responderem a um problema, aumentavam a potência dos inúmeros questionamentos[132]. Assim, assume-se a condição instável e provisória da forma cênica e, ao mesmo tempo, reconhece-se a dificuldade de sua realização.

Como outro eixo fundamental da montagem estava o problema da passagem do tempo. Este tópico, considerado por muitos como verdadeiro *leitmotiv* tchekhoviano, é complexificado pela sua problematização em diferentes planos. Na peça de Tchékhov, há o embate de gerações (Arkádina-Trepliov, Trepliov-Trigórin, Arkádina-Nina), que é também o embate de estéticas e que aparece aqui mesclado aos questionamentos geracionais e estéticos dos próprios atores. Para Bel Garcia, seu questionamento a respeito do tempo veio de um comentário de seu próprio filho, que teria dito que antes de nascer ele "estava morrido". Para Mariana Lima, a problematização veio de um dos momentos no qual atua como Arkádina, no qual mescla

---

130 A observação é nossa.

131 J. Gusson, *A Relação Performer/Espectador na Cena Contemporânea*, p. 11-20.

132 "A coisa pronta, o ponto final e a procura do sentido unívoco são, ao que parece, fantasmagorias de uma etapa da história da arte que o grupo contesta por meio de espetáculos onde se sobrepõem efeitos visuais e sonoros, afirmações filosóficas e elocuções impregnadas de emotividade. De um modo geral, seus trabalhos enfatizam a pluralidade de sentidos contidos nos signos teatrais." Cf. M.A. de Lima, Liberdade da Arte faz "A Gaivota" Voar Alto, *O Estado de S. Paulo*, 11 jul. 2007.

TCHÉKHOV, NOSSO CONTEMPORÂNEO 205

sua experiência pessoal de antiga atriz de novelas da TV Globo ao passado da atriz-personagem da peça, que tinha trabalhado no teatrão melodramático russo – um claro jogo entre o presente da atriz que olha para seu passado e repensa o presente e o passado da personagem.

A problematização também surge quando se pensa o tempo que passou da escrita da peça (e de sua encenação inicial) em relação à encenação atual, promovida por atores em um palco, no Rio, em São Paulo ou em qualquer lugar. E esse balanço vinha durante a montagem na menção à fracassada estreia da peça de Tchékhov em 1898, no Alexandrínski. Na reflexão, Díaz se referia às coisas surpreendentes que a humanidade conquistou ou promoveu naqueles quase cento e dez anos. Por fim, a problematização surge na mescla sutil de elementos de diferentes temporalidades, trazendo-a em meio às falas dos atores-personagens, como nesta a respeito de Trigórin:

É bom... É bom se você quer ler no banheiro ou então antes de dormir... Ele ganha o dinheiro dele, ganha bem... Agora, depois que você lê Joyce, você lê Beckett, Saramago, Rimbaud ou Sérgio Sant'Anna... Cortázar, Dostoiévski, Turguêniev, Milton Hatoum... Por que ler Trigórin?[133]

Como se vê, a preocupação com o tempo da fábula era deixada de lado e, quando aparecia, sua importância estava em pé de igualdade com outras temporalidades. Todos esses elementos em conjunto exigiam um outro grau de participação do público, que não podia mais esperar uma absorção catártica e a apresentação de respostas a problemas vindos de antemão[134]. O que se tinha era construção e desconstrução de uma temática, à qual a fábula de *A Gaivota* servia de inspiração. Talvez por isso mesmo o espetáculo de Enrique Díaz não fosse de imediato de fácil recepção para um público amplo, ainda que

133 Gravação do espetáculo *Gaivota: Tema Para um Conto Curto.*
134 "Neste espetáculo nenhum tempo prevalece, nem em detrimento da história e nem da verossimilhança. O que se percebe na montagem é o uso de alguns procedimentos que levam à tematização explícita do tempo, tornando o espetáculo uma comunicação incerta de temporalidade flutuante. Esses apontamentos refletem na transformação da condição do tempo, saindo da situação de significado caminhando para o nível de significante." Cf. L.S. Oliveira, op. cit., p. 8.

seu sucesso junto à crítica nacional e internacional tenha sido bastante expressivo.

Ao final, a sensação era de se estar diante de um espetáculo emblemático, seja por sua força demolidora, seja pela relação muito específica estabelecida com a dramaturgia de Tchékhov. Com ela, pode-se dizer que um ciclo simbólico da trajetória de recepção do teatro tchekhoviano se encerra, em que o problema sobre sua real capacidade de dizer algo a um público brasileiro não é posto em momento algum da montagem. Antes, para muitos, não havia sequer condições de que nosso teatro, sempre se candidatando à modernização de seus temas e formas, desse conta de uma dramaturgia que era a expressão clara da crise do próprio drama em fins do século XIX. Enrique Díaz e seu grupo não só tratam essas questões como superadas, como já têm por pressuposto que Tchékhov é um dado formador de nosso teatro e mesmo de nossa cultura. Por isso optaram por montar sua *Gaivota* não como deveria ser e sim como ela bem lhes parecia. Não mais um Tchékhov importado, artificial e deslocado, mas aquele que, de tão íntimo, já podia ser questionado e revisitado.

Uma Trama Sem Final

Após a encenação de Enrique Díaz, outras montagens potentes de Tchékhov foram feitas, de modo que, na medida em que avançam os anos, torna-se difícil mapeá-las e discuti-las a contento – seja porque já não se pode dizer que as montagens de relevo se deem exclusivamente nas capitais, seja porque o dramaturgo tem se tornado nome cada vez mais comum nos cursos de artes cênicas e no repertório das companhias amadoras e profissionais, a ponto de que todo comentário rapidamente ganha caráter provisório.

Suas peças são hoje tão decisivas que, para grupos e diretores mais voltados para uma pesquisa teatral engajada, como Celso Frateschi, assim como para aqueles que se voltam para uma pesquisa formal e metateatral mais intensa, como Enrique Díaz, Tchékhov se tornou ponto de referência ao qual sempre se deve voltar de alguma maneira. Tal importância tem se intensificado de tal maneira que seu alcance já vai para além do próprio teatro. Mais recentemente, o dramaturgo foi traduzido para o cinema sob a lente de Eduardo Coutinho, em seu documentário *Moscou,* no qual aborda justamente os bastidores do processo de pesquisa para uma virtual montagem de *As Três Irmãs.* Seu objetivo foi investigar não só o jogo metalinguístico entre

208 TCHÉKHOV E OS PALCOS BRASILEIROS

representação e realidade, mas também o porquê de Tchékhov ser um leitor potente da época distópica em que vivemos[1]. Outra faceta desse processo são os inúmeros eventos, como o Festival Tchékhov (2010, São Paulo), e as inúmeras adaptações e montagens que partem de contos, correspondências e mesmo de sua biografia, algo que evidencia uma crescente ampliação de fronteiras para a influência de sua poética.

Curiosamente, Tchékhov era descrente da ideia de que suas peças sobreviveriam após sua morte. Como vimos, seus primeiros dramas não tiveram boa recepção e muito de seu desejo de escrever para o teatro foi severamente abalado com a primeira montagem fracassada de *A Gaivota*. Além disso, a relação espinhosa que se estabeleceu com o Teatro de Arte de Moscou ao longo da montagem de sua última peça, por vezes reforçava sua incredulidade em relação à longevidade de sua dramaturgia. No entanto, justamente pelo poder de suas peças e pela relação potente estabelecida com o TAM, não só atravessou o século como se tornou ponto de partida para boa parte da dramaturgia contemporânea. Muitos diretores e atores, inclusive, consideram-no tão decisivo e complexo, que encenar uma peça de Tchékhov se tornou verdadeiro desafio de auge de carreira[2].

Tal condição não é gratuita. Em suas peças se abre o problema de como encenar o drama de personagens que, reunidas no mesmo tempo e espaço, não conseguem resolver seus dramas interiores pelo diálogo e, paulatinamente, adquirem consciência aguda de sua condição incerta, provisória e impotente. Percebem que o tempo é implacável e comprimem-se entre um passado vibrante e um futuro utópico. Tal problema, que define a especificidade da forma dramática tchekhoviana, representa implosão do próprio drama tradicional, porque calcado na absolutização do presente e no poder do diálogo como motor para a ação dramática.

É essa forma nova e aberta, fronteiriça em muitos aspectos, que permite que abordagens muito diversas de seus textos convivam em uma mesma temporada e na mesma cidade. Como

---

1 Cf. M. Stycer, Eduardo Coutinho Lamenta o Fim das Utopias. *Portal IG – Último Segundo*, 04 jan. 2009, disponível em: <ultimosegundo.ig.com.br>.

2 Cf. G. de Mello e Souza, As Três Irmãs, *Suplemento Literário do Estado de S. Paulo*, 13 out. 1956.

UMA TRAMA SEM FINAL

o teatro é, por excelência, uma arte do presente e que depende de permanente reinvenção, Tchékhov consegue se beneficiar desse movimento, justamente porque incorpora o tempo como problema componente de sua própria forma.

Aqui, fizemos um rápido mapeamento de como essas peças não só sobreviveram no tempo, como promoveram diálogo intenso com ele e chegaram até nós. Vimos como se cristalizaram algumas interpretações de sua poética na Rússia, na Europa e nos EUA e como elas foram decisivas nos primeiros anos de recepção de suas peças no Brasil. Na medida em que tais interpretações passaram a ser mais frontalmente problematizadas, novas facetas de sua dramaturgia se revelaram e mesmo seu diálogo com o contexto brasileiro se intensificou.

Portanto, tal *tchekhovismo*, que teve valor histórico decisivo, tornou-se camisa de força interpretativa e, em muitos casos, foi responsável até mesmo pelo empobrecimento de algumas montagens. Vimos também como o teatro brasileiro conseguiu projetar em suas montagens os impasses vividos pelo próprio Tchékhov, todos eles frutos das questões candentes de cada momento histórico.

Evidentemente, como todo panorama, esse estudo pode ter pecado por omissões ou mesmo por julgamentos sumários que, se não mentem de todo sobre as encenações estudadas, podem ter faltado quanto à capacidade de uma análise mais nuançada. Tal empreitada fica ainda mais difícil quando lidamos com uma arte não reprodutível – o teatro –, que pode se alterar brutalmente de uma apresentação a outra e que deixa como pistas de investigação apenas textos críticos parciais ou registros imagéticos fragmentários. O pesquisador, portanto, precisa trabalhar com pequenos sinais e fazer apostas que são estáveis até que um novo documento ou discurso emerja.

A única certeza após esse breve percurso é que o estudo da recepção da dramaturgia de Tchékhov mostra o quanto um receituário prático para que as gerações futuras tenham um modo correto de lê-lo ou de encená-lo é não só empobrecedor, mas também o primeiro passo para a morte do próprio teatro. Se verificamos soluções que pecaram por subestimar a riqueza e complexidade de seus dramas, localizamos também a urgência de resgatar o dramaturgo russo de formas realistas desgastadas ou da pesquisa de linguagem inócua que, por sua vez, também esvazia suas peças de sua potencialidade crítica e de sua capacidade de diálogo com o presente.

Stanislávski acreditava que um estudo final e definitivo sobre Tchékhov ainda estava por ser escrito[3]. Agora, percebemos que este intento é não só difícil como cada vez mais improvável. O poder magnético de Tchékhov, que atrai diretores, atores e público de todo o mundo, mobiliza apaixonadas pesquisas e continua vivo e mutante. Talvez seu fascínio esteja justamente na dificuldade de entendermos os mecanismos internos de suas peças que as tornaram capazes de atravessar os anos e ainda nos fascinarem. Por isso mesmo, finalizamos este estudo com a incômoda sensação de que nos despedimos de Tchékhov antes da hora, mas com a certeza prazerosa de que a ele voltaremos.

3   Cf. D. Allen, *Performing Chekhov*, p. 214.

Índice de Montagens (1946-2008)[1]

1946	*O Urso.*	Hermilo Borba Filho/TEP, Recife.
1949	*Festival Tchekhov.*	Guilhermino César/TERGS, Porto Alegre.
1950	*Um Pedido de Casamento.*	Adolfo Celi/TBC, São Paulo.
	Um Pedido de Casamento.	Adacto Filho/TAF, Salvador.
1951	*Um Pedido de Casamento.*	Osmar Rodrigues Cruz/Clube de Teatro.
1952	*Um Pedido de Casamento.*	Ruggero Jacobbi/EAD, Recife.
	Um Pedido de Casamento.	Expedito Porto/TEPCE, Rio de Janeiro.
	O Urso/Um Pedido de Casamento.	Agremiação Goiânia de Teatro, Goiânia.
1953	*Festival Tchékhov.*	Nina Raniévska, Rio de Janeiro.

---

1 Mantivemos o nome das peças, bem como a grafia dos nomes russos, de acordo com a transliteração adotada em cada montagem.

1954	*Um Pedido de Casamento.*	Zbigniew Ziembinski/TBC, São Paulo.
	Um Pedido de Casamento.	Adolfo Celi/TBC, Rio de Janeiro.
1955	*Tio Vânia.*	Geraldo Queiroz/O Tablado, Rio de Janeiro.
1956	*As Três Irmãs.*	Alfredo Mesquita/EAD, Ribeirão Preto.
1957	*Um Pedido de Casamento.*	B. de Paiva/TRE, Rio de Janeiro.
1958	*O Jubileu.*	Rubens Corrêa/O Tablado, Rio de Janeiro.
	As Três Irmãs.	Gianni Ratto/A Barca, Salvador.
1960	*As Três Irmãs.*	Zbigniew Ziembinski/TNC, Rio de Janeiro.
1962	*Anton Tchékhov – Um Festival.*	Luiz Carlos Maciel/A Barca, Salvador.
	Tio Vânia.	Alberto D'Aversa/EAD, São Paulo.
	Um Pedido de Casamento.	Luiz Nagib Amary, Belo Horizonte.
1964	*Festival Tchecov.*	Sérgio Mibielli, Belo Horizonte.
1966	*Um Pedido de Casamento/ O Aniversário.*	Cláudio Heemann/CAD, Porto Alegre
	O Pedido de Casamento.	Maria H. Magalhães, Rio de Janeiro.
	Pedido de Casamento.	Grupo de Teatro André Luiz (GATAL), Marília.
1967	*Um Pedido de Casamento/O Jubileu.*	Dulcina de Moraes/FBT, Rio de Janeiro.
	As Três Irmãs.	Haydée Bittencourt, Belo Horizonte.
1968	*Tio Vânia.*	Cláudio Corrêa e Castro, Curitiba.
	O Jardim das Cerejeiras.	Ivan de Albuquerque/Grupo do Rio, Rio de Janeiro.
1969	*Trágico à Força/O Urso.*	João Ribeiro Chaves/Grupo Casarão, São Paulo.
1972	*As Três Irmãs.*	Zé Celso Martinez Corrêa/Oficina, São Paulo.
1974	*A Gaivota.*	Jorge Lavelli, Rio de Janeiro.
	Tio Vânia.	Álvaro Guimarães, Salvador.

ÍNDICE DE MONTAGENS (1946-2008)

1975	*O Jubileu.*	Beto Diniz, Rio de Janeiro.
	Um Pedido de Casamento.	J.B. Galvão/Atard, Brasília.
	Tio Vânia.	Emilio Di Biasi/Grupo Heros, São Paulo.
1976	*Um Pedido de Casamento/O Urso/ Sobre os Males Que Traz o Tabaco.*	Teca, Araraquara.
	O Urso.	José Guilherme de Castro Alves, Vitória.
1977	*O Casamento de Natalina* (adap.).	Carlos Augusto Strazzer, São Paulo.
	Pedido de Casamento/ O Urso.	Pedro Marcos/Grupo Anhangá, São Paulo.
1980	*Platónov.*	Maria Clara Machado/O Tablado, Rio de Janeiro.
1982	*O Jardim das Cerejeiras.*	Jorge Takla, São Paulo.
	Trágico à Força.	Marcio Aurélio, São Paulo.
	O Pedido de Casamento.	Adalberto Nunes, Rio de Janeiro.
1984	*O Jardim das Cerejeiras.*	Lala Schneider, Curitiba.
	Tio Vânia.	Sérgio Britto/Teatro dos Quatro, Rio de Janeiro.
	Irresistível Aventura (adap.).	Domingos Oliveira, Rio de Janeiro.
1985	*O Camaleão.*	Reinaldo Santiago/Lux in Tenebris, SP.
1987	*Natasha* (adap.).	Zelia Hurman/Cia. Molière, Curitiba.
1988	*Os Males Que o Fumo Produz.*	Ronaldo Brandão, Belo Horizonte.
	O Urso.	Antônio de Oliveira, Porto Alegre.
	Lago 21 (adap.).	Jorge Takla, São Paulo.
	Pedido de Casamento.	Elpídio Navarro, João Pessoa.
1989	*Tio Vânia.*	Celso Frateschi/EAD-USP, São Paulo.
	Um Pedido de Casamento.	Roberto Parkinson, Brasília.
	O Jardim das Cerejeiras.	Paulo Mamede/Teatro dos Quatro, Rio de Janeiro.
	A Gaivota.	Luiz Paulo Vasconcellos, Porto Alegre.

1990	*O Jardim das Cerejeiras.*	Antonio Edson Cadengue/Cia. de Teatro Seraphim, Recife.
1991	*A Proposta* (adap.).	Rodolfo García Vázquez /Os Satyros, São Paulo.
1992	*Seraphins Revisões/ Jardim das Cerejeiras.*	Antonio Edson Candengue/Cia de Teatro Seraphim, Recife.
1994	*A Gaivota.*	Francisco Medeiros/Cia. do Bexiga, São Paulo.
1995	*A Gaivota.*	David Herman, Rio de Janeiro.
1996	*A Gaivota.*	Jorge Takla, Rio de Janeiro.
	Um Pedido de Casamento.	Marcus Alvisi, Rio de Janeiro.
1997	*A Arte de Dizer Não* (adap.).	Maria Lúcia Pereira, São Paulo.
1997	*O Malfeitor* (adap.).	Rosyane Trotta, Rio de Janeiro.
1998	*Tio Vânia.*	Élcio Nogueira Seixas/Teatro Promíscuo, Curitiba.
	O Urso.	José Henrique Moreira, Rio de Janeiro.
	Ivanov.	Eduardo Tolentino de Araújo/Grupo Tapa, Curitiba, São Paulo.
	Da Gaivota.	Daniela Thomas, Curitiba.
	As Três Irmãs.	Bia Lessa, Rio de Janeiro.
1999	*As Três Irmãs.*	Enrique Díaz, Rio de Janeiro.
2000	*Tio Vânia.*	Celso Frateschi/Grupo Ágora, São Paulo.
2000	*O Jardim das Cerejeiras.*	Élcio Nogueira Seixas, São Paulo.
2002	*A Proposta* (adap.).	Os Satyros, São Paulo.
2003	*Tio Vânia.*	Aderbal Freire-Filho, Rio de Janeiro.
2006	*Gaivota: Tema Para um Conto Curto* (adap.).	Enrique Díaz/Cia. dos Atores, Rio de Janeiro.
2007	*A Farsa* (adap.).	Luiz Arthur Nunes, Porto Alegre.
2008	*O Jardim das Cerejeiras.*	Moacir Chaves, Rio de Janeiro.
2008	*Tio Vânia.*	Celso Frateschi/Grupo Ágora, São Paulo.

Referências Bibliográficas

De Tchékhov

Polnoie Sobranie Sotchineni i Pissem v Tridtsati Tomakh. Moscou: Nauka, 1974. (Obra completa e cartas em trinta volumes.)

The Complete Plays. Trad. Laurence Senelick. New York/London: ww Norton, 2006.

Cuentos Completos. Madrid: Aguilar, 1957.

A Conferência. *Revista do Globo*, Porto Alegre, ano V, n. 6, 5 abr. 1933.

A Dama do Cachorrinho e Outros Contos. Trad. Boris Schnaiderman. São Paulo: Editora 34, 2005.

A Estepe. Trad. Cordeiro de Brito. Lisboa: Inquérito, 1940.

A Gaivota/Tio Vânia. Trad. Gabor Aranyi. São Paulo: Veredas, 2007.

A Mágoa de Gregório Petrov. Trad. El Gar. *Revista do Globo*, Porto Alegre, ano V, n. 4, 8 mar. 1933.

Alma Querida. *A Nação Ilustrada*, Rio de Janeiro, n. 28, 8 jul. 1934.

Antologia do Conto Russo. Org. Otto Maria Carpeaux. Rio de Janeiro: Lux, 1962. V. vi.

As Três Irmãs/Contos. Trad. Maria Jacintha; Boris Schnaiderman. São Paulo: Abril Cultural, 1979.

As Três Irmãs/O Jardim das Cerejeiras. Trad. Gabor Aranyi. São Paulo: Veredas, 2003.

Cartas a Suvórin (1886-1891). Trad. e org. Aurora Bernardini e Homero Freitas de Andrade. São Paulo: Edusp, 2002.

216   TCHÉKHOV E OS PALCOS BRASILEIROS

Comedia d'um Presente Indesejado. *O Jornal*, Rio de Janeiro, 6 nov. 1927.

É Proibido Suicidar-se na Primavera. *Revista do Globo*, Porto Alegre, 13 nov. 1943.

Histórias Imortais. Trad. Tatiana Belinky. São Paulo: Cultrix, 1959.

Ivánov. Trad. Arlete Cavaliere. São Paulo: Edusp, 1998.

O Banho e Outros Contos (Zola)/O Beijo e Outros Contos (Tchekow). Rio de Janeiro: Segredo/Tecnoprint, 1951.

O Duelo. Trad. Otto Schneider. São Paulo: Melhoramentos, 1955.

O Jardim das Cerejeiras Seguido de Tio Vânia. Trad. Millôr Fernandes. Porto Alegre: L&PM Pocket, 2009.

O Pavilhão nº 6. São Paulo: Bibliotheca de Autores Russos, 1931.

O Silvano: Comédia em Quatro Atos. Tradução, posfácio e notas de Tatiana Lárkina. São Paulo: Globo, 2005.

Os Inimigos: Contos. Trad. Georges Selzoff; F. Olandim. São Paulo: Edições Cultura/Georges Selzoff, 1931.

Os Males do Tabaco e Outras Peças em Um Ato. Org. Homero Freitas de Andrade. São Paulo: Ateliê, 2003.

Sobre Tchékhov

ALLEN, David. *Performing Chekhov.* New York: Routledge, 2000.

ANGELIDES, Sophia. *A.P. Tchékhov: Cartas Para uma Poética.* São Paulo: Edusp, 1995.

BALUKHATYI, Serguei Dmítrievitch. *Tchékhov Dramaturg.* Leningrado: Chudožestvennaja literatura, 1936.

_____. *Problemi Dramaturguítcheskogo Analiza Tchékhova.* Leningrado: Academia, 1927.

CARNICKE, Sharon Marie. *Checking Out Chekhov.* Boston: Academic Study Press, 2013.

CLAYTON, J. Doulas (ed.). *Chekhov Then and Now: The Reception of Chekhov in World Culture.* New York: Peter Lang, 1997.

DEBRECZENY, Paul (ed.). *Chekhov's Art of Writing: A Collection of Critical Essays.* Columbus: Slavica, 1977.

EEKMAN, Thomas Adam (ed.). *Critical Essays on Anton Chekhov.* Boston: G.K. Hall, 1989.

ÉFROS, Nikolai. *Tri sestry: piessa A.P. Tchekhova v postanovke Moskovskogo Khudojestviennogo Teatra.* Petrogrado: Svitozar, 1919.

EMELJANOW, Victor. *Anton Chekhov: The Critical Heritage.* London: Routledge, 1997.

GOMIDE, Bruno Barreto. *Da Estepe à Caatinga: O Romance Russo no Brasil (1887-1936).* Tese (Doutorado em Letras), Unicamp, Campinas, 2004.

GOTTLIEB, Vera. *Chekhov in Performance in Russia and Soviet Russia.* Teaneck: Chadwyck-Healey, 1984.

_____. *Chekhov and the Vaudeville: A Study of Chekhov's One-Act Plays.* Cambridge: Cambridge University Press, 1982.

REFERÊNCIAS BIBLIOGRÁFICAS 217

GOTTLIEB, Vera; ALLAIN, Paul. *The Cambridge Companion to Chekhov*. Cambridge: Cambridge University Press, 2008.

GROMÓV, Mikhail Petrovitch. *Kniga o Tchékhove*. Moscou: Sovremennik, 1989.

HERRERIAS, Priscila. *A Poética Dramática de Tchékhov: Um Olhar Sobre os Problemas de Comunicação*. Dissertação (Mestrado em Letras), Universidade de São Paulo, São Paulo, 2010.

HINGLEY, Ronald. *Chekhov: A Biographical and Critical Study*. Oxford: Oxford University Press, 1950.

LAFFITTE, Sophie. *Tchekhov*. Rio de Janeiro: José Olympio, 1993.

LOEHLIN, James N. *Chekhov: The Cherry Orchard – Plays in Production*. New York: Cambridge University Press, 2006.

MAC VAY, Gordon. *Chekhov's Three Sisters*. Bristol: Bristol Classical Press, 1995.

MAGARSHACK, David. *My Life in the Russian Theatre*. New York: Hill and Wang, 1960.

MILES, Patrick (org.). *Chekhov on The British Stage*. London: Cambridge University Press, 1993.

MILES, Patrick. *Chekhov on British Stage, 1909-1987: An Essay in Cultural Exchange*. Cambridge: Sam Sam, 1987.

RAYFIELD, Donald. *Understanding Chekhov*. Wisconsin: The University of Wisconsin Press, 1999.

_____. *The Cherry Orchard: Catastrophe and Comedy*. New York: Twaine, 1994.

SENELICK, Laurence. *The Chekhov Theatre: A Century of Plays in Performance*. Cambridge: Cambridge University Press, 1997.

STEIN, Peter. *Mon Tchekhov*. Paris: Actes Sud-Papiers, 2002.

STYAN, John Louis. *Chekhov in Performance*. Cambridge: Cambridge University Press, 1971.

TISSI, Tieza. *As Três Irmãs, de Tchekhov, Por Stanislávski: Versão Integral Com as Partituras do Diretor*. São Paulo: Perspectiva, 2018.

TULLOCH, John. *Shakespeare and Chekhov in Production and Reception*. Iowa: University of Iowa Press, 2005.

VALENCY, Maurice. *The Breaking String: The Plays of Anton Chekhov*. New York: Oxford University Press, 1966.

VLADMIR, Kataev. *If Only We Could Know! An Interpretation of Chekhov*. Chicago: Ivan R. Dee, 2002.

Sobre Literatura, Teatro, História e Cultura Russas

ANIKST, Aleksandr. *Teoria Dramy v Rossi ot Puchkina do Tchekhova*. Moscou: Nauka, 1972.

BIANCHI, Fátima. *O "Sonhador" e "A Senhoria", de Dostoiévski: Um "Homem Supérfluo"*. Tese (Doutorado em Letras), Universidade de São Paulo, São Paulo, 2006.

CAVALIERE, Arlete. *Teatro Russo: Percurso Para um Estudo da Paródia e do Grotesco*. São Paulo: Humanitas/Fapesp, 2009.

_____. *O Inspetor Geral de Gogol/Meierhold: Um Espetáculo Síntese*. São Paulo: Perspectiva, 1996.

CAVALIERE, Arlete; VÁSSINA, Elena (orgs). *Teatro Russo: Literatura e Espetáculo*. São Paulo: Ateliê, 2011.

GUINSBURG, J. *Stanislávski, Meyerhold & Cia*. São Paulo: Perspectiva, 2008.

_____. *Stanislávski e o Teatro de Arte de Moscou: Do Realismo Externo ao Tchekho-vismo*. São Paulo: Perspectiva, 2001.

KARPOV, E. *Ejegódnik imperatorskikh teatrov 5*, 1909.

KREJČA, Otomar; KRAUS, Karel; TOPOL, Josef et al. *Otomar Krejča et le Théatre Za Branou de Prague*. Lausanne: La Cité, 1972.

MANDELSTAM, Ossip. *Sobranie Sotchineni*. Paris: YMCA Press, 1994, V. IV.

MEYERHOLD, Vsévolod Emilevitch. *Perepiska 1896-1939*. Moscou: Iskusstvo, 1976.

_____. *Stati, rietchi, pisma, besedi*. Moscou: Iskusstvo, 1960. V. 1.

NEMIRÓVITCH-DÂNTCHENKO, Vladimir Ivanovitch. *Retsenzi, otcherki, stati, interviú, zametki 1877-1942*. Moscou: Iskusstvo, 1980.

_____. *My Life in the Russian Theatre*. Boston: Little, Brown and Company, 1937.

RIPELLINO, Angelo Maria. *O Truque e a Alma*. São Paulo: Perspectiva, 1996.

RUDNITSKY, Konstantin. *Russian and Soviet Theatre. Tradition and the Avant--Garde*. New York: Thames & Hudson, 2000.

RZHEVSKY, Nicholas. *The Modern Russian Theatre*. New York: M.E. Sharpe, 1984.

SCHNAIDERMAN, Boris. *Projeções: Rússia/Brasil/Itália*. São Paulo: Perspectiva, 1978.

_____. *A Poética de Maiakósvski*. São Paulo, Perspectiva, 1971.

SENELICK, Laurence. *Historical Dictionary of Russian Theater*. Lanham/Toronto/Plymouth: The Scarecrow Press, 2007.

SHUR, Leonid. *Relações Literárias e Culturais Entre Brasil e Rússia*. São Paulo: Perspectiva, 1986.

SLONIM, Marc. *Russian Theater: From the Empire to the Soviets*. New York: The World Publishing Company, 1961.

SMELIANSKI, Anatoli. Dântchenko Directs. Notes on "The Three Sisters". *Theatre Arts Monthly*, Oct. 1943.

STANISLÁVSKI, Konstantin. *Minha Vida na Arte*. Rio de Janeiro: Civilização Brasileira, 1989.

TAIROV, Aleksandr. *O Teatre*. Moscou: Iskusstvo, 1970.

TAKEDA, Cristiane Layher. *O Cotidiano de uma Lenda: Cartas do Teatro de Arte de Moscou*. São Paulo: Perspectiva, 2003.

TRÓTSKI, Leon. *Literatura e Revolução*. Trad. Luiz Alberto Moniz Bandeira. São Paulo: Zahar, 2007.

URUSOV, Alexandr Ivanovich. *Stati o teatre, literature i ob iskusstve*. Moscou: I.N. Kolchev, 1907.

VARNEKE, Boris Vasilievich. *History of the Russian Theatre*. New York: The Macmillan Company, 1951.

VÁSSINA, Elena; LABAKI, Aimar. *Stanislávski: Vida, Obra e Sistema*. Rio de Janeiro: Funarte, 2015.

Outros

ARÊAS, Vilma. *Iniciação à Comédia*. São Paulo: Jorge Zahar, 1990.

_____. *Na Tapera de Santa Cruz: Uma Leitura de Martins Pena*. São Paulo: Martins Fontes, 1987.

ARISTÓTELES. *Arte Retórica e Arte Poética*. Trad. Antônio Pinto de Carvalho. Rio de Janeiro: Ediouro, [s.d.].

REFERÊNCIAS BIBLIOGRÁFICAS

BERENICE, Raulino. *Ruggero Jaccobi: Presença Italiana no Teatro Brasileiro*. São Paulo: Perspectiva/Fapesp, 2002.

BERNADET, Jean-Claude. *Brasil em Tempo de Cinema*. Rio de Janeiro: Civilização Brasileira, 1967.

BERTOLD, Margot. *História Mundial do Teatro*. São Paulo: Perspectiva, 2010.

BORBA FILHO, Hermilo; PAIVA, B. *Cartilhas de Teatro I. História do Espetáculo*. Rio de Janeiro: Serviço Nacional de Teatro, 1973.

BROOK, Peter. *O Teatro e Seu Espaço*. São Paulo: Vozes, 1970.

CANDIDO, Antonio. *Recortes*. Rio de Janeiro: Ouro Sobre Azul, 2004.

_____. *Formação da Literatura Brasileira: Momentos Decisivos*. São Paulo: Martins, 1969. 2v.

CARDOSO, Ciro Flamarion; VAINFAS, Ronaldo. *Domínios da História: Ensaios de Teoria e Metodologia*. Rio de Janeiro: Campus, 1997.

CARVALHEIRA, Luiz Maurício Britto. *Por um Teatro do Povo e da Terra: Hermilo Borba Filho e o Teatro do Estudante de Pernambuco*. Recife: Fundarpe, 1986.

CARVALHO, Martinho (org.). *Paschoal Carlos Magno: Crítica Teatral e Outras Histórias*. Rio de Janeiro: Funarte, 2006.

COSTA, Iná Camargo. *Nem uma Lágrima: Teatro Épico em Perspectiva Dialética*. São Paulo: Expressão Popular/Nanquim, 2012.

_____. *Teatro Épico no Brasil*. São Paulo: Graal, 1996.

DEPOIMENTOS II. Rio de Janeiro: Serviço Nacional de Teatro, 1977.

DEPOIMENTOS VI. Rio de Janeiro: Serviço Nacional de Teatro, 1982.

DICIONÁRIO de Mitologia Greco-Romana. São Paulo: Abril Cultural, 1973.

DIONYSOS. Rio de Janeiro, n. 29, 1989. Escola de Arte Dramática.

DIONYSOS. Rio de Janeiro, n. 27, 1986. O Tablado

DIONYSOS. Rio de Janeiro, n. 26, jan. 1982. Teatro Oficina

DIONYSOS. Rio de Janeiro, n. 25, set. 1980. Teatro Brasileiro de Comédia

DIONYSOS. Rio de Janeiro, n. 23, set. 1978. Teatro do Estudante do Brasil. Teatro Universitário, Teatro Duse.

DIONYSOS. Rio de Janeiro, n. 17, 1969.

FARIA, João Roberto de (org.). *História do Teatro Brasileiro: Das Origens ao Teatro Profissional da Primeira Metade do Século XX*. São Paulo: Edições Sesc/Perspectiva, 2012.

FERNANDES, Silvia. *Teatralidades Contemporâneas*. São Paulo: Perspectiva, 2010.

_____. Grupos Teatrais: Anos 70. Campinas: Unicamp, 2000.

FILHO, Daniel Aarão Reis. *As Revoluções Russas e o Socialismo Soviético*. São Paulo: Unesp, 2003.

FONTA, Sérgio. *Rubens Corrêa: Um Salto Para Dentro da Luz*. São Paulo: Imprensa Oficial, 2010. (Col. Aplauso)

FRANCIS, Paulo. *Opinião Pessoal (Cultura e Política)*. Rio de Janeiro: Civilização Brasileira, 1966.

GARCIA, Silvana. *Teatro da Militância*. São Paulo: Perspectiva, 2004.

GINZBURG, Carlo. *Mitos, Emblemas, Sinais*. São Paulo: Companhia das Letras, 2003.

_____. *O Queijo e os Vermes*. São Paulo: Companhia das Letras, 1987.

GUINSBURG, J.; FARIA, João Roberto; LIMA, Mariangela Alves de. *Dicionário do Teatro Brasileiro: Temas, Formas e Conceitos*. São Paulo: Edições Sesc/Perspectiva, 2006.

220 TCHÉKHOV E OS PALCOS BRASILEIROS

GUSSON, Joelson. *A Relação Performer/Espectador na Cena Contemporânea.* Monografia (Bacharelado em Teoria do Teatro), Universidade Federal do Rio de Janeiro, Rio de Janeiro, 2009.

GUZIK, Alberto. *TBC: Crônica de um Sonho.* São Paulo: Perspectiva, 1986.

HOLLAND, Peter (ed.). *The Play Out Of Context: Transferring Plays from Culture to Culture.* New York: Cambridge University Press, 1989.

JOMARON, Jacqueline. *Georges Pitoëff metteur en scène.* Lausanne: L'Age d'Homme, 1979.

MAGALDI, Sábato. *Panorama do Teatro Brasileiro.* São Paulo: Global, 1997.

MANN, Thomas. *Ensaios.* São Paulo: Perspectiva, 1988.

MARTINEZ CORRÊA, Zé Celso. *Primeiro Ato: Cadernos, Depoimentos, Entrevistas (1959-1972).* Seleção, organização e notas de Ana Helena Camargo de Staal. São Paulo: Editora 34, 1998.

NITRINI, Sandra. *Literatura Comparada: História, Teoria e Crítica.* São Paulo: Edusp, 1997.

PAVIS, Patrice. *A Encenação Contemporânea.* São Paulo: Perspectiva, 2010.

_____. *Dicionário de Teatro.* São Paulo: Perspectiva, 2008.

PITOËFF, Georges. *Notre Théâtre.* Paris: Messages, 1949.

PRADO, Décio de Almeida. *Peças, Pessoas, Personagens: O Teatro Brasileiro de Procópio Ferreira a Cacilda Becker.* São Paulo: Companhia das Letras, 1993.

_____. *Apresentação do Teatro Brasileiro Moderno 1947-1955.* São Paulo: Martins, 1956.

RABETTI, Beti (org.). *Teatro e Comicidades: Estudos Sobre Ariano Suassuna e Outros Ensaios.* Rio de Janeiro: 7Letras, 2005.

ROSENFELD, Anatol. *Prismas do Teatro.* São Paulo: Perspectiva, 1993.

_____. *O Teatro Épico.* São Paulo: Perspectiva, 1985.

_____. *Texto/Contexto.* 3. ed. São Paulo: Perspectiva, 1976.

SARRAZAC, Jean-Pierre. *Poética do Drama Moderno.* São Paulo: Perspectiva, 2017.

_____. *Sobre a Fábula e o Desvio.* Rio de Janeiro: 7Letras/Teatro do Pequeno Gesto, 2013.

SCHWARZ, Roberto. *Que Horas São?* São Paulo: Companhia das Letras, 1989.

_____. *O Pai de Família e Outros Estudos.* São Paulo: Paz e Terra, 1978.

SILVA, Armando Sérgio da. *Oficina: Do Teatro ao Te-ato.* São Paulo: Perspectiva, 2008.

SZONDI, Peter. *Teoria do Drama Moderno: 1880-1950.* São Paulo: Cosac Naify, 2001.

VASCONCELLOS, Luiz Paulo. *Dicionário de Teatro.* Porto Alegre: L&PM Pocket, 2009.

WILLIAMS, Raymond. *Drama em Cena.* São Paulo: Cosac Naify, 2010.

WILSON, Edmund. *The Twenties from Notebooks and Diaries of the Period.* New York: Farrar, Straus and Giroux, 1975.

Artigos

ALMEIDA, Rachel. Infelizes Para Sempre. *Jornal do Brasil*, ano 19, n. 10, 6 a 12 jun. 2003. (Encarte.)

BARRAULT, Jean-Louis. Why The Cherry Orchard? *The Theatre of Jean-Louis Barrult.* London: Barrie and Rockliff, 1959.

BATAILLON, Marcel. Quand la France découvre Anton Tchékhov. *Silex*, n. 16, 1980.

REFERÊNCIAS BIBLIOGRÁFICAS

BENTLEY, Eric. Chekhov as Playwriter. *The Kenyon Review*, v. 11, n. 2, Spring, 1949.

BRANTLEY, Ben. Chekhov Melancholy, Never so Welcome. *The New York Times*, 29 nov. 2012.

CAMPOS, Astério de. As Três Irmãs. *Gazeta de Notícias*, 16 jan. 1960.

CARVALHO, Sérgio. Tchekhov Conta Brasil: Por Que o Dramaturgo Russo do Século XIX Será um dos Autores Mais Encenados Neste Ano no País. *Bravo!*, n. 7, ano 1, abr. 1998.

COSTA, Iná Camargo. Aproximação e Distanciamento: O Interesse de Brecht Por Stanislávski. *Sala Preta*, v. 2, n. 2, 2002.

_____. Stanislávski na Cena Americana. *Revista de Estudos Avançados da USP*, v. 16, n. 46, 2002.

GOURFINKEL, N. Tchékhov au théâtre artistique de Moscou. *Revue de la société d'histoire du théâtre*, n. 4, 1954.

HELIODORA, Barbara. Teatro Russo, Teatro Revolucionário, Teatro Soviético. *Escritos Sobre Teatro*. São Paulo: Perspectiva, 2007.

_____. Tchekov É Tchekov. *Jornal do Brasil*, 28 jul. 1989.

KARLINSKI, Simon. Russian Anti-Chekhovians. *Russian Literature*, n. 15, 1984.

KLEBER, Pia. The Whole of Italy is Our Orchard: Strehler's Cherry Orchard. *Modern Drama*, n. 42, 1999.

LEÃO, Raimundo Matos de. Ações Para o Teatro: A Autoconstituição dos Sujeitos no Ambiente Cultural Soteropolitano. *Diálogos & Ciência: Revista da Faculdade de Tecnologia e Ciências*, ano 9, n. 25, mar. 2011.

LUIZ, Macksen. Tempo dos Gestos Inúteis. *Jornal do Brasil*, 27 jul. 1989.

MARKOV, Pável. New Trends in the Interpretation of Chekhov. *World Theatre*, n. 9, summer, 1960.

MEDEIROS, Jotabê. Anton Tchecov Ressurge Com Força nos Palcos Paulistanos. *O Estado de S. Paulo*, 2 abr. 1994.

MELLO E SOUZA, Gilda de. As Três Irmãs. *Suplemento Literário do Estado de S. Paulo*, 13 out. 1956.

MUZA, Anna. Chekhov's Jubilee and the Jubilee in Chekhov. *The Bulletin of the North American Chekhov Society*, v. XVII, n. 2, 2010.

NASCIMENTO, Rodrigo. Quando o Riso Se Esfacela: Estudo Comparativo de Duas Peças em um Ato de Anton Tchékhov. *Caderno de Resumos e Programação: Congresso "Literatura e Vida Social"*. Assis: Unesp, 2011.

NICOLESCO, Théodore. Tchékhov en Roumaine 1895-1960. *Bibliographie Littéraire sélective*. Bucharest: Editions de l'Académie de La République Populaire Roumaine, 1960.

OLIVEIRA, Lígia Souza. "Gaivota: Tema Para um Conto Curto": A Temporalidade na Releitura de Anton Tchekhov. *Anais I Colóquio Internacional de Estudos Linguísticos e Literários*. Maringá: UEM, 2010.

PEREIRA, Maria Lúcia. Osmar Cruz Completa Trinta Anos de Teatro. *A Gazeta*, 14 out. 1975.

RAMOS, Luiz Fernando; FERNANDES, Silvia. Diálogo da Gaivota. *Sala Preta*, v. 7, 2007.

RAYFIELD, Donald. Orchards and Gardens in Chekhov. *The Slavonic and East European Review*, v. 67, n. 4, oct. 1989.

STYCER, Mauricio. Eduardo Coutinho Lamenta o Fim das Utopias. *Portal IG – Último Segundo*, 04 jan. 2009. Disponível em: <ultimosegundo.ig.com.br>. Acesso em: 04 jan. 2009.

TOWARNICKI, Frédéric de. Quand Paris découvre Tchékhov. *Spetacles*, n. 1, 1960.
TYSZKA, Juliusz. Stanislavsky in Poland: Ethics and Politics of the Method. *New Theatre Quarterly*, v. 20, n. 5, 20 nov. 1989.
VOGÜÉ, Eugène-Melchior de. "Anton Tchekhof". *Revue des Deux Mondes*, jan--fev 1902.

Fontes

NOTÍCIAS, ARTIGOS E DOCUMENTOS REFERENTES
AOS GRUPOS E MONTAGENS CITADOS.

- *A Gaivota*
  (Jorge Lavelli, Rio de Janeiro,1974)

  PROGRAMA da Peça. Rio de Janeiro, 1974.

  "A GAIVOTA" de Tchecov Já Está no Municipal: Veja. Última Hora, Rio de Janeiro, 30 mar. 1974.

  "A GAIVOTA" de Tchecov Estreia Hoje no Rio. *Diário do Espírito Santo*, Vitória, 29 mar. 1974.

  "A GAIVOTA": Uma Paisagem Sobre um Lago e Cinco Tonalidades de Amor. *A Notícia*, Rio de Janeiro, 28 mar. 1974.

  NA "GAIVOTA", Atores e Público Juntos no Palco. *O Globo*, Rio de Janeiro, 28 mar. 1974.

  UMA "GAIVOTA" Com Visão Argentina. *O Globo*, Rio de Janeiro, 22 mar. 1974.

  CLETO, Roberto de. O Lindo Vôo da Gaivota. Última Hora, Rio de Janeiro, 11 abr. 1974.

  CONRADO, Aldomar. A Rússia de Tchecov no Municipal. *Diário de Notícias*, Rio de Janeiro, 31 mar. 1974.

  GONÇALVES, Esmeraldo. Jorge Lavelli & "Gaivota". *O Jornal*, Rio de Janeiro, 24 mar. 1974.

  MICHALSKI, Yan. "A Gaivota" Rigor e Liberdade. *Jornal do Brasil*, Rio de Janeiro, 3 abr. 1974.

  ____. "Gaivota" em Outro Ninho. *Jornal do Brasil*, Rio de Janeiro, 9 mai. 1974.

  TUMSCITZ, Gilberto. A Estreia de Hoje: "A Gaivota". *O Globo*, Rio de Janeiro, 29 mar. 1974.

  ____. Lavelli Realiza "Gaivota" Exemplar. *O Globo*, Rio de Janeiro, 30 mar. 1974.

224 TCHÉKHOV E OS PALCOS BRASILEIROS

- *A Gaivota*
(Luiz Paulo Vasconcellos, Porto Alegre, 1989)

"A GAIVOTA" de Tchecov Estreia Hoje na Epatur. *Jornal do Comércio*, Porto Alegre, [s.d.], 1989.

- *A Gaivota*
Francisco [Chico] Medeiros, São Paulo, 1994)

FOLDER de Divulgação da Peça. São Paulo, 1994.
CHIARETTI, Marco. "A Gaivota" Mistura Vida e Criação Artística. *Folha de S.Paulo*, 16 mai. 1994.
GUZIK, Alberto. Dramas do Cotidiano. *Jornal da Tarde*, São Paulo, 16 mai. 1994.
_____. Um Porão Para a Gaivota. *Jornal da Tarde*, São Paulo, 18 abr. 1994.
LIMA, Mariangela Alves de. "A Gaivota" Tem Atmosfera Poética. *O Estado de S. Paulo*, 19 mai. 1994.
MEDEIROS, Jotabê. "A Gaivota" É Encenada Pela Primeira Vez em São Paulo. *O Estado de S. Paulo*, São Paulo, 16 mai. 1994.
_____. Anton Tchecov Ressurge Com Força nos Palcos Paulistanos. *O Estado de S. Paulo*, São Paulo, 2 abr. 1994.
SÁ, Nelson de. "A Gaivota" Prova Atualidade de Tchecov. *Folha de S.Paulo*, São Paulo, 18 jan. 1994.

- *A Gaivota*
(David Hermann, Rio de Janeiro, 1995)

HELIODORA, Barbara. Uma Leitura Fiel de Tchecov. *O Globo*, Rio de Janeiro, 6 dez. 1995.

- *A Gaivota*
(Jorge Takla, Rio de Janeiro, 1996)

PROGRAMA da Peça. Rio de Janeiro, 1996.
"A GAIVOTA" Tchekov Por Jorge Takla, Numa Montagem Cheia de Emoção Como Pede o Texto Centenário. *Programa*, 12 jan. 1996.
"A GAIVOTA" Traz Ninho de Vôos Frustrados. *O Globo*, Rio de Janeiro, 12 jan. 1996.
CAMARGO, Maria Silvia. Sucessos Importados. *Veja*, Rio de Janeiro, 10 jan. 1996.
ESCÓSSIA, Fernanda da. "A Gaivota" Discute Conflito de Gerações. *Folha de S.Paulo*, 10 jan. 1996.
HELIODORA, Barbara. Os Abalos Sísmicos do Cotidiano. *O Globo*, Rio de Janeiro, 15 jan. 1996.
JANSEN, Roberta. Takla Faz Vôo Artístico Com "A Gaivota". *O Estado de S. Paulo*, São Paulo, 27 dez. 1995.
VIANNA, Luiz Fernando. Novo Vôo da Gaivota. *O Globo*, Rio de Janeiro, 19 dez. 1995.

- *Da Gaivota*
(Daniela Thomas, Rio de Janeiro, 1998)

PROGRAMA da Peça. Rio de Janeiro, 1998.
"GAIVOTA" Opõe no Palco Gerações da Arte. *Folha de S.Paulo*, 10 jul. 1998.

FONTES   225

LUIZ, Macksen. Opção Pelo Anti-Realismo. *Jornal do Brasil*, Rio de Janeiro, 3 ago. 1998.

LYRA, Marcelo. Multishow Exibe Especial Sobre Teatro. *O Estado de S. Paulo*, São Paulo, 28 dez. 2000.

OLIVEIRA, Roberta. Unidos Por Tchekov. *O Globo*, Rio de Janeiro, 15 jul. 1998.

VELLOSO, Beatriz. Daniela Thomas É Parceira de Chekhov. *O Estado de S. Paulo*, São Paulo, 12 fev. 1997.

- *Gaivota: Tema Para um Conto Curto*
  (Enrique Díaz, Rio de Janeiro, 2006)

PROGRAMA da Peça. Rio de Janeiro, 2006.

ENRIQUE Díaz Relê Texto de Tchecov em "Gaivota: Tema Para um Conto Curto". *Folha de S.Paulo*, 15 jun. 2007.

LIMA, Mariangela Alves de. Liberdade da Arte Faz "A Gaivota" Voar Alto. *O Estado de S. Paulo*, 11 jul. 2007.

MELLÃO, Gabriela. Tchekov Vezes Quatro. *Bravo!*, São Paulo, ago. 2010.

- *A Proposta*
  (Rodolfo García Vázquez, São Paulo, 2003)

BRASIL, Ubiratan. Chekhov na Visão Bem-Humorada dos Bravos Atores. *O Estado de S. Paulo*, 2 abr. 2003.

LIMA, Mariangela Alves de. "A Proposta" Mostra Com Graça Clichês do Poder. *O Estado de S. Paulo*, 24 ago. 2002.

- *A Proposta*
  (Daniel Gaggini, Rio de Janeiro, 2008)

TCHEKOV e uma Comédia Sobre o Casamento. *Metromagazine*, Niterói, 7 mar. 2008.

HELIODORA, Barbara. Nome de Tchecov É Usado em Vão. *O Globo*, Rio de Janeiro, 30 jan. 2009.

- *As Três Irmãs*
  (Escola de Arte Dramática [EAD]/Alfredo Mesquita, São Paulo, 1956)

RELATÓRIO do Nono Ano Letivo da Escola de Arte Dramática. São Paulo, 1956.

- *As Três Irmãs*
  (A Barca/Gianni Ratto, Salvador, 1960)

PROGRAMA da Peça. Salvador, 1958.

- *As Três Irmãs*
  (Teatro Nacional de Comédia/Ziembinski, Rio de Janeiro, 1960)

PROGRAMA da Peça. Rio de Janeiro, 1960.

ALENCAR, Edigar de. "As Três Irmãs". *A Notícia*, Rio de Janeiro, 6 jan. 1960.

FRANCIS, Paulo. Elenco e Política do TNC. *Última Hora*. Rio de Janeiro, 20 fev. 1960.

_____. Teatro Nacional de Comédia é Contra o Povo e Fracassa. *Última Hora*, Rio de Janeiro, [s.d.], 1960.

HELIODORA, Barbara. Tchecov, Stanislawsky e Alguns Problemas. *Jornal do Brasil*, Rio de Janeiro, 23 fev. 1960.

226   TCHÉKHOV E OS PALCOS BRASILEIROS

MAGNO, Paschoal Carlos. "As Três Irmãs", no Serrador. *Correio da Manhã*, Rio de Janeiro, 16 jan. 1960.

MAURICIO, Augusto. "As Três Irmãs". *Jornal do Brasil*. Rio de Janeiro, 9 fev. 1960.

- *As Três Irmãs*
  (Teatro Universitário da UFMG/Haydée Bittencourt, Belo Horizonte, 1967)

PROGRAMA da Peça. Belo Horizonte, 1967.

HAYDÉE Encenará Tchekov. *Correio Braziliense*, Belo Horizonte, 1º set. 1967.

HAYDÉE Ganha Medalha. *Diário da Tarde*, Belo Horizonte, 16 abr. 1981.

"TRÊS IRMÃS". *Estado de Minas*, Belo Horizonte, 9 ago. 1967.

FELIPE, Carlos. A Paixão de Haydée. *Estado de Minas*, Belo Horizonte, 24 ago. 1980.

MARIA, Anna. "As Três Irmãs". *Diário da Tarde*, Belo Horizonte, 10 ago. 1967.

SANTOS, Jorge Fernando dos. Haydée Bittencourt: Uma Vida Dedicada ao Teatro. *Estado de Minas*, Belo Horizonte, 3 ago. 1983.

- *As Três Irmãs*
  (Teatro Oficina/Zé Celso Martinez Corrêa, São Paulo, 1972)

A GRANDE Missão das Três Irmãs. Última Hora, Rio de Janeiro, 21 jan. 1973.

ANÚNCIO. Última Hora. São Paulo, 17 out. 1972.

"AS TRÊS IRMÃS": Uma História de Coragem Num Cenário de Ruínas. *Jornal da Tarde*, São Paulo, 26 dez. 1972.

ATO Extra. *O Dia*, Teresina, 25 set. 1972.

CHECOV Ficará Dez Dias no Teatro Oficina. *Folha de S.Paulo*, 19 dez. 1972.

ENTREVISTA com Zé Celso. *Revista Politika*, São Paulo, n. 22, 26 mar. 1972.

OFICINA: Maria Fernanda e "As Três Irmãs". *Cidade de Santos*, 28 dez. 1972.

OFICINA, um Novo Voo da Gaivota. *Jornal do Brasil*, Rio de Janeiro, 25 jan. 1973.

OFICINA: Um Sonho, Uma Crise. Última Hora, Rio de Janeiro, 25 jan. 1973.

"TRÊS IRMÃS": As Forças Sitiadas. *Jornal do Brasil*, Rio de Janeiro, 1973.

CLETO, Roberto de. "As Três Irmãs". Última Hora, Rio de Janeiro, 12 jan. 1973.

LIMA, Mariangela Alves de. O Oficina Revigora a Atualidade da Peça. *O Estado de S. Paulo*, 28 dez. 1972.

MARTINEZ CORRÊA, Zé Celso. Conheça Macha, Irina e Olga: "As Três Irmãs". *O Estado de S. Paulo*, 26 dez. 1972.

_____. O Elenco, os Preços, Tudo Muito Popular. *O Estado de S. Paulo*, 26 dez. 1972.

_____. "Que Tem o Oficina a Ver Com Esta Peça?" *Jornal da Tarde*, 26 dez. 1972.

MELINA, Geórgia. A Crise do Oficina. Última Hora, Rio de Janeiro, 22 jan. 1973.

MENDES, Oswaldo. "As Três Irmãs" do Oficina: Um Recuo? *Desfile*, n. 41, fev. 1973.

MICHALSKI, Yan. "As Três Irmãs": Vítimas ou Culpadas? *Jornal do Brasil*, Rio de Janeiro, 16 fev. 1973.

PEIXOTO, Fernando. Teatro Brasileiro, Experiências: A Saída, Onde Está a Saída? *Opinião*, 17 dez. 1973.

_____. Lobos Fechados em Salas Pequenas. *Opinião*, 17 dez. 1973.

SENNA, Orlando. E Agora, Zé Celso? *Correio da Manhã*, Rio de Janeiro, 22 out. 1972.

TUMSCITZ, Gilberto. Ainda uma Vez, Quatro Horas Com o Oficina. *O Globo*, Rio de Janeiro, 13 jan. 1973.

FONTES

- *As Três Irmãs*
  (Bia Lessa, Rio de Janeiro, 1998)

PROGRAMA da Peça. Rio de Janeiro, 1998.

"AS TRÊS IRMÃS" Retrata Cotidiano. *Folha de S.Paulo*, 9 out. 1998.

NATACHA, a Quarta Mulher de Tchecov. *O Globo*, Rio de Janeiro, 9 out. 1998.

DRATOVSKY, Flávia. Tchekov Sem Artifícios. *O Dia*, Rio de Janeiro, 9 out. 1998.

GUZIK, Alberto. Bia Lessa Tromba Com Chekhov em "Três Irmãs". *Jornal da Tarde*, São Paulo, 13 ago. 1999.

HELIODORA, Barbara. Agitação Além da Dose Resulta em Montagem Inexpressiva. *O Globo*, Rio de Janeiro, 26 out. 1998.

KOLINSKI, Daniel. As Mulheres de Tchecov em Ação. *Jornal do Brasil*, Rio de Janeiro, ano 14, n. 28, 9 out. 1998.

LIMA, Mariangela Alves de. "As Três Irmãs" Tem Direção Ostensiva de Bia Lessa. *O Estado de S. Paulo*, 30 jul. 1999.

NAME, Daniela. "As Três Irmãs" na Banalidade Cotidiana. *O Globo*, Rio de Janeiro, 9 out. 1998.

NÉSPOLI, Beth. Chekhov Volta à Cidade na Visão de Bia Lessa. *O Estado de S. Paulo*, 16 jul. 1999.

OLIVEIRA, Roberta. 3 Vezes Tchekov. *O Globo*, Rio de Janeiro, 16 nov. 1998.

_____. A Arte do Cotidiano. *O Globo*, Rio de Janeiro, 19 set. 1998.

_____. Renata Sorrah Diz Entender Melhor Textos de Tchekov. *O Globo*, Rio de Janeiro, 19 set. 1998.

RAGAZZI, Ana Paula. "As Três Irmãs" Marca Retorno de Bia Lessa. *Folha de S.Paulo*, 16 jul. 1999.

SÁ, Nelson de. Outra Chance Contra o "Tedium Vitae". *Folha de S.Paulo*, 16 jul. 1999.

- *As Três Irmãs*
  (Enrique Díaz, Rio de Janeiro, 1999)

PROGRAMA da Peça. Rio de Janeiro, 1999.

"TRÊS IRMÃS", do Russo Tchecov Estréia Hoje em São Paulo. *Folha de S.Paulo*, 12 mar.1999.

KOLINSKI, Daniel. *Jornal do Brasil*. Rio de Janeiro, Ano 14, n. 4, 15 jan. 1999.

LIMA, Mariangela Alves de. "As Três Irmãs" Traz Descompasso Dramático. *O Estado de S. Paulo*, 26 mar. 1999.

LUIZ, Macksen. Tchecov Numa Encenação Radicalmente Lúdica. *Jornal do Brasil*, Rio de Janeiro, 18 jan. 1999.

NÉSPOLI, Beth. Elenco de Estrelas Encena Peça Clássica de Chekhov. *O Estado de S. Paulo*, 12 mar. 1999.

_____. Montagem de "As Três Irmãs" Varre Penumbra do Palco. *O Estado de S. Paulo*, 14 jan. 1999.

OLIVEIRA, Roberta. Amizade em Família. *O Globo*, Rio de Janeiro, 2 jan. 1999.

SÁ, Nelson de. Duas Atrizes Encantam em "As Três Irmãs". *Folha de S.Paulo*, 28 mar. 1999.

SALUM, Erika. Olga, Macha e Irina. *Folha de S.Paulo*, 1º jan. 1999.

228 TCHÉKHOV E OS PALCOS BRASILEIROS

- **Canto do Cisne**
(Vadim Nikitin, São Paulo, 1997)

NÉSPOLI, Beth. A Cidade É o Cenário da "Canção do Cisne". *O Estado de S. Paulo*, 11 mai. 1999.

SÁ, Nelson de. "Canção" É Laço Entre o Palco e a Vida. *Folha de S.Paulo*, 17 out. 1997.

- **Festival Anton Tchekhov**
(Bahia/Porto Alegre, 1962)

PROGRAMA da Peça. Bahia/Porto Alegre, 1962.

- **Festival Tchekhov**
(Guilhermino Cesar, Porto Alegre, 1949)

PASSOS, Juvenal. "Festival Tchekhov". *Revista do Globo*, Porto Alegre, 23 jul. 1949.

- **Ivanov**
(Eduardo Tolentino/Grupo Tapa, São Paulo, 1998)

COELHO, Sérgio. O Olhar do Outro: Grupo Tapa Acerta ao Usar Texto de Tchékhov Para Refletir Sobre o Brasil. *Bravo!*, n. 7, ano 1, abr. 1998.

GUZIK, Alberto. Grupo Tapa Aproxima Chekhov do Brasil Atual. *Jornal da Tarde*, São Paulo, 16 abr. 1998.

LIMA, Mariangela Alves de. Tapa Atualiza a Narrativa de Chekhov em "Ivanov". *O Estado de S. Paulo*, 8 maio 1998.

NÉSPOLI, Beth. "Ivanov" Aposta na Força da Fábula de Chekhov. *O Estado de S. Paulo*, São Paulo, 16 abr. 1998.

VELLOSO, Beatriz. Grupo Tapa Vai Encenar Obra de Chekhov. *O Estado de S. Paulo*, São Paulo, 2 set. 1997.

- **O Aniversário**
(Grupo Dramático do Sesi, São Paulo, 1965)

FESTIVAL Tchecov. *Diário Popular*, São Paulo, 24 nov. 1965.

TEATRO Leopoldo Fróes. *A Gazeta*, São Paulo, 26 nov. 1965.

- **O Camaleão, Adaptação**
(Renata Pallottini/Lux in Tenebris, São Paulo, 1985)

PROGRAMA da Peça. São Paulo, 1985.

TEATRO: A Estréia de "O Camaleão". *Jornal da Tarde*, São Paulo, 26 set. 1985.

- **O Jardim das Cerejeiras**
(Ivan Albuquerque/Grupo Rio, Rio de Janeiro, 1968)

PROGRAMA da Peça. Rio de Janeiro, 1968.

O CEREJAL de Tchekhov. *Diário de Notícias*, Rio de Janeiro, 22 out. 1968.

"O JARDIM das Cerejeiras" ou A Comédia do Mundo em Transformação. *Jornal do Brasil*, Rio de Janeiro, 7 out. 1968.

JAFA, Van. Lançamento: "O Jardim das Cerejeiras". *Correio da Manhã*, Rio de Janeiro, 02 out. 1968.

_____. "O Jardim das Cerejeiras". *Correio da Manhã*, Rio de Janeiro, 26 out. 1968.

LEITE, Luiza Barreto. "O Jardim das Cerejeiras". *Jornal do Comércio*, Rio de Janeiro, 27 out. 1968.

FONTES 229

LOPES, Rosita Thomaz. As Cerejeiras de Ipanema. *Correio da Manhã*, Rio de Janeiro, 13 out. 1968.

MACIEL, Luiz Carlos. "O Jardim das Cerejeiras". *O Paiz*, Rio de Janeiro, 9 nov. 1968.

MICHALSKI, Yan. Um Jardim Florido e Amigo (I). *Jornal do Brasil*, Rio de Janeiro, 22 out. 1968.

_____. Um Jardim Florido e Amigo (II). *Jornal do Brasil*, Rio de Janeiro, 23 out. 1968.

_____. Um Jardim Florido e Amigo (III). *Jornal do Brasil*, Rio de Janeiro, 24 out. 1968.

OSCAR, Henrique. Tchekhov em Ipanema. *Diário de Notícias*, Rio de Janeiro, 23 out. 1968.

_____. Teatro Inaugura Com Tchekhov. *Diário de Notícias*, Rio de Janeiro, 9 out. 1968.

SCHAFFMAN, Elisa. "O Jardim das Cerejeiras". *Jornal do Comércio*, Rio de Janeiro, 24 out. 1968.

TABORDA, Tato. Cerejeiras Quase Sem Flor. *Última Hora*, Rio de Janeiro, 11 out. 1968.

WOLFF, Fausto. O Cerejal: Com Tchekhov Só Se Chega a Brecht Através de Stanislavsky. *Tribuna da Imprensa*, Rio de janeiro, 31 out. 1968.

- *O Jardim das Cerejeiras*
  (Layla Schneider, Curitiba, 1980)

PROGRAMA da Peça. Curitiba, 1980.

- *O Jardim das Cerejeiras*
  (Jorge Takla, São Paulo, 1982)

PROGRAMA da Peça. São Paulo, 1982.

ANÚNCIO Para a Estreia de Janeiro. *Diário Popular*, São Paulo, 29 dez. 1981.

O JARDIM Estreia Hoje no Anchieta. *Folha de S.Paulo*, 14 jan. 1982.

TCHEKOV a Burguesia Falida, Medrosa e Hipócrita. *Cidade de Santos*, Santos, 13 jun. 1982.

UM BOM Momento. *Diário Popular*, São Paulo, 4 mar. 1982.

UM JARDIM das Cerejeiras Muito Fiel a Chekov. *Jornal da Tarde*, São Paulo, 14 jan. 1982.

VIAGEM à Rússia Pré-Revolucionária. *O Estado de S. Paulo*, 14 jan. 1982.

LARA, Paulo. Um Chekov Inverossímil no Palco do Anchieta, *Folha da Tarde*, São Paulo, 2 fev. 1982.

MAGALDI, Sábato. "O Jardim das Cerejeiras": Um Raro Requinte, Jornal da Tarde, São Paulo, 18 fev. 1982.

RIOS, Jefferson Del. Alguns Reparos no "Jardim". *Folha de S.Paulo*, 19 jan. 1982.

_____. Cerejeiras Floridas no Fim de uma Época. *Folha de S.Paulo*, 16 jan. 1982.

- *O Jardim das Cerejeiras*
  (Paulo Mamede, Rio de Janeiro, 1989)

PROGRAMA da Peça. Rio de Janeiro, 1989.

JOSÉ Lewgoy. Última Hora, Rio de Janeiro, 25 jul. 1989.

JOSÉ Lewgoy Volta aos Palcos em Montagem de Peça de Tchekhov. *Folha de S.Paulo*, 25 jul. 1989.

230 TCHÉKHOV E OS PALCOS BRASILEIROS

ARARIPE, Ana Paula. Teatro dos Quatro Mostra Jardim das Cerejeiras. *O Dia*, Rio de Janeiro, 21 jul. 1989.

BLANCO, Armindo. Um Tchekhov em Bege. *O Dia*, Rio de Janeiro, 29 jul. 1989.

CEZIMBRA, Márcia. Comédia da Decadência. *Jornal do Brasil*, Rio de Janeiro, 25 jul. 1989.

FARIA, Marcos Ribas de. Tchekhov um Adeus de Comovente Beleza. *O Estado de S. Paulo*, 26 jul. 1989.

GARAMBONE, Sidney. Julho É Mês de Tchekov. *Jornal do Brasil*, Rio de Janeiro, 11 jun. 1989. (Revista de Domingo)

GIRAFA, Roberto. Aristocracia Decadente. Última Hora, Rio de Janeiro, 25 jul. 1989.

KAPLAN, Sheila. Muito Além de um Simples Jardim. *O Globo*, Rio de Janeiro, 27 jul. 1989.

LOYOLA, Cecília. Pelo Viés da Memória. *Tribuna da Imprensa*, Rio de Janeiro, 7 ago. 1989.

MACKSEN, Luiz. Tempo dos Gestos Inúteis. *Jornal do Brasil*, Rio de Janeiro, 27 jul. 1989.

- *O Jardim das Cerejeiras*
(**Companhia de Teatro Seraphim, Recife, 1990**)

PROGRAMA da Peça. Recife, 1990.

- *O Jardim das Cerejeiras*
(**Élcio Nogueira Seixas/Teatro Promíscuo, São Paulo, 2000**)

PROGRAMA da Peça. São Paulo, 2000.

CANDEIAS, Manuel. Tchekhov no Rio. *Gazeta Mercantil*, Rio de Janeiro, 29 mar. 2001.

HELIODORA, Barbara. Peça Tem Mais Enganos Que Acertos. *O Globo*, Rio de Janeiro, 2 abr. 2001.

LIMA, Mariangela Alves de. Peça de Chekov Promove o Encontro de Delicadeza e Humor. *O Estado de S. Paulo*, 19 jan. 2001.

LUIZ, Macksen. Na Contramão da Sutileza de Tchecov. *Jornal do Brasil*, Rio de Janeiro, 8 abr. 2001.

- *O Jardim das Cerejeiras*
(**Moacir Chaves, Rio de Janeiro, 2008**)

PROGRAMA da Peça. Rio de Janeiro, 2008.

DA CABINE de Luz Para a Cena Aberta. *O Globo*, Rio de Janeiro, 8 maio 2011.

HELIODORA, Barbara; LESSA, Jeferson; BRANDÃO, Tânia; MIRANDA, Stella. Visões Sobre Tchékhov. *O Globo*, Rio de Janeiro, 11 maio 2008.

- *O Jubileu*
(**Maria Clara Machado/Rubens Corrêa/O Tablado, Rio de Janeiro, 1958**)

PROGRAMA da Peça. Rio de Janeiro, 1958.

RUBENS CORRÊA: "Os Ciganos Sempre Sobreviverão" (Entrevista). *Reflector*, Rio de Janeiro, ano 1, n. 6, set. 1982.

FONTES

231

- **Os Males Que o Fumo Produz**
  (Ronaldo Brandão, Belo Horizonte, 1988)

  DE VOLTA 'Os Males Que o Fumo Produz'. *Estado de Minas*, Belo Horizonte, 17 jan. 1989.

  HOJE em O Eterno Desejo da Felicidade Volta à Cena em "Os Males Que o Fumo Produz", *Dia*, Belo Horizonte, 18 jan. 1989.

  TEATRO. *Diário da Tarde*, Belo Horizonte, 10 mar. 1989.

  TEATRO de Bolso. *Estado de Minas*, Belo Horizonte, 17 jan. 1989.

- **O Trágico à Força**
  (Marcio Aurélio Pires de Almeida, São Paulo, 1982)

  PROGRAMA da Peça. São Paulo, 1982.

  DOIS Novos Espetáculos Teatrais. *O Estado de S. Paulo*, 18 jun. 1982.

  ESPETÁCULO Teatral Avacalha Casamento. *Notícias Populares*, São Paulo, 23 jun. 1982.

  NAS MINÚCIAS do Cotidiano, um Painel de Crise. *Folha de S.Paulo*, 23 jun. 1982.

  O LADO Cômico de Tchekov em "O Trágico à Força". *Folha de S.Paulo*, 23 jun. 1982.

  "O TRÁGICO à Força" em Novo Endereço. *Folha da Tarde*, São Paulo, 07 out. 1982.

  FILHO, Antonio Gonçalves. No São Pedro, o Mundo Tragicômico de Tchecov. *Folha de S.Paulo*, São Paulo, 23 jun. 1982.

  GARCIA, Clóvis. A Comédia de Tchecov em "Trágico à Força". *O Estado de S. Paulo*, 9 jul. 1982.

  GODOY, Carlos Ernesto de. A Alentadora Volta aos Clássicos. *IstoÉ*, São Paulo, 7 jul. 1982.

  GUIMARÃES, Carmelinda. Rindo do Casamento. *Visão*, São Paulo, 26 jul. 1982.

  LARA, Paulo. Cinco Peças de Checov, Desde Ontem, no São Pedro. *Folha da Tarde*, São Paulo, 24 jun. 1982.

  _____. Obras de Checov Num Só Espetáculo. *Folha da Tarde*, São Paulo, 23 jun. 1982.

  MAGALDI, Sábato. Neste "O Trágico à Força", Deliciosos Momentos de Tchecov. *Jornal da Tarde*, São Paulo, 9 jul. 1982.

  RIOS, Jefferson Del. Tchecov Visitado Pelo Humor de Groucho Marx. *Folha de S.Paulo*, 30 jun. 1982.

- **O Urso/O Pedido de Casamento**
  Agremiação Goiana de Teatro - Goiânia, 1952

  PROGRAMA da Peça. Goiânia, 1952.

- **O Urso E Outras de Tchekhov**, **Festival Tchekhov**
  (Nina Ranévska, Rio de Janeiro, 1952)

  PROGRAMA da Peça. Rio de Janeiro, 1952.

  TCHEKOV, Pelo Teatro do Estudante, Amanhã, no DUSE. *Folha Carioca*, Rio de Janeiro, 26 dez. 1952.

232 TCHÉKHOV E OS PALCOS BRASILEIROS

- *O Urso*
  (Maria Clara Machado/Teatro do Conservatório, Rio de Janeiro, 1966-1967)

  PROGRAMA da Peça. Rio de Janeiro, 1966-1967.
  NO TNC. *O Estado de S. Paulo*, 1º nov. 1966.
  UMA estréia. *Gazeta de Notícias*, Rio de Janeiro, 29 dez. 1966.
  URSO, Salamanca e Laranjas. *O Jornal*, Rio de Janeiro, 13 nov. 1966.
  GONÇALVES, Martim. Espetáculo no Conservatório. *O Globo*, Rio de Janeiro, 4 jan. 1967.
  JAFA, Van. Comédia em 1 Ato. *Correio da Manhã*, Rio de Janeiro, 17 jan. 1967.
  LEITE, Luiza Barreto. Próximas Estréias. *Jornal do Comércio*, Rio de Janeiro, 13 dez. 1966.
  MICHALSKI, Yan. Três Peças no Conservatório, *Jornal do Brasil*, Rio de Janeiro, 3 jan. 1967.

- *O Urso/Sobre os Danos Que Traz o Tabaco e Um Pedido de Casamento*
  (Teatro Experimental de Araraquara, Araraquara, 1976 [?])

  PROGRAMA da Peça. Araraquara, 1976.

- *O Urso*
  (José Guilherme de Castro Alves, Vitória, 1976)

  PROGRAMA da Peça. Vitória, 1976.
  TEATRO. *A Gazeta*, Vitória, 21 out. 1976.

- **Irresistível Aventura – inúmeras peças, dentre elas *O Urso***
  (Domingos Oliveira, Rio de Janeiro, 1985)

  PROGRAMA da Peça.
  BRANDÃO, Tânia. Um Belo Momento de Dina Sfat. *Revista IstoÉ*, São Paulo, 29 ago. 1984.
  LUIZ, Macksen. "Irresistível Aventura". *Jornal do Brasil*, Rio de Janeiro, 14 ago. 1984.
  _____. Os Vencedores do Mambembe. *Jornal do Brasil*, Rio de Janeiro, 12 mar. 1985.
  MARINHO, Flávio. Dina e Domingos Dão Aula de Sensibilidade. *O Globo*, Rio de Janeiro, 11 ago. 1984.

- *O Urso*
  (Antônio de Oliveira/O Grupo, Porto Alegre, 1988)

  "O URSO" no Porto de Elis. *Zero Hora*. Porto Alegre, 8 fev. 1988.
  PEÇA de Tchecov no Bar Porto de Elis. *Jornal do Comércio*, Porto Alegre, 8 fev. 1988.
  TEXTO de Tchekhov Estréia em Montagem Não-Realista. *Diário do Sul*, Porto Alegre, 8 fev. 1988.

- *O Urso*
  (José Henrique, Rio de Janeiro, 1998)

  LUIZ, Macksen. Modesta Versão de Tchecov. *Jornal do Brasil*, Rio de Janeiro, 11 dez. 1998.

FONTES   233

- *Platónov*
(Maria Clara Machado/O Tablado, Rio de Janeiro, 1980)

PROGRAMA da Peça. Rio de Janeiro, 1980.

O TEATRO Brasileiro Está em Crise: Entrevista Com Maria Clara Machado. Última Hora, Rio de Janeiro, 6 jun. 1980.

COUTINHO, Wilson N. Leveza Russa: Tchekov, Encenado do Modo Que Ele Preferia. *Veja*, 4 jun. 1980.

GROPILLO, Ciléa. Maria Clara Machado, A Direção Para Adultos. *Jornal do Brasil*, Rio de Janeiro, 3 jun. 1980.

MARINHO, Flávio. A Busca de uma Nova Vida. *O Globo*, Rio de Janeiro, 28 maio 1980.

_____. Jovem Tchecov: Muito Cuidado, Pouco Texto. *Visão*, Rio de Janeiro, v. 29, n. 19, 16 jun. 1980.

_____. Retrato de um Fim de Raça. No Tablado, Tchecov Estreante. *O Globo*, Rio de Janeiro, 24 maio 1980.

MICHALSKI, Yan. Um "Don Juan" de Província. *Jornal do Brasil*, Rio de Janeiro, 3 jun. 1980.

- *Tio Vânia*
(Geraldo Queiroz/Tablado, Rio de Janeiro, 1955)

PROGRAMA da Peça. Rio de Janeiro, 1955.

O CRÍTICO Teatral Que Montou "Tio Vânia". *Jornal do Brasil*, Rio de Janeiro, 24 ago. 2004.

"Tio Vânia" e Seu Diretor, [S.n.; s.l.] 8 dez. 1955

- *Tio Vânia*
(Cláudio Corrêa e Castro, Curitiba, 1968)

PROGRAMA da Peça. Curitiba, 1968.

NO GUAÍRA, Temporada de "Tio Vânia". *O Estado do Paraná*, Curitiba, 21 maio 1968.

MICHALSKI, Yan. Tchecov em Curitiba (I). *Jornal do Brasil*, Rio de Janeiro, 4 jul. 1968.

_____. Tchecov em Curitiba (II). *Jornal do Brasil*, Rio de Janeiro, 5 jul. 1968.

RODRIGUES, Neiva. Um Ator Que Se Angustia Com o Personagem. Última Hora, Rio de Janeiro, 3 ago. 1984.

- *Tio Vânia*
(Álvaro Guimarães/Teatro Livre da Bahia, Salvador, 1974)

PROGRAMA da Peça. Salvador, 1974.

- *Tio Vânia*
(Emilio Di Biasi/Grupo Heros, São Paulo, 1975)

PROGRAMA da Peça. São Paulo, 1975.

DOIS Dias Para Ver o Teatro de Tchecov. *A Tribuna*, Santos, 23 jul. 1975.

GRUPO Heros Mostra a Visão Amarga do Cotidiano de Tchecov. *A Tribuna*, Santos, 27 jul. 1975.

O JOVEM no Teatro. *A Tribuna*, Santos, 30 ago. 1975.

234 TCHÉKHOV E OS PALCOS BRASILEIROS

UMA PEÇA Famosa, Que Quase Ninguém Viu. *Jornal da Tarde*, São Paulo, 9 maio 1975.

LARA, Paulo. "Tio Vânia": A Versão Moderna de uma Obra Clássica de Checov. *Folha da Tarde*, São Paulo, 5 maio 1975.

_____. Ver "Tio Vânia" É Sua Opção. *Folha da Tarde*, São Paulo, 23 maio 1975.

LIMA, Mariangela Alves de. Interpretação Não Consegue Expressar Sentido de "Tio Vânia". *O Estado de S. Paulo*, 15 maio 1975.

MAGALDI, Sábato. Tchecov Não Acharia Ruim Se Houvesse um Pouco Mais de Experiência Cênica. *Jornal da Tarde*, São Paulo, 15 maio 1975.

VIANA, Hilton. No Palco, um Sonho de Anton Tchecov. *Diário de São Paulo*, 18 maio 1975.

- *Tio Vânia*
(Sérgio Britto/Teatro dos 4, Rio de Janeiro, 1984)

PROGRAMA da Peça. Rio de Janeiro, 1984.

"TIO VÂNIA" Continua Com Música Fora do Programa. *O Globo*, Rio de Janeiro, 14 jul. 1984.

UMA DUPLA Comemoração no Teatro dos Quatro. *O Dia*, Rio de Janeiro, 11 jul. 1984.

BOAS, Luciana Villas. Revista Clássico de Volta. *Veja*, Rio de Janeiro, 18 jul. 1984.

BRANDÃO, Tânia. Uma Feliz Mistura de Ilusão e Ironia. *IstoÉ*, São Paulo, 25 jul. 184.

LUIZ, Macksen. Impossibilidades. *Jornal do Brasil*, Rio de Janeiro, 13 jul. 1984.

MARINHO,Flávio. Com "Tio Vânia", os 50 Anos de Norma Geraldy. *O Globo*, 18 set. 1984.

_____. "Tio Vânia", a Comemoração dos Seis Anos (Férteis) do Teatro dos Quatro. *O Globo*, 2 jul. 1984.

_____. "Tio Vânia", Clássico do Tchecov Sobre os Contrastes do Relacionamento Humano. *O Globo*, Rio de Janeiro, 11 jul. 1984.

_____. "Tio Vânia" – Espetáculo Muitos Furos Acima da Média. *O Globo*, Rio de Janeiro, 17 jul. 1984.

MASCARENHAS, Eduardo. "Tio Vânia". Última Hora, Rio de Janeiro, 1º set. 1984.

SCHILD, Susana. "Tio Vânia": O Tempo de Espera de Personagens Sem Passado e Sem Futuro. *Jornal do Brasil*, Rio de Janeiro, 10 jul. 1984.

"TIO VÂNIA": Um Clássico de Sóbria Beleza. *Desfile*, Rio de Janeiro, 10 ago. 1984.

- *Tio Vânia*
(Celso Frateschi/EAD, São Paulo, 1989)

ESTREIA de "Tio Vânia" de Tchekov: A Mais Recente Montagem da EAD. *Folha de S.Paulo*, 2 mar. 1989.

VELOSO, Marco. Direção de Celso Frateschi Acerta no Tempo Cênico de "Tio Vânia". *Folha de S.Paulo*, 8 mar. 1989.

- *Tio Vânia*
(Élcio Nogueira Seixas/Teatro Promíscuo, Curitiba/São Paulo, 1998)

PROGRAMA da Peça. Curitiba/São Paulo, 1998.

O VÂNIA de Borghi. *Jornal do Brasil*, Rio de Janeiro, 11 a 17 set. 1988. (Domingo)

TIO VÂNIA, Como o Brasil, Está em Crise. *Jornal do Comércio*, Porto Alegre, 25 set. 1988.

FONTES   235

GUZIK, Alberto. Chekhov Ganha Asas Longe do Realismo. *Jornal da Tarde*, 28 abr. 1998.

LIMA, Mariangela Alves de. Há Algo de Inexplorado em "Tio Vânia". *O Estado de S. Paulo*, 24 abr. 1998.

LUIZ, Macksen. Desencontros Inspirados em Tchecov. *Jornal do Brasil*, Rio de Janeiro, 12 set. 1998.

SANTOS, Mario Vitor. Peça Dá Leveza a Tchekov. *Folha de S.Paulo*, 23 abr. 1998.

- *Tio Vânia*
  (Celso Frateschi/Teatro Ágora, São Paulo, 2000)

PROGRAMA da Peça. São Paulo, 2000.

TUDO Pela Família. *Jornal do Brasil*, Rio de Janeiro, 21 jun. 2002.

ABREU, Kil. Montagem de "Tio Vânia", de Tchecov, Retoma a Utopia Perdida. *Folha de S.Paulo*, 3 mar. 2001.

LIMA, Mariangela Alves de. Ágora Põe em Cena um Chekhov Impecável. *O Estado de S. Paulo*, 16 fev. 2001.

LUIZ, Macksen. Tchecov, na Essência: Montagem de "Tio Vânia" Conserva a Sutileza Típica da Obra do Autor. *Jornal do Brasil*, Rio de Janeiro, 25 jul. 2002.

OLIVEIRA, Roberta. Ágora Apresenta no Planetário a Sua Versão de "Tio Vânia", de Tchecov. *O Globo*, Rio de Janeiro, 19 jun. 2002.

SANTOS, Valmir. Ágora Monta "Tio Vânia" Fiel ao Tempo de Tchecov. *Folha de S.Paulo*, 25 nov. 2000.

- *Tio Vânia*
  (Aderbal Freire Filho, Rio de Janeiro, 2003)

PROGRAMA da Peça. Rio de Janeiro, 2003.

BRASIL, Ubiratan. "Tio Vânia" Fala do Fracasso do Homem Contemporâneo. *O Estado de S. Paulo*, 8 ago. 2003.

GUZIK, Alberto. Vilela Encara "Tio Vânia". *Valor Econômico*, São Paulo, 30-31 maio e 1º abr. 2003.

HELIODORA, Barbara. Um Belo Espetáculo Para Tchekov. *O Globo*, Rio de Janeiro, 13 jun. 2003.

MACKSEN, Luiz. Um "Tio Vânia" Mais Duro. *Jornal do Brasil*, Rio de Janeiro, 13 jun. 2003.

OLIVEIRA, Roberta. "Tio Vânia" a Preços Populares no João Caetano. *O Globo*, Rio de Janeiro, 22 jan. 2004.

- *Um Pedido de Casamento*
  (Adolfo Celi/TBC, São Paulo, 1950)

PROGRAMA da Peça. São Paulo, 1950.

- *Um Pedido de Casamento*
  (Adacto Filho/Teatro Íntimo de Fantoches, Salvador, 1950)

"UM PEDIDO de Casamento", Pelo Teatrinho Íntimo de Fantoches. *A Tarde*, Salvador, 16 mar. 1950.

- *Um Pedido de Casamento*
  (Osmar Rodrigues Cruz/Grupo de Amadores Bandeirantes, São Paulo, 1951)

236 TCHÉKHOV E OS PALCOS BRASILEIROS

PROGRAMA da Peça. São Paulo, 1951.
PEREIRA, Maria Lúcia. Osmar Completa 30 anos de Teatro. *A Gazeta*, São Paulo, 14 out. 1975.

- *Um Pedido de Casamento*
(Expedito Porto/Teatro Experimental do Pessoal da Caixa Econômica, Rio de Janeiro, 1952)

PROGRAMA da Peça. Rio de Janeiro, 1952.

- *Um Pedido de Casamento*
(Adolfo Celi/TBC, Rio de Janeiro, 1954)

PROGRAMA da Peça. Rio de Janeiro, 1954.
UM PEDIDO de Casamento. *Anhembi*, São Paulo, v. 15, n. 43, jun. 1954.

- *Um Pedido de Casamento*
(B. de Paiva/Teatro Rural do Estudante, Rio de Janeiro 1957)

PROGRAMA da Peça. Rio de Janeiro, 1957.

- *O Matrimônio*
(*Um Pedido de Casamento*; Rubens Corrêa/Maria Clara Machado/O Tablado, Rio de Janeiro, 1958)

PROGRAMA da Peça. Rio de Janeiro, 1958.

- *Um Pedido de Casamento*
(Grupo de Teatro dos Alunos do Estúdio Raquel Levi, Rio de janeiro, 1966)

PROGRAMA da Peça. Rio de Janeiro, 1966.

- *Um Pedido de Casamento*
(Cláudio Heemann/Curso de Arte Dramática da UFRGS, Porto Alegre, 1966)

PROGRAMA da Peça. Porto Alegre, 1966.
TCHECOV Pelo CAD. *Folha da Tarde*, Porto Alegre, 5 jul. 1966.
TEATRO Cômico de Tchekov Pelo CAD. *Correio do Povo*, Porto Alegre, 5 jul. 1966.

- *Um Pedido de Casamento*
(J.B. Galvão/Atard, Brasília, 1975)

PROGRAMA da Peça. Brasília, 1975.

- *Um Pedido de Casamento/O Urso*
(Grupo de Teatro Anhangá, São Paulo/Belo Horizonte, 1977)

DUAS peças de Tchekov no Teatro Marilia. *Diário da Tarde*, Belo Horizonte, 27 maio 1977.
UM ESPETÁCULO de Tchecov. *Diário do Comércio*, Belo Horizonte, 2 jun. 1977.

- *Um Pedido de Casamento*
  (Adalberto Nunes, Rio de Janeiro, 1982)

LUIZ, Macksen. Tchekhov Massacrado. *Jornal do Brasil*, Rio de Janeiro, 30 nov. 1982.

MARINHO, Flávio. "Pedido de Casamento", um Equívoco Com Anton Tchecov. *O Globo*, Rio de Janeiro, 30 nov. 1982.

- *Um Pedido de Casamento* (Roberto Parkinson - Brasília, 1989)

OS CLICHÊS de um Pedido de Casamento. *Jornal de Brasília*, Brasília, 8 jun. 1989.

***

FUSER, Fausto. Uma Meia-Volta Encerra o Ano. Notícia armazenada no acervo Fundo Oficina - AEL – Unicamp; c. 1972.

HERMILO: A Longa Luta Por um Teatro Popular. *Boletim Inacen*, Rio de Janeiro, n. 6, 1º jul. 1984. (Entrevista, Arquivo Edgard Levenroth-AEL)

CALLADO, Antonio. "Chekov". Série de artigos encontrados no acervo de Antonio Callado na Fundação Casa de Rui Barbosa, no Rio de Janeiro; c. 1960.

Este livro foi impresso na cidade de São Paulo,
nas oficinas da MarkPress Brasil, em outubro de 2018,
para a editora Perspectiva.